シリーズ　刑事司法を考える

第4巻

犯罪被害者と刑事司法

シリーズ　刑事司法を考える

第4巻

犯罪被害者と刑事司法

岩波書店

刊行にあたって

もし後世において日本の刑事司法の歴史に関心を寄せる者がいて、二一世紀初頭の法制度や改革、そしてその後の運用を眺めたとき、いかなる評価を下すであろうか。われわれは、これまでそうした未来からの視点に立って今の制度や改革論議を考察する機会を持ったことがあっただろうか。確かに、大きな波が押し寄せているときにその海が静かな凪へと転じる日を思うことが困難であるように、異なる意見を激しく闘わせる席上で、改革が終わった頃に人々が日常的に利用する制度、そこに立ち現れる風景を想起することは簡単ではないだろう。

周知のとおり、日本は今世紀初頭におこなわれた司法制度改革によって、裁判員制度や被疑者国選弁護人制度の導入、検察審査会への起訴強制権付与といった大きな変革を経験し、並行して、また引き続いて、被害者参加制度に加え、少年法における不定期刑の延長や公訴時効の撤廃といった厳罰化を経験した。二〇一六年には、法制審議会の答申を受けて取調べの録音録画（いわゆる可視化）の法制化や、取調べに代わる新たな捜査・立証手法の導入が国会で決まり、大きな変化を目の当たりにするに至った。

司法制度改革以前、被疑者段階にある人が自分で頼んだ弁護士を持たない場合には、「当番弁護士」というボランティア頼みの弁護人が一度限り助言に応じるだけだった（そのような当番弁護士制度ですら、それが動きだしたのは一九九〇年代のことである）。今では法定刑によっては勾留段階から国費で弁護人が与えられるようになっている。憲法の明文は起訴後の被告人段階でのみ国選弁護人を保障していたため起訴前の段階では国費による弁護人は付与されなかったけれども、司法制度改革によってその範囲はずっと広がっている。

捜査の過程で関係者に見返りを保証することによって有益な情報を引き出す手続きはこれまで公式には我が国に存在しなかった。ところが、二〇一六年の法改正によって、他人の犯罪について有益な情報を提供してその見返りに処分を軽減・免除する「協議・合意制度」を取り入れた。長年我が国では、そのような取引き的行為を使って罪責を追及する制度は市民感情に反すると説明されてきたが、いよいよ日本の刑事司法においても取引きを基礎にした刑事裁判が始まろうとしている。

裁判員裁判以前の日本の刑事裁判の法廷を思い出してみても、法曹の言葉は難しいどころか小さすぎて傍聴人には届かず、聴き手の目を見て弁論する法曹は少なかった。今や弁護人や検察官は裁判員となった市民の目を見つめ、その主張を分かり易く伝えようと苦戦している。張りのある声が法廷の隅々に届くようになっている(もっとも、裁判員裁判以外では現在でも以前と変わらず、割合的にはそうした裁判がまだ圧倒的に多いだろう)。

当事者主義の名の下に裁判当事者は独自に証拠を集めるのが当然だとされ、弁護人には検察側がどのような証拠を持って公判に臨んでいるのかを知るすべはなかった。ところが、冤罪を争った少なくない事件で被告人や請求人に有利な証拠が隠されていた事実が明らかになり、検察側の有する証拠に確実にアクセスできる制度が求められてきた。二〇一六年の法改正により、とうとう弁護人は検察側手持ち証拠のリストを手に出来るようになった。

犯罪の被害者にとっても、かつては証人としてしか法廷で語ることが許されず、法律家の質問に答えるだけであった。今では意見として思うところを述べることが出来るし、証人に質問したり、量刑について意見を述べる機会も与えられるようになっている。

九〇年代から少年犯罪の凶悪化現象が繰り返し報道され社会の不安が煽られた結果、厳罰化が求められ、更生保護を目的とした少年法の有り様に大きな変化が生まれたのとは裏腹に、日本の少年犯罪は減少の一途を辿り、二〇一五年の統計では遂に戦後最低をマークした。にもかかわらず、今なお少年法適用年齢の引き下げが議論されようとしている。

かつて受刑者は、刑務所を出ても行き先がなく社会に受け入れてもらえないまま再犯に至るというルートを通りがちであった。知的障がい者は本来福祉の手で救われるべきであったのに、福祉の網から漏れて犯罪に手を出し刑務所に送られていた。いま、検察官は起訴の前に福祉的手法で再犯を防止する手だてを講ずるようになり、刑務所内でも職業紹介ができる仕組みが導入され、弁護人も更生を見通した援助を弁護活動に取り入れるようになっている。

確実に、そして予想を上回る勢いで、日本の刑事司法は変わりつつある。その変化は専門家ですら全体像を摑むことに困難を覚えるほどであり、従来の姿を前提に議論していては将来の予測を誤りかねないだろう。

とりわけ、これまでは専門家によって独占されていた刑事司法の議論の場が、多様なアクターの声を取り入れた政治的アリーナへと変貌を遂げており、刑事司法の運用面も安定しているとは言い難く、現実の制度は絶えず法改正の動きを内包している。加えて、法制審議会における議事が明らかにしているように、改革に携わっている専門家達においてそもそも改革の筋道や改革すべき実務的課題が共有されておらず、改革を望む市民との対話はすれ違いに終わっていて、改革の処方箋すらこの国では用意されていないという現状がある。

これほどのダイナミクスと混乱は、戦後の刑事司法においてかつてなかったと言ってよい。その内容についても、これまで学界や法曹界で論じられながら実現を見なかったものから、当時はまったく予想もされなかったものまで多様な事柄を含んでいる。捜査段階から公判段階、刑事司法に関係する様々なステージに広がっていて、その広がり故に、今起きている変化について刑事司法全般にわたって功罪を論ずるにはたいへんな時間を要することになるだろう。

けれども、だからと言って今の時点でわれわれがなすべき務めを放棄することはできないはずだ。必要なのは、多岐にわたる刑事司法をめぐる改革論議の表層をなぞることではなく、それぞれの根底にある制度的・思想的課題に思いを寄せ、従来のアプローチの限界を見極めると同時に、国際的な動向は言うに及ばず、あるべき法制度を見通し将来の設計図にまで触れるような力強い議論をおこなうことであろう。

わたしたち編集委員は、実務家、研究者として、この変化の著しい時期にあえて日本の刑事司法全般に広くメスを入れ、今後のあるべき刑事司法を見据える必要を感じこの講座を編むこととした。われわれはそのためのミッションとして、刑事司法をめぐる改革論議に否を言うことも含むと了解しており、これまで改革の要が十分に共有化されてこなかった事柄について議論を加速させることも必要と考えている。また、日本では未だ十分に取り上げられ、触れられてこなかった、しかし重要と思われる未開拓の領域に分け入る作業も担うべきだと考えている。

その使命を果たすためには、国内のみならず海外も含めた多くの研究者や実務家にわれわれの思いを伝え、これに賛同する多様なバックグラウンドを持つ執筆者に対してその優れた英知や知見を提示してくれるよう求めることとした。それは後世の人たちのためにではなく、今、日本の刑事司法制度に関わる多くの問題について深く掘り下げ、立ち止まって考えようとする人々＝われわれが心から望む読者＝のためである。そうした読者にこのシリーズの全ての章が届けられるならば、刊行を企画したわれわれの本望である。

編集委員一同

はじめに——被害者問題の〝アポリア〟*

＊アポリアとは一般に〝解決のつかない難問〟を指す言葉とされ、アリストテレスは一つの問いに対して二つの相反した合理的解答のあることを意味する言葉として用いたとされる。

序

犯罪被害者は、日本の刑事司法から長い間「法制度の上からも無視されつづけた」存在だとか(大谷一九七五)、「忘れられた存在」(浜井・芹沢二〇〇六)だと言われてきた。そうした犯罪被害者の存在が「再発見」されたのは、概ね一九九〇年代の後半からである。その後、加害者に対する刑罰が軽すぎるのではないかという声や犯罪被害者に対する保護、支援・援助を求める世論の後押しを受けて、二一世紀に入ってから各種の立法や法改正が実現した。ようやく、被害者(やその遺族)が裁判に関わる情報にアクセスしたり、手続に参加して直接裁判に関わったりする機会が日本の刑事司法制度にも採り入れられるようになった。

その一方で、依然として十分に「再発見」されていない犯罪被害者やその家族のかかえる傷や闇をどのようにすい取るかは、わが国の刑事司法制度にとって大きな課題となっている。そもそも、犯罪被害については暗数が多く、刑事司法統計に現れる被害者の数が実際の一部に過ぎないことは言うまでもない。財産犯罪のように金銭的な補償があれば、刑事手続に乗らずに当事者同士で〝和解〟に至る事案も多いだろう。だが、性犯罪などでは、被害者がその被害の申告を躊躇ったために、結果として刑事事件として立件されない事例が相当多いことが予想されよう[1]。また、被害者(遺族)だからといって手続に参加したりメディアの前に登場したりするわけではなく、多数のケースで被害者は声をあげることなく社会の片隅に隠れたままである。わが国では大多数の事件が不起訴処分で終わることから、そうした場合、被害者には手続に参加する機会は与えられない。

したがって、こんにち、わが国の刑事司法制度において「被害者問題」を語る場合には、統計に現れた犯罪被害者に対する保護、支援、援助のみならず、「見えない」被害者や「隠れた」被害者までも念頭に置く必要があるだろう。

性犯罪被害について見ると、ジェンダー的視点が法政策や法解釈に十分に浸透しているとは言えなかった日本において、近時ようやく法定刑や構成要件の見直しが行われている[2]。しかしながら、法律専門家たちの間でも本巻で問われているような問題意識自体が十分に共有されておらず、そのことが実際の裁判で女性に不利な事実認定を許容してしまう側面も否定できない(大阪弁護士会二〇一四)。法律専門家ですらそうであるのなら、一般市民の間で、性犯罪自体や、そうした犯罪の被害者に対する偏見、知識不足があることも不思議ではないだろう。また、性犯罪加害者には刑罰を科しても抑止効果は乏しいとされ、加害者の認知の歪みを修正していくような加害者に向けたアプローチが有効であることも知られてきている。DVや虐待、ストーカーといった被害者と加害者の関係性が密接な行為類型についても、単なる被害者保護や加害者に対する重罰といったアプローチでは一次的な被害を食い止めることはおろか二次的被害の拡大を防ぐことができないことも分かってきている。

このような犯罪被害をめぐる多様なニーズを政策面に適切に反映していくことも、伝統的な解釈理論を修正していく作業も、いずれも容易なことではない。

そこで本巻は、刑事司法を考えるシリーズの一つの柱として、これまでのわが国における犯罪被害者法制の不備や不足を踏まえつつ、犯罪被害者を取り巻く政策面と理論面の両面から、その「現在」と「将来」を見通すべく多様な視点を盛り込むことを企図して編まれることとなった。

その狙いを達成するため、本巻では、これまで一般に犯罪「被害者」と定義づけられてきた対象をさらに広げて、犯罪者の家族や親族のような「犯罪加害者家族」の抱える問題にまで視野を広げている。こうした捉え方については、とりわけ被害者サイドからの異論や反発も多いだろう。しかし、編者として、加害者家族が直面する困難もまた、犯罪によって引き起こされた被害に内包されるとすることが、この国の刑事司法制度全体のあり方を問い直すという本シリーズの趣旨に沿うものと捉え、「被害者問題」の巻に収録することとした次第である。

表題に掲げた〝アポリア〟だが、アリストテレスが二つの正解の並存状態を指すためにこの言葉を用いたように、刑事司法という文脈全体から被害者問題を考えたとき、二つの正しいアプローチが存在している。一つの極には、現実的にもその優先順位が高い犯罪被害者の保護、支援・援助というベクトルが存在し、社会内には加害者に対する処罰感情といった強いベクトルも存在する。この二つのベクトルは概ね同一方向の圧力を刑事司法制度にかけることとなる。もう一つの極には、刑事司法制度の中でも、とりわけ処罰の可否を判断する公判プロセスで遵守が求められる「公正な裁判」や「疑わしきは被告人の利益に」といった刑事裁判の諸原則を維持しようとするベクトルが存在する。こうした諸原則の要請は、多くが憲法上も被疑者被告人に対して保障されていることから、譲ることのできない指針として刑事司法制度の諸手続を支配している。こうしたベクトルの並存状態の下では、被害者の保護や支援・援助というベクトル、あるいは処罰感情のベクトルを強めようとするときに、裁判の諸原則を維持しようとするベクトルは、しばしば有害で阻害的と見なされてしまう。

刑事司法制度における被害者問題の〝アポリア〟とは、まさにこうしたベクトルの緊張関係の上に存在している。いずれも合理的で理由のある力学であり、いずれかを否定しさることは不合理である。それぞれのベクトルを担う当事者たちにとっても、また専門家たちにとっても、そのベクトルはいずれも正しく拠って立つ足場となっている。だが、もしも片方のベクトルだけが刑事司法制度の推進力となってしまうなら、それは犯罪被害者の保護や支援についても、被疑者や被告人の権利についても、共にないがしろにしてしまうこととなり、社会制度として合理性を失っていくだろう。

本巻では、犯罪被害者問題が刑事司法制度においてアポリアな状態にあるという事実から目を逸らすことなく、二方向のベクトルのいずれも排除することなく、二つのベクトルの微妙なバランスの上に存在しているこんにちの法制度や手続について、被害者、被害者遺族の保護、支援・援助は言うに及ばず、一つのベクトルからだけでは〝再発見〟できない様々な課題を抽出し、加害者家族の回復までをも含んだ多様なテーマを選ぶことで、社会的・政治的にも、また、法的・心理的にも複雑で込み入った文脈の中から被害者問題の全貌を読み解く作業を試みようとする。

一　犯罪被害者をめぐる現状

まず、第Ⅰ部では、「犯罪被害者をめぐる情勢はどうなっているか」として、とりわけ二一世紀に入って活発となった被害者保護運動の有する政治的性質、あるいは被害者保護運動がもたらしている刑事手続における適正さの危殆化といったクリティカルなテーマを扱っている。

第1章は、被害者「運動」がもたらしている分断やその政治性に分け入り、その政治的立場の獲得から法改正のエージェントとなって社会的活動を展開するに至るまで、その深層を掘り下げようとする。著者によれば、すでにわが国では「犯罪被害」というカテゴリーが同質的実体（被害を受けた人々の総体）を示す一般概念ではなくなって、権利救済を視野に入れた機能概念としての役割を果たしている。これは先の一方向のベクトルが社会的圧力から政治的圧力へと変容を遂げたことを意味しよう。

例えば、検察庁による証拠改ざん事件を端緒として生まれた検察改革の一環である、刑事司法改革に関わる法制審議会特別部会の委員となった犯罪被害者団体の関係者は、有識者委員やえん罪事件被害者らが求めて来た被疑者の取調べを全面的に可視化（録音録画）しようとする提案に強い異論を繰り返していた[3]。こうした発言は、公正な裁判の保障のために密室で作られた調書に基づいた裁判から離脱しようとする改革方向に対抗する警察官僚の委員と同じ文脈上でなされていた。すなわち、リベラルな制度改革を敵視する官僚の思惑を犯罪被害者の「立場代表」が共有することで、より保守的印象を強める結果となっている。

結果的に、有識者委員やえん罪事件被害者らが求めた全面可視化は達成されず、裁判員裁判事案等において部分的に実現されるに止まった[4]。こうした文脈で見るとき、被害者団体は〝改革要求のエージェント〟ではなく、〝改革抑制のエージェント〟として機能したことになる。本章の著者が指摘しているように、純粋な「犯罪被害者」という立場から出発したとしても、社会運動を通じて政治的立場を獲得し一定の発言権を得た場合には、その発言が強い政治性を帯びることになることは明らかだろう。前述した二つのベクトルのバランスという表現は決して比喩的なものではなく、わが国の刑事司法制度を改革するという局面においても、それは明確にそのかたちを見せている。

続く第2章は、刑事訴訟法学の立場から、被害者の権利保障が刑事司法制度で進められていく中で、「デュープロセス（適正手続）」という被疑者及び被告人に保障されている権利がないがしろにされていないかを検証しようとする。その視座は、決して犯罪被害者の保護や権利保障を無視しようとするものではない。そうしたニーズを汲み取りつつも、刑罰付与の決定過程である刑事手続においては譲ることのできない一線があると指摘する。

とりわけ裁判の場面では、被告人に対して憲法が保障している「適正な裁判を受ける」権利の保護というベクトルが重要な位置を占めるのは言うまでもない。「鋭い緊張関係」のある中で、どのように被害者保護の方策を現実に落とし込めばよいか、二つのベクトルの並存が保たれるにはいかなる前提条件が必要かを著者は論じている。もっとも、最終的なベクトルの選択は「疑わしきはデュープロセス(適正手続)の利益に」という刑事裁判の原則に沿って判断されるという著者の姿勢は一貫していて、この原則がなおざりにされがちな運用と方向に警鐘を鳴らす。

実際、近年の性犯罪事案の中には、被害者を診断した、被害を認めないとした医師の診断記録が弁護側に開示されないまま有罪となってしまい、後年、被害者が事件は実際に起きなかったと告白したことから再審が認められたケース(5)や、レイプ被害の申告を受けて警察で行われたＤＮＡ型鑑定の結果判定不能とされていたにもかかわらず、控訴審段階で容易に第三者のものとする鑑定が実施されて有罪が破棄されたケース(6)など、あまりにデュープロセスがおざなりにされてしまった結果、えん罪が生まれたと考えられる事例も現に確認されている。著者の指摘には理由がある。

続く第3章は、二〇〇四年の犯罪被害者等基本法の制定を受けて二〇〇八年に始まった被害者(遺族を含む)参加制度の現状を踏まえて、そうした参加制度が量刑面に与える影響について考察したものである。被害者参加制度の影響は多面的であるが、同章は、具体的に被告人に言い渡される量刑(刑罰の重さ)についてその影響を検証した貴重な実証研究のエッセンスである。結論的には被害者意見陳述制度や被害者参加制度固有の影響は確認されていないものの、被害者要素が裁判に対して一定の影響を及ぼす可能性は認められている。それを踏まえて著者は、被害者参加制度等の問題よりも被害者要素全般の量刑に対する影響という枠組みで捉えていくという方向性を示唆する。

もっとも、被害者参加制度が利用された実際の刑事事件を経験した弁護人や参加代理人の経験談を踏まえると、被害者参加制度等が被告人の弁護活動や弁護人の意識に与えたインパクトは決して小さくないことは確認しておくべきであろうし、同時に、参加を経験したことが被害者側に失望や疎外感を味わわせることとなる場合があることも念頭に置くべきであろう(兵庫県弁護士会二〇一五)。

裁判時点では、被害時からそれほど時間の経過を経ていないので被害者サイドの処罰感情はとても強い。峻烈な意見や質問が公判廷で示されることになる。他方で、裁判長には、無関係な質問や「被告人の防御に実質的に不利益を生ずるおそれ」がある場合にはそれらを制限することが許されており（刑事訴訟法三一六条の三八第三項）、一方的に怒りや憎しみを述べ続けることや、謝罪を求め続けることがこうした場合に当たると解されている。これは、被害者やその遺族の感情とは矛盾する規制に思われることであろう。なぜなら、怒りや憎しみこそが加害者と対峙したいという要望の根元にあるのであって、謝罪を求める気持ちは、被害を受けた者からすれば道理として当然の要求だからである。一方で意見表明等の機会を与えつつ、他方で感情的な発言を抑制するよう法は求めているのである。こうした法律の規定ぶりにも、被害者問題が抱える手続上の〝アポリア〟を垣間見ることができる。(7)

二　被害者の現実と支援・保護のあり方

第Ⅱ部は、日本における「犯罪被害者の支援と保護はどうあるべきか」をテーマに、法制度の成り立ち、制度概要や関係諸機関の関与の実情、そしてそれらの課題から、被害者の抱える最も根元的な精神的被害であるトラウマの実相まで、幅広い観点から支援・保護の必要性やそれらのあり方を論じている。

まず第４章は、わが国において「忘れ去られてしまっていた」犯罪被害者が一九八〇年代に被害回復という観点から「発見」されるようになり、二一世紀になってようやく本格化しだすに至る、わが国の犯罪被害者支援の経緯と現在の課題を整理する。

わが国における犯罪被害者支援の本格化は一九九五年の地下鉄サリン事件というテロ事件が契機となった。被害者の権利を推進した民間の「全国被害者支援ネットワーク」の働きに警察庁、検察庁といった官側が呼応し、日本弁護士連合会といった弁護士層（民間）が支援に加わった。刑事司法制度をめぐって官民の協働がここまで強調される分野はそれほど多くはなく、これが犯罪被害者問題において特徴的な点の一つである。先に指摘した犯罪被害者支援のベクトルがかなり強固に刑事司法制度上組み込まれることとなった背景には、犯罪被害者自身の声や世論の後押しも認められるが、こうした官民の協働も大きな力となっていよう。

著者は、被疑者や被告人の権利が憲法上保障されているのに対して犯罪被害者の権利規定がないことについて、それは国家が犯罪被害者に対する責任を負わないことを意味しているのではなく、国家が市民の安全を守る責務を持つ以上は、市民が犯罪の被害に遭った場合に被害者の支援をする責務があると指摘する。二〇〇四年に制定された犯罪被害者等基本法は「あすの会」という犯罪被害者(遺族)の団体の声を受けたもので、犯罪被害者の権利と支援施策の推進を宣言するに至った。すなわち、憲法上の規定までは設けられることはなかったものの、基本法三条は「すべて犯罪被害者等は、個人の尊厳が重んぜられ、その尊厳にふさわしい処遇を保障される権利を有する」として、明確に被害者の権利を承認した。その具体的手立ての一つが、刑事手続への参加の権利であった。

わが国では、それ以外にも国選被害者参加弁護士制度や損害賠償命令制度の創設といった様々な支援策等が実現したものの、犯罪被害者支援に関わる施策の利用率はさほど高いものとは言えない[(8)]。著者はそうした原因に踏み込んではいないが、おそらくその背景には、〝強い〟被害者の声を背景として被害者支援制度の確立が図られ、立法や法改正が進められてきたことと無関係ではないように思われる。表立って声を発することのできないような犯罪被害者にとって、現行の保護や支援は必ずしも実態的ニーズに沿ったものとはなっていないのではないかという疑問がわく。こうしたニーズと実情にある乖離の確認と対応が今後の課題だろう。

第5章は、犯罪被害者が抱える深刻な〝トラウマ〟について、被害者を支援し保護しようと考える周囲の者や支援者、そして刑事司法関係者が気付くべき課題を取り上げる。著者らによれば、トラウマとは「過去の出来事の衝撃により、事件時と同じような恐怖や苦痛が現在まで続く状態」を指す。被害者のトラウマについては一般に理解されにくいことから、同章では、その具体的症状、そしてその影響や被害者が沈黙する仕組みが整理される。

こうした点は犯罪被害者に日常的に向き合っている刑事司法関係者においてすら、十分に受け止められ、理解されているとは言い難い。そのことが場合によっては事実認定において誤った判断を導きかねないことに本章は注意を促す。例えば著者らは、一般社会に〝被害者は被害後には直ちに逃避行動を取るはず〟というような思い込みがあるのではないかと指摘する。確かに、法律専門家が積み重ねてきた経験則に基づいて行われる事実認定に、そうした前提が含まれている可能性を否定することはできないだろう。本章で紹介されるような、被害者が攻撃者に対して取る対応や反応が一様ではないことや、被害者が冷静に見えてしまうのも不思議ではないことが、法律家には経験則に反するものと捉えられてしまうおそれがある。こうしたおそれは、性犯罪事件の被害状況や被害後の状況が誤認されてしまうことへの警告を含んでいる。

さらに、著者らが描く被害者の沈黙や立ち直りのプロセスも、刑事司法制度に関与する専門家たちにとって貴重な示唆を与えていよう。特に、トラウマが公的な場で語られにくいとの指摘は、被害の影響を刑事手続の諸過程で取り込むことの困難さを示している。そうであるなら、犯罪被害者の「声」をどのようにすくい取っていけるのか。著者らが指摘する「被害の本質を見据えた」被害者対策とは、全ての支援や保護を刑事司法制度に落とし込むことだけで実現させるのは困難で、より広範な国家的取り組みを必要としているように思える。

第6章は、わが国の法執行による被害者支援について、これを給付行政の一環として描き出す。特に、警察による支援の現状として、捜査過程における被害者負担の軽減や安全確保に向けた取り組みが重要なミッションとして紹介されている。

確かに警察庁は、被害者支援の最前線を担ってきた歴史を持っている。わが国の最初の被害者対策支援プログラムとして、警察庁は一九九六年に被害者対策要綱を定めた。この要綱は、それから二〇年を経た二〇一六年に犯罪被害者支援基本計画へと形を変えている。この経緯からも、警察庁が被害者支援の中核を担う傾向は今後も強くなると予想されるが、法強行組織である警察が被害者支援の中心的役割を果たしていくことについては、被害者問題全体からみたとき、そのニーズの細分化や息の長い保護・支援という点で適当かどうかについて異論もある。

とりわけ二一世紀に入って規制対象の法制化をみたDV、虐待、ストーカーといった被害者と加害者の関係が親密な行為(以下、親密犯罪)に対する対応については、その量的増加が大きいこともあり、今後の検討課題となるであろう。著者によれば、ストーカー事案として警察が対応した件数は二〇一二年以降二万件以上で推移しているという。確かに平成二七年の犯罪白書に掲載されている各種犯罪の認知件数と比較すると、この数字は、こんにち最も対応が急がれている詐欺罪の半数に及んでいるし、報道されることも多いわいせつ関連三罪(強制わいせつ、公然わいせつ、わいせつ物頒布)の合計件数の二倍に当たり、傷害事件のおよそ八割に相当する。DVについてみても、著者によれば二〇一五年度の相談件数は一一万件余りということであるが、これを同年の刑法犯認知件数と比較した場合、刑法犯の中でも最大を占める窃盗の認知件数八〇万件には遠く及ばないものの、第二位である器物損壊に匹敵する値となっている(9)。

これほどの被害件数がこの社会に存在するということ、そしてそれらが二〇〇〇年頃までは法規制の対象外とされていたことは、第一に、街路や繁華街といった一般に危険な場所と考えられているエリアのみならず、市民生活において身体生命の危険をもたらす場所が、家庭や交友関係の場面であるという意外な示唆を与えるのみならず、第二に、わが国の警察政策における規制対象が、路上犯罪や少年犯罪、あるいは暴力団犯罪といった耳目を集めやすく社会的に認知されやすい暴力犯罪に焦点化されてしまってきたこと、つまり家庭内や交友関係で生じる暴力行為が長年見過ごされていたことを示している。

著者は、一般刑事事件が大幅に減少した現状であればこうした親密犯罪に対する警察の対応は可能だとしているが、そもそも、今指摘したような長年にわたってわが国の警察の法執行の中心かつ焦点とされていた暴力犯罪とは質的に異なる原因を持ち、後の章で言及されるような加害者への働きかけが不可欠とされる親密犯罪に対応するには、警察組織では技術的にも能力的にも限界があるように思われる。著者が指摘するように、早急に被害者を支援する多職種連携による専門組織の創設がわが国でも不可欠である（いわゆるワンストップ・センター。性犯罪被害の治療やカウンセリングのみならず、専門的訓練を受けた警察官も常駐し聴取や証拠採取も行える、性犯罪被害対応の多機関連携施設を指す）。

なお、著者が被害者支援を「給付行政の一環」と捉えているように、行政の立場からは犯罪被害者支援は困難を抱えた市民に対する行政サービスの一種として位置付けられることとなるが、そのことが生活保護における収入認定という問題を引き起こすことにもなる。犯罪被害者等基本法が給付の目的を「犯罪被害者等が受けた被害による経済的負担の軽減を図る」（一三条）とする以上、検討の余地があるだろう[10]。

第7章は、少年司法における被害者の問題を、少年法の働きによって生み出される〝加害〟という観点から論じる。成人加害者を中心とする刑事司法制度の中にあって、少年司法の場合には、犯罪被害者に関わり多くの異質な部分を有していることから派生する問題である。周知のように、少年事件の場合には少年が匿名で報道され、成人加害者の場合とは異なって社会が加害者や加害者家族を特定してマスコミとともに加害者非難を行う契機がない。これを著者は、「犯罪被害者から見れば少年を守っているとしか見えない少年法や少年司法手続に巻き込まれ」、「一定の役割を果たすことを強制される」と捉えることになるという。

実際、少年犯罪被害者において、とりわけ生命犯の場合の被害者感情は峻烈であるが、その理由の一つには、少年法や少年司法が少年に対して〝保護的〟で、犯罪被害者に対する配慮よりも少年の更生が優先され、犯罪事実や少年に関する情報へのアクセスが（かつては相当程度）困難だったという背景事情があると推察される。少年犯罪被害者遺族も、〝少年だからということで反省の場が奪われてしまっている〟として審判傍聴の機会を強く主張し、それが二〇〇八年の少年法改正に繋がっていった。こんにちでは記録閲覧謄写などの機会も付与されるようになっている。それでもなお、犯罪被害者遺族の中には、未だ少年法が被害者救済に役立っていないという批判が根強い。少年犯罪の被害者遺族には、更生を重視する現状の手続と少年司法関係者の意識が、「過去」に起こした自身の犯罪を少年が見つめる機会を与えることよりも「将来」のやり直しに向けられているために、自分たちがないがしろにされていると感ぜざるを得ないようである(藤井二〇〇六)。

著者はそうした批判に対して正面から向き合い、答えを見出そうとする。第一に、少年自身に「少年の責任」をどのように自覚させ更生に繋げるかは、少年司法の側が課題にすべき点だと指摘し、第二に、関係機関による被害者家族への情報提供というチャンネルの確保を提案している。後者の提案については、少年司法とは別に、わが国に被害者支援の専門機関が設立されることで大きな進展を見出すことができるように思われる。

第8章は、わが国において伝統的な保護法益とされてきた貞操観に対する再考を訴え、構成要件に組み込まれている「暴行・脅迫要件」の撤廃を求め、現在の裁判における事実認定のあり方が〝強姦神話〟に影響されていると批判し、性犯罪に関する法制度のあり方から、性犯罪被害者の支援や保護の内容まで、性犯罪被害をめぐって刑事司法制度全体における抜本的な見直しを迫ろうとする。

二〇一七年六月に改正施行された性犯罪関連規定の刑法改正は、長年の性犯罪被害者の声が契機となり改正の根拠を提供した。だが、本章の著者は法案の作成に当たった法律専門家たちが考える手続や制度では追いつかないほどの徹底した見直しを追求する。すなわち、性犯罪の重罰化、補強証拠要請の撤廃、同意の存在に関する証明についての加害者への転換、性交同意年齢の引き上げなど、著者による法制度面の改革要求は多面に渡る。加えて、ワンストップセンターによる支援などの社会的資源の確保や加害者に向けた再犯防止の取り組みの展開など刑事司法制度に止まらない改革の必要を訴える。とりわけ、刑法における性犯罪条項が個人的法益とはされておらず性犯罪被害者の人格権保護の視点が欠けていることや、そうした規定ぶりから生まれていると考えられる法律専門家が有する〝性交観〟が現実に起きているレイプ事件(今次の刑法改正により「強制性交等罪」と呼ばれることとなった)をはじめとする性犯罪の実態と乖離していると主張し、そうした理念的、観念的な展開がないことが性犯罪対策の遅れの原因となっていると示唆する。

なお、著者が本章で示している現状の「性交同意年齢」の引き上げ提案については、法定婚姻年齢が女性は一六歳とされているように、刑事司法を含めた全法制度的なバランスを考える必要があるだろう。また、性交同意の問題に関しては、わが国の教育現場に対して加えられた性教育バッシングによって、避妊を含めた性教育が教育現場で忌避されている現状が、まず改善される必要があるだろう。(11)

三 〝境界線〟を越えて

第Ⅲ部には、「被害者論のあした」と題して、これまでの伝統的な刑事訴訟法原理や近時の被害者保護政策の展開から離れ、様々な観点から犯罪被害者と犯罪加害者の双方を視野に入れた、新しいアプローチに立った諸論考が収められている。

第9章では、被害者と加害者の双方に働きかけ、地域社会を含めた多くの関係者の受けた傷を〝修復〟しようとする「修復的司法」が論じられる。これは犯罪被害者と犯罪加害者の双方に思いを寄せようとする司法哲学であり、過去志向的な刑罰制度を離れた未来志向的な新しい刑事司法観に立つ。著者は様々な実践的な取り組みを紹介しつつ、修復的司法観とそれに基づいた刑事司法制度は、主流とならないにしても一つの選択肢として意味があることを見出す。

わが国の現状に渦巻く「排除や厳罰」に対抗するアプローチとして修復的司法の意義を説く著者の姿勢に対しては、厳罰志向の市民感情からの反発が予想されよう。しかし、犯罪事実があるにもかかわらず刑罰を科さないという判断――例えば、わが国の刑事司法の多くを占める起訴猶予(二〇一五年で全送検数の五六・三%)や執行猶予(同じく一審有罪件数の六〇・八%)といった選択――が示されたとき、厳罰を志向する感情の落ち着き先は一体どこに向かうであろうか。こうした負の感情だけが社会内に積み重なっていくと、地域共同体において犯罪者の更生や社会復帰に関して否定的な見方が強まり、起訴や刑罰を免れた犯罪者に対する「罰を免れている人」というネガティブなイメージが形成されることになっていくのではないか。そうしたイメージは更生を阻害し再犯の抑止に繋がらないだろう。

確かに、被害者と加害者との間に生まれた決定的な立場性を否定しさることは難しい。だが、修復的司法とソーシャルワークの関係を論じたエリザベス・ベック博士らは、継兄弟に両親(実父と継母)を殺されたタミー・ギブソンの物語を通じて、被害者遺族の回復、とりわけ精神的なエンパワーメントに修復的司法が極めて有用であることを説いている。タミーは継兄弟の公判中(結局彼は死刑判決を受けることになる)ずっと検察側の席に座っていたが、最終的に仮釈放委員会で助命嘆願を行うようになる。タミー自身の言葉を借りれば、彼女はそのとき、〝境界線を越えた〟というのである(ベック他二〇一二)。

修復的司法は、これまで刑事司法を支えてきた〝刑罰〟至上主義のパラダイムから離脱し、被害者や被害者遺族の人生の回復、ひいては地域社会の立ち直りまで視野に入れた新しい刑事司法観を、地域社会や事件当事者らに提供する。それによって、加害者と被害者の間に厳然と横たわる〝境界線を越えて〟、事件に関わる当事者が再び人生を歩み出す契機が生まれるのであろう。

第10章は、子どもを対象とした臨床における深刻な対立点となっている、証拠収集手法としての「司法面接」と子どもの「臨床面接」との対立を軸に論じようとする。

著者は、司法面接の二つの目的（事実の正確な聴き取りと二次的被害の回避・緩和）を踏まえて、その歴史的な発展を描写する。歴史的に、子どもに典型的な被暗示性の問題が司法面接技法の発展を促した。だが、未だに一般的には〝子どもは嘘をつかない〟〝子どもは正直〟といったステレオタイプのイメージは強固であり、刑事司法制度の中で子どもの証言を取り扱う上でも実社会と専門的知見との乖離が大きい。そうした意味で、こうしたテーマが犯罪被害者問題の一環として論じられる意義は大きい。

二〇一七年八月中旬に厚生労働省の速報値が報道され、二六年連続で児童虐待件数が増加し、二〇一六年度に全国の児童相談所が対応した件数は過去最多の一二万二千件に上ったという。こうした被害児童の量的規模は、被害者の供述を専門的に聴取する技能を持った対応者・支援者の養成が急務であることを明らかにしている。

著者の指摘する司法面接と臨床面接の明確な区別は、未だ専門家の間でも十分に認識共有されていない問題であり、「事実確認とケアとを行おうとする視点と姿勢がまずもって重要」であろう。児童虐待の現場で、これから分業と協働の二つのニーズをどのように擦り合わせていくのか問われている課題は大きい。

第11章は、〝死刑制度〟を素材として、より深く被害者遺族と被害回復問題に迫る。加害者に対して最も処罰感情が強いのが被害者遺族であり、被害者問題を掘り下げるとき彼らの声や思いを無視するわけにはいかない。米国を代表するクライム・ノベル作家であり、イリノイ州の死刑諮問委員会のメンバーであったスコット・トゥローは、「遺族は殺人者の死を望むのだろうか。例外なくそうであるとはいえない。しかし、そう望む者は多い」と述べた（トゥロー二〇〇五）。これに対して、本章の著者は、「遺族は殺人者の死（死刑）によって回復をはかれるのか」と問い直す。

確かに、「被害者遺族は、本当の「事件の終結」、つまり、悲しみに終止符を打つための最後の法的手段を繰り返し求めている」（トゥロー二〇〇五）と言われるように、死刑（あるいはその執行）によって加害者の命が奪われることを通じて被害者遺族は事件と決着をつけられ次に歩み出すことが可能となる、といったメッセージがしばしば聞かれる。

著者はこれに対して、「終止符論は根拠なき幻想に過ぎない」と喝破し、反対に、死刑が「遺族の回復」を妨げていると指摘する。そして死刑の執行を期待するあまりにトラウマが継続したり、傷が癒えなかったりする状態が続くことを明らかにするとともに、とりわけわが国の死刑確定から執行までのプロセスが長期にわたることから、そうした見方が裏付けられるとする。

応報刑論の立場から、被害者遺族の思いや、そうした感情に対する人々の同調・支持・連帯によって死刑制度そのものを正当化しようという言説に対して、著者はそれだけで説明することは困難とする。となれば、被害者遺族の回復のためには死刑制度以外にどのような手立てが必要とされるのであろうか。本章を通じて著者は、その答えを共に探す旅へと読者を誘っている。

四　加害者対応で被害をなくす

第Ⅲ部後半は、加害者対応を中心とした手法や取り組みに移る。すなわち、犯罪の被害を減らすには、(過去の)加害者による加害の繰り返しを防ぎ、(将来の)加害者の行動を抑制する手法が重要である。こうした取り組みは、伝統的に刑事司法の埒外であると捉えられることが多く、これまで刑事司法関係者の関心をさほど引きつけてこなかったが、本巻では二つの章において被害と加害に関わる「臨床的アプローチ」を取り上げる。

第12章では、今の刑事司法に被害者と加害者に対する臨床的関わりが不足している現状を批判的に捉え、加害者が、「贖罪」へと歩みを進めるために刑事司法の側に〝行為〟ではなく徹底して〝人〟を解き明かす作業としての「臨床」作業が不可欠であることを論ずる。

では、具体的に〝人〟に対するアプローチとは何か。

これを探るのが「司法臨床」というフィールドである。生育歴調査から始まり、行為時に被告人が抱えていた〝怒り〟の原点を探り、（犯罪）行動化する契機を調査する。そこで行われるのは、行為と結果に着目し犯罪実行行為の前後にのみフォーカスしがちな伝統的な刑事司法の視点から離れて、表面的に人々の目に現れた事象から犯罪動機や因果関係を説明するのではなく〝人〟を解き明かすことから犯罪の原因を探り、再犯の契機を抑制したり、改善更生の手立てを検討したりする作業である。著者は、前著の中で「司法臨床」の働きについて次のように語っていた。すなわち、「司法のプロセスに付け足された臨床活動でも、ましてや、裁判所の軒下を借りて開業される心理クリニックでもありません。あくまでも、「法」と「臨床」が交差する地点に生じる、少年や家族を援助するための、より高次の機能であることをまず強調しておきたいと思います」（廣井二〇〇四）。

こうした加害者に対する支援的な姿勢については、犯罪被害者の側から、そうした資力や資源が加害者の側に向けられ過ぎていて再配分を要するという反発も予想される。だが著者は、「被害者支援においても、加害者を理解しケアすることは何ら被害者を軽視することにはならず、むしろ加害行為によって人間の尊厳を傷つけられた被害者の回復をうながし、加害者に贖罪の意識をもたせ、責任を請け負わせることを可能にする」として、「司法臨床」を通して被害の回復が図られうると示唆する（廣井二〇一二）。

続く第13章では、対人暴力に関する臨床的視点（暴力臨床）という視点から、関係性の中にある暴力を取り上げる。被害者自身がその関係性に大きく関与しているケースにおいては、加害者の意識と行動を変容させることによって被害者の保護・支援や立ち直りのエンパワーメントが推進される必要があると著者は説く。親子、夫婦、親族、恋人など関係性が親密な犯罪については、刑罰では解決がつかず、むしろ刑罰によって環境が悪化したり、家庭の崩壊に繋がるからである。さらなる被害を防ぐという意味で加害者対応が重要となる理由である。

法の世界から見ると、親密犯罪に関する転換点は二〇〇〇年の児童虐待防止法、二〇〇一年のＤＶ防止法（配偶者からの暴力の防止及び被害者の保護等に関する法律）の制定だろう。この二法によって、国家は「法は家庭に入らず」という伝統的価値観を脱ぎ捨てた。そして、家庭の中に存在してきた暴力性が法的に認められ、その阻止に向けて国家が一定の役割を果たさなければならない事態が存在することが承認された。また、二〇〇〇年に成立したストーカー規制法（ストーカー行為等の規制等に関する法律）も同じように、〝男女間のもつれ〟で済まされることの多かったストーカー行為について警察の介入を可能とした。それまでは法執行の対象から除外されてきた加害行為を防止しなければならない事態があることが、国家によって承認されたのである。

もちろん、法が生まれたからといってこうした親密犯罪の予防が果たされるわけではない。

例えば、ＤＶ・虐待被害の専門家としてクリニックを運営する信田さよ子氏は、加害者が放置されている現状を批判し、ＤＶをふるう夫への専門的な処遇として北米で刑罰代替プログラムとして実施されている更生プログラムのわが国への導入を求めている（信田二〇〇八）。氏の言う刑罰代替制度は、〝治療的司法〟と呼ばれる考え方に基づいた問題解決型裁判所の一つのカテゴリーであり、ＤＶに特化した専門法廷で、問題を抱える加害者の原因を除去して犯罪被害や犯罪者家族の崩壊を防止しようとする支援的な刑事司法観に立った裁判制度である（指宿二〇一六）。

ストーカーの加害者対応に長年取り組んできた小早川明子氏も、被害者が救われるためには、とにかく加害者に加害行為を止めてもらうしかないという信念から加害者に対するカウンセリングを行っている。氏は、「加害者が回復するということは、関係者全員の回復を意味します」として、ストーカー自身が自らの行為の無意味さを自覚して加害行為から離脱する後押しの重要性を説く（小早川二〇一四）。

本章は、こうした加害者に関わっている実践家の思いや働きを関係性の暴力を変容させる「暴力臨床」と名付け、加害を終了させることによる関係者全員の回復可能性について具体的なイメージを持って読者に語っている。

最後に、第14章では「加害者家族」問題に直接焦点を当てる。

加害者家族とは「犯罪」を行った者の家族を指すので、伝統的な「犯罪被害者」のカテゴリーに含まれることはない。前著(鈴木二〇一〇)で加害者家族を取り巻く社会状況とバッシングの激しさを描き出して大きな反響を呼んだ著者は、本章で、刑事司法制度における加害者家族の果たす機能につき、①犯罪の原因としての加害者家族、②更生の場としての加害者家族、③被害者としての加害者家族、④贖罪の当事者としての加害者家族、の四つに分類した上で、その重要な役割を強調し、第四の機能の研究が未だに十分ではないことを指摘する。

この第四の機能に関わり、衝撃的な犯罪を行った加害者の家族が記した書物として想起されるのは、神戸連続児童殺傷事件の加害者家族によって書かれた『「少年A」この子を生んで…… 父と母 悔恨の手記』(文藝春秋一九九九年、文庫版二〇〇一年)である。文庫版もすでに一八刷を重ね、今尚多くの読者を得ている本書では、被害者とその家族に対する贖罪の気持ちが幾度となく繰り返され、自死の誘惑を振り切りながら贖罪のために生き続ける決意をあらたにする思いが頁の隅々まで広がっていて読む者の心を揺さぶる。また、米国で起きた同じように衝撃的な事件であり、学校銃乱射事件の代名詞となったコロンバイン高校銃乱射事件の犯人の母親も手記を発表し、最近邦訳された(クレボルド二〇一七)。絶望から抜け出す道として、被害者とその遺族に対する贖罪に人生の意義を見出し、具体的な生き方として息子の狂気の原因を解明して、同じような事件が繰り返されないよう「自殺予防」への取り組みへと至る道のりが徹底して科学的態度で記されている。

おそるべき犯罪の原因や背景の解明は、加害者家族の協力や意思なしには、本来なし得ない作業である。加害者家族が崩壊したり自死したりしてしまうと、刑を終えた加害者本人の更生を支える力が失われるばかりでなく、社会が共有すべき再発防止に向けた課題を見出していく機会が永遠に失われてしまう。社会のもつレジリエンス(回復力)の強化という観点からも、著者の示した第四の機能は今後重要なテーマとなるだろう。

以上、本巻では「犯罪被害者」に対する一般的なイメージの修正を伴いつつ、こんにちの被害者保護、支援の現状や課題、そして刑事司法制度全体の捉え直しとともに、私たちの気づきにくい被害抑止のあり方までを描く。今後の改革のためには、これまでのような法律家中心の法改正や被害団体の要望だけでは十分ではないことはもちろん、加害者に対する臨床的取り組みや加害者家族の保護や支援・援助といったテーマまで多岐に渡る検討が必要であると考えていただければ幸いである。

被害に対する制裁や加罰といった過去志向の刑事司法の役割を否定することなく、それに加えて、未来志向の刑事司法制度を構築していくために、今何が求められているのかを考えていきたい。

（1）性暴力救援のためのワンストップ・センターであるSARC東京の実績報告を見ても、二〇一二年六月からの三年間で被害相談件数のわずか五%程度、面接件数の一〇%強しか〝警察通報〟に至っていない。淺野他（二〇一六：三七）参照。

（2）詳細について例えば、前澤（二〇一七）参照。

（3）新時代の刑事司法制度特別部会平成二六年六月三〇日第二九回会議議事録より。

（4）藤乗（二〇一六）参照。

（5）産経新聞ウェブ版二〇一五年二月二七日付「強姦事件の再審決定　大阪地裁「無罪言い渡すべき明らかな証拠ある」」http://www.sankei.com/west/news/150227/wst1502270067-n1.html 参照（二〇一七年八月二七日閲覧）。

（6）毎日新聞ウェブ版二〇一六年一月一二日付「鹿児島・強姦事件　二三歳被告に逆転無罪　高裁宮崎支部」https://mainichi.jp/articles/20160112/k00/00e/040/189000c 参照（二〇一七年八月二七日閲覧）。

（7）被害者参加制度の機能に対する評価として、被害者遺族に関する限り事件や加害者について知りたいという期待は参加の関与度合いが高ければ概ね充足されているという調査がある。白岩他（二〇一六）参照。

（8）著者が紹介するように、被害者参加が認められたのは二〇一五年度で一三七七名となっている。該当事件全体の数%に過ぎないだろう。また、犯罪被害者給付金の申請交付も下降している。日本経済新聞二〇一七年五月一一日付「犯罪被害者給付金、昨年度八億八千万円　ピーク時の四割に」http://www.nikkei.com/article/DGXLASDG11H25_11052017CC0000/ 参照（二〇一七年八月二七日閲覧)。統計上も、申請ベースで二〇一六年で四六六名(警察庁平成二九年度行政事業レビューシート参照)と、犯罪の減少を考慮に入れても少なく思われる。

(9) 平成二七年刑法犯認知件数 http://hakusyo1.moj.go.jp/jp/63/nfm/images/full/h1-1-1-02.jpg 参照(二〇一七年八月二七日閲覧)。

(10) 現時点での対応としては、「裁判やカウンセリングに係る費用は除外できる」取扱いに止まっているようである。この点は、二〇一七年七月に公表された、「犯罪被害者給付制度に関する有識者検討会・提言」においても、犯罪被害者の医療費負担や親族間犯罪被害等が議論の中心とされたため特段触れられていない。http://www.npa.go.jp/higaisya/study2/teigen/honbun.pdf(二〇一七年八月二七日閲覧)。

(11) 浅井他(二〇〇三)参照。

参考文献

浅井春夫他編著(二〇〇三)『ジェンダーフリー・性教育バッシング　ここが知りたい五〇のQ&A』大月書店

浅野敬子他(二〇一六)「性暴力被害者支援の現状と課題」『被害者学研究』二六号

指宿信(二〇一六)「治療と司法——世界に広がる治療的司法論とその実践」『犯罪社会学研究』四一号一一四頁

大阪弁護士会人権擁護委員会性暴力被害検討プロジェクトチーム編(二〇一四)『性暴力と刑事司法』信山社

大谷実(一九七五)『犯罪被害者と補償』日経新書

クレボルド、スー(二〇一七)『息子が殺人犯になった——コロンバイン高校銃乱射事件・加害生徒の母の告白』仁木めぐみ訳、亜紀書房

小早川明子(二〇一四)『「ストーカー」は何を考えているか』新潮新書

白岩祐子・小林麻衣子・唐沢かおり(二〇一六)「「知ること」に対する遺族の要望と充足——被害者参加制度は機能しているか」『社会心理学研究』三二巻一号

鈴木伸元(二〇一〇)『加害者家族』幻冬舎新書

藤乗一道(二〇一六)「新たな刑事司法制度を構築するための法整備——刑事訴訟法等の一部を改正する法律案」http://www.sangiin.go.jp/japanese/annai/chousa/rippou_chousa/backnumber/2016pdf/20160923.pdf(二〇一七年八月二七日閲覧)

トゥロー、スコット(二〇〇五)『極刑――死刑をめぐる一法律家の思索』指宿信・岩川直子訳、岩波書店
信田さよ子(二〇〇八)『加害者は変われるか? DVと虐待をみつめながら』筑摩書房(ちくま文庫、二〇一五年)
浜井浩一・芹沢一也(二〇〇六)『犯罪不安社会』光文社新書
兵庫県弁護士会「実践 犯罪被害者支援と刑事弁護」出版委員会編著(二〇一五)『実践 犯罪被害者支援と刑事弁護』民事法研究会
廣井亮一(二〇〇四)『司法臨床入門――家裁調査官のアプローチ』日本評論社
廣井亮一編著(二〇一二)『加害者臨床』日本評論社
藤井誠二編著(二〇〇六)『少年犯罪被害者遺族』中公新書ラクレ
ベック、エリザベス、ナンシー・P・クロフ、パメラ・ブラム・レオナルド編著(二〇一二)『ソーシャルワークと修復的正義――癒やしと回復をもたらす対話、調停、和解のための理論と実践』林浩康監訳、明石書店
前澤貴子(二〇一七)「性犯罪規定に係る刑法改正法案の概要」『調査と情報』九六二号 http://dl.ndl.go.jp/view/download/digidepo_10350891_po_0962.pdf?contentNo=1(二〇一七年八月二七日閲覧)

二〇一七年八月

指宿信

目次

I

犯罪被害者をめぐる情勢はどうなっているか

1　被害者問題のポリティクス
――刑事司法は、犯罪被害者のためにあるのか？――

石塚伸一

はじめに――静まりかえる法廷

「天網恢々《かいかい》、疎《そ》にして漏らさず」

法廷は、静まり返った。意見陳述人の被害者の夫はつづけた。

「意味が分からなければ、自分で調べてもらえればと思う。そして、この言葉の意味をよく考えてほしい。君が、裁判で発言できる機会は残り少ないと思う。自分がこの裁判で何を裁かれているのか、己の犯した罪が何なのか、自分が何をなさなければならないのかをよく考え、発言してほしい。そして、君の犯した罪は、万死に値する。君は自らの命をもって罪を償わなければならない」

山口県光市の母子殺害事件で、殺人、強姦致死などの罪に問われた被告人（犯行時一八歳）の差戻し控訴審の第一〇回公判のことであった（読売新聞二〇〇七年九月二〇日二二時一三分）。

「被害者問題のポリティクス（政治）」という無慈悲な課題を与えられ、わたしの脳裏を離れなかったのは、この法廷でのご遺族の言葉であった。「最愛の家族を失った被害者遺族は、裁判で被告人に死を求めることができるのか」「できるとすれば、それはなぜか」。

日本の近代法思想に大きな影響を与えた碩学・穂積陳重《のぶしげ》は、一八八八（明治二一）年の講演（穂積一九三一：三二三―三五〇）の中で、刑法は、復讐が進化し、「敵討《かたきうち》の考へが段々と蔓《はび》こつて、其れにいろいろの規則を立てたものである」（穂積一九三一：三二二）と述べている。刑法の進化は、復讐の時代、復讐制限の時代、賠償の時代を経て、刑罰の時代へと至った。法律学をまなんだものにとって、刑罰の時代から、復讐時代への「先祖帰り」のような出来事を、いかに理解し、どのように説明するか。これは容易には解けない課題である。

本稿では、まず、犯罪被害者という範疇（カテゴリー）を整理し、一九六〇年代にはじまる日本の被害者運動を概観する。つぎに、これをポリティクスとして分析したとき、犯罪統制と適正手続の対抗という文脈の中で動いてきた日本の刑事司法が、犯罪被害者という新たな視点の下で、どのように変容したか、そして、それは犯罪被害者にとってどのような意味をもつかを考察し、最後に、このような問題状況に対する私見を述べることにする。

一　犯罪被害者という範疇（カテゴリー）

(1) 犯罪被害者の概念

広い意味での犯罪者とは、国家との関係において、法律に違反する有害行為をおこなったことを理由に捜査・訴追を受け、有罪判決を受けた人、あるいは、その可能性がある人と定義することができる。そこには、国家から「犯罪者」というレッテルを貼られている人という共通の実体がある。

これに対して、犯罪被害者というカテゴリーは、殺人の被害者、窃盗の被害者、詐欺の被害者といった具合に、加害犯罪が特定されてはじめて、何罪の被害者かが決まる。したがって、本来的に、犯罪被害者という一般概念は成立しない。K・ローチ(Kent Roach)は、犯罪被害者を、犯罪による損害賠償訴訟の原告および刑事裁判における犯罪の被害者という意味で用いている。したがって、犯罪被害者というカテゴリーは、同質的(homogeneous)実体を示す概念というよりは、被害者の権利救済を視野に入れた機能概念であると言える(Roach 1999: 321)。

(2) 被害学の被害者観

一九世紀後半、C・ロンブローゾ(Cesare Lombroso)が犯罪学を創始して以来、犯罪学は「人はなぜ犯罪を行うのか」という問題を主たる関心事としてきた。一九三〇年代になると、B・メンデルゾーン(Benjamin Mendelsohn)等が犯罪の誘因としての被害者に関心をもつようになり、一九四八年にはH・フォン・ヘンチッヒ(Hans von Hentig)が『犯罪者とその被害者』を公刊した(von Hentig 1948)。英国では、一九五七年、M・フライ(Margery Fry)が『ロンドン・オブザーバー』誌(一九五七年七月七日)に犯罪被害者を救済する法制度が必要であるとの論説を寄せた。アメリカでも、一九五八年、M・ウォルフガング(Marvin E. Wolfgang)が、殺人被害者の両親に関する研究を発表した(Wolfgang 1958)。そして、一九五八年、メンデルゾーンが「被害者学(La Victimologie)」という論文を『フランス精神分析雑誌』に発表し、被害者学の体系化がはじまった[1]。

ところが、初期被害者学の関心は、「人はなぜ、犯罪の被害に遭うのか」から「どのような人が犯罪の被害に遭うか」という被害者類型論に移っていった。被害者に特有な行動や性格を求める被害者学の基本姿勢に対しては、被害者への偏見を助長するものであるとの批判が向けられた。

一九七〇年代、「被害者のための被害者学」を標榜する論者が現れ、被害者学は、被害者救済運動を支える学問へと変わっていった。一九七三年には第一回国際被害者学会議がイェルサレムで開催され、一九七六年には学術雑誌『被害者学』が刊行され、一九七九年にはドイツのミュンスターで「世界被害者学会」が設立された。

このような被害者学の姿勢に対しては、被害者を支援するための運動になっているとの批判があり、過度のイデオロギー化を避け、犯罪被害問題を実証的に研究する科学としての地歩を固めるべきであるとの指摘もある(Karmen 2001: 10)。

(3)「暗数」の意味

犯罪学における相互作用主義、すなわち、「ラベリング論」の出現以降、犯罪には「暗数(公式統計には表れない犯罪)」があるという事実が犯罪学の共通認識になった(フッド、スパークス一九七二:一六)。「警察に通報されない犯罪がある」あるいは「通報しない被害者がいる」という事実は、市民が犯罪統制機関に頼らず、紛争を処理していることを意味する。その原因は、司法救済の手続が迂遠で実効性がないからかもしれない。非公式ではあるが、より効果的な問題処理に委ねているのかもしれない。保険によって損失が補填されているので、敢えて通報する必要はないと考えているのかもしれない。暗数の発見が既存の権力への不信を示しているのであるとすれば、現状を改革するためのリベラルな法政策と結びつく可能性もある。

しかし、暗数が多いということは、犯罪統制が十分機能しておらず、社会に犯罪リスクが蔓延している証拠であると理解することもできる。犯罪への不安が、扇情的な報道と結びつき、警察力の増強、捜査権限の強化、監視カメラ等の防犯設備の拡充、性犯罪前科者リストの公開、防犯保険制度の整備、自警団による防犯活動など、新自由主義的な犯罪統制政策に繋がる可能性もある。

さらには、暗数の発見による犯罪被害への関心の高まりを「危険社会(Risikogesellschaft)」(Beck 1986)の兆候と見ることもできる。危険社会においては、保険級数によって犯罪リスクが数値化される。大事故や災害のような回復不能な巨大リスクと同視することはできないにせよ、数値化されたリスクは、評価の指標として、セキュリティー市場で商品化され、政策判断の指標となる。リスクについての知見は、科学によって根拠付けられた社会的・倫理的言明として、政治的意味を獲得することになる(Beck 1986: 29-31＝四七―五〇)。

つぎに、日本における犯罪被害者運動の展開を概観しよう。

二　犯罪被害者運動の位相

(1) 忘れられた被害者

衝動殺人「息子よ」事件　一九六六年五月、横浜の町工場経営者の息子が少年に腹部を刺され死亡した。息子は「おやじ、悔しい、仇を討ってくれ」という言葉を残して亡くなった。父は、市民団体を設立し、犯罪被害者救済立法を求める運動を始めたが、資金不足のために運動は行き詰まった。

三菱重工爆破事件　一九七四年八月、過激派集団が、丸の内の三菱重工業東京本社ビルに時限爆弾を仕掛け、八名が死亡し、三七六名が負傷した。この事件が契機となって、一九八〇年「犯罪被害者等給付金の支給に関する法律」(昭和五五年五月一日法律第三六号)(以下「犯給法」という)が制定され、翌年から施行された。

(2) 性犯罪被害の社会問題化――セカンド・レイプとフェミニズム

一九六〇年代から七〇年代のフェミニズム台頭の影響を受けて、家庭、職場、学校などにおける男女の不平等が社会問題化した。「ドメスティック・ヴァイオレンス（ＤＶ）」「夫婦間レイプ」「バタード・ウーマン」「セクシャル・ハラスメント」などの新たなキーワードによって、家族関係・雇用関係・教育関係に根本的変革を迫った。このような文脈の中で「セカンド・レイプ」が注目されるようになった。一九七六年のアメリカ映画「リップスティック（やり返す女）」や一九八二年の邦画「ザ・レイプ」（落合一九八二原作）は、二次被害の状況を鋭く描き出した。

(3)　犯罪被害の治安問題化

オウム真理教地下鉄サリン事件　一九九五年三月二〇日、霞が関の地下鉄でオウム真理教の信者が化学兵器サリンを撒いた。一連のオウム真理教関連犯罪の被害者は、死亡者二九名、負傷者六〇〇〇名を超えた。二〇〇八年に「オウム真理教犯罪被害者等を救済するための給付金の支給に関する法律」（平成二〇年六月一八日法律第八〇号）（いわゆる「オウム被害者救済法」）が制定された。

神戸須磨連続児童殺害事件　一九九七年五月、兵庫県神戸市須磨区において当時一四歳の中学生による殺人事件が発生し、二名が死亡し、三名が重軽傷を負った。この事件を契機に、被害者の人権と犯罪報道の問題がクローズアップされ、一五歳以下の少年を刑事裁判で裁くことができない少年法に批判が集まった。

(4)　交通事犯重罰立法

「隼くん」ダンプカー事故　一九九七年一一月、東京都で児童がダンプカーに轢《ひ》かれて死亡する事故が発生した。検察官は嫌疑不十分で不起訴処分としたが、遺族は検察審査会に審査を請求し、検察官は運転手を業務上過失致死（以下「業過」という）[2]で起訴し、有罪となった。遺族は、損害賠償を求めて提訴し、地裁は運転手と勤務会社に損害賠償の支払いを命じた（片山一九九九）。この事件が契機となって、刑事訴訟法が改正され、「被害者等通知制度」が導入された。

東名高速道路飲酒運転事故　一九九九年一一月、東名高速道路上において、飲酒者の運転するトラックが乗用車に衝突し、幼い姉妹が死亡した。運転手は業過等で起訴され有罪となった。民事事件でも運転手とその勤務会社等に高額の損害賠償が命じられた。

小池大橋飲酒運転事故　二〇〇〇年四月、神奈川県で飲酒運転中の運転手が事故を起こし業過で実刑判決を言い渡された。被害者遺族は、窃盗罪よりも軽い業過による量刑を批判し、重罰化を求める署名運動を展開した。二〇〇一年、道交法が改正されて飲酒運転が重罰化され、刑法改正によって危険運転致死傷罪（以下「危険運転」という）が新設された。これによって、犯罪被害者運動の成功モデルが確立した。

福岡海の中道大橋飲酒運転事故　二〇〇六年八月、福岡市の海の中道大橋で、飲酒運転の市職員が乗用車に追突し、車は博多湾に転落して三人の幼児が死亡するという事故が起きた。危険運転の適用が争点になり、地裁は業過であったが、高裁は危険運転を適用し、最高裁は上告を棄却して危険運転が確定した。被害者遺族は、多額の損害賠償を求めて提訴していたが、和解が成立した。この事件が契機となり、危険運転を逃れるための隠蔽工作やひき逃げを厳しく処罰するため、二〇〇七年、道交法が改正された。

鹿沼市クレーン車暴走事故　二〇一一年四月、栃木県で、てんかん患者の男性がクレーン車を運転中、発作を起こして車が暴走する事故が起きた。危険運転の適用が検討されたが、治療を怠ったことを故意の無謀運転と認定することはできないことから、自動車運転過失致死罪で起訴され、法定刑の上限である懲役七年の判決が言い渡された。民事では、男性とその母親、勤務会社に多額の損害賠償が命じられた。

京都祇園軽ワゴン車暴走事故　二〇一二年四月、京都市でも、てんかんの持病をもつ運転者が暴走事故を起こし、自らを含む八名が死亡した。刑事では被疑者死亡で不起訴となったが、民事では、運転者の遺族および勤務会社に多額の損害賠償が命じられた。

亀岡市居眠り運転事故　二〇一二年四月、京都府亀岡市の府道で、徹夜の夜遊び疲れで居眠り運転をしていた無免許の少年の自動車が集団登校の小学生の列に突っ込み、三名が死亡し、七名が重軽傷を負った。危険運転の適用が争点となったが、地検は自動車運転過失致死で起訴し、有罪となった。

これらの事件が契機となって、二〇一三年、「自動車の運転により人を死傷させる行為等の処罰に関する法律」(平成二五年一一月二七日法律第八六号)が制定され、自動車運転に関連する死傷行為は、特別法で処罰されることになった。

(5)　被害者運動の政治化

光市母子殺害事件　一九九九年四月、山口県光市の社宅において、排水検査を装って家に入った少年が若い母親と乳児を殺害するという事件が発生した。当時一八歳の少年が逮捕され、家裁送致・逆送の後、地裁では殺人・強姦致死等で無期懲役の判決が言い渡された。控訴審でも無期判決が維持されたが、上告審の最高裁第三小法廷は、原判決を破棄し、高裁に差戻した。(3) 差戻し審の高裁では死刑が言い渡され、最高裁第一小法廷は上告を棄却したので死刑が確定した。現在、再審請求中である。

犯罪被害者の会(現「全国犯罪被害者の会」。「あすの会」)　二〇〇〇年一月、光市事件の被害者遺族は、自らも山一證券代理人弁護士夫人殺害事件の被害者遺族である元日本弁護士連合会副会長の弁護士とともに、犯罪被害者の権利の確立、被害回復制度の確立および被害者の支援を目的として「犯罪被害者の会」を設立した。同会の理事には著名な事件の被害者遺族が名を連ね、著名作家、自治体の首長、経済団体の幹部、大学の学長などが理事を務める支援の会からの経済的支援を受け、会費を取らずに運営されている。同会は、「人の命を奪った者は、自分の命で償うべき」との立場から、凶悪犯罪に対する死刑を支持し、法務大臣への執行要請などを行っている。なお、同じオウム関連犯罪でも、松本サリン事件の被害者や信徒の家族とは一線を画し、加害者の社会復帰にも配視すべきと主張する被害者遺族とは袂を分かっている。

北朝鮮による拉致被害者家族連絡会　一九九七年三月、「北朝鮮による拉致被害者家族連絡会」が結成された。同年五月、政府が一〇名を「北朝鮮に拉致された疑いが濃厚」と発表し、「拉致問題」が公式に認知された。二〇〇二年九月、小泉純一郎首相（当時）が北朝鮮を訪問した際、金正日総書記（当時）が拉致の事実を認め、同年一〇月に五名の拉致被害者が帰国した。同会は、一貫して政府に対北朝鮮強硬策を求め、「北朝鮮に拉致された日本人を早期に救出するために行動する議員連盟」（いわゆる「拉致議連」）などの保守系政治家との繫がりも強い。なお、他にも複数の支援の会がある。

三　被害者問題のポリティクス

(1) 犯罪被害者運動

一九六〇年代にはじまる初期被害者運動は、被害者の処罰よりも、経済的救済を求める運動であった。ところが、七〇年代後半から八〇年代に、司法や立法に対する制度改革を求める運動に変化した。さらに九〇年代に入ると、オウム真理教事件や神戸須磨連続児童殺害事件のようなセンセーショナルな事件を契機に「安全神話の崩壊」が喧伝され、一般市民（素人）は、制度の矛盾や例外を捉えて、専門家（玄人）を批判し、これをマスメディアが慫慂することによって、犯罪者・非行少年に対して厳しい対応を求める「ポピュリズム（大衆迎合主義）」の先兵となった。浜井は、マスコミによってつくられたモラル・パニックが、市民運動家、行政・政治家、専門家によって、新たな社会問題として定着していく過程を「鉄の四重奏」（ジョエル・ベルト）と呼んでいる（浜井・芹沢二〇〇六：六二）。

犯罪被害者の要望を受けて政治家たちが政府を動かし、法務・警察官僚の主導の下、被害者対策立法がつぎつぎと成立していった。しかし、遡及適用（事後法）を禁じる罪刑法定主義の下では、被害者自身に具体的な利益は及ばない。一時の加熱したマスメディアの報道に疲弊し、グループ内部で争いが生じるようなことも少なくない。

(2) 犯罪被害者をめぐる立法

元来、刑事訴訟法には、告訴、保釈制限、証人保護などが規定され、不起訴等については検察審査会制度があった。また、犯給法も、故意の犯罪行為の被害者に見舞金を支給していた。一九九〇年代になると犯罪被害者の権利に関する議論が高まり、被害者関連立法が矢継ぎ早に制定された。

一九九九年、法務省は、証人尋問の際の証人への付添、証人尋問の際の遮蔽措置、ビデオリンク方式による証人尋問、性犯罪の告訴期間制限の撤廃、公判手続における被害者等による心情その他の意見の陳述、検察審査会の審査申立権者の拡大、被害者等の傍聴および公判記録の閲覧などの検討を開始し、法制審議会の答申を経て、二〇〇〇年五月、いわゆる「犯罪被害者保護関連二法」（「刑事訴訟法及び検察審査会法の一部を改正する法律」および「犯罪被害者等の保護を図るための刑事手続に付随する措置に関する法律」）が成立した。

二〇〇〇年には「児童虐待の防止等に関する法律」と「ストーカー行為等の規制等に関する法律」、二〇〇一年には「配偶者からの暴力の防止及び被害者の保護に関する法律」（いわゆる「DV防止法」）が制定された。また、二〇〇〇年には「少年法等の一部を改正する法律」によって、被害者の意見聴取制度、少年事件の記録の閲覧・コピー、少年に関する情報の被害者への通知制度が制度化された。二〇〇一年には犯給法が改正され、給付額の引上げ、重傷病給付の新設、犯罪被害者等早期援助団体の指定制度などが導入された（石塚二〇〇二）。

二〇〇四年には、「犯罪被害者等基本法」（以下「基本法」という）が制定され、被害者の権利が明文化され、支援を国・地方公共団体・国民の責務と位置づけ、内閣府に「犯罪被害者等施策推進会議」が設置された。二〇〇五年一二月、「犯罪被害者等基本計画」が閣議決定され、取り組むべき基本施策が確定した。二〇〇四年の「総合法律支援法」(平成一六年六月二日法律第七四号)によって、法テラスも犯罪被害者支援業務を実施することになり、相談窓口の案内、法制度・弁護士の紹介、弁護士費用等のほか、被害者参加人のための国選弁護、被害者参加旅費等支給などの業務を行っている。

(3) 社会運動のポリティクス

犯罪被害者等の存在が認知され、社会問題となり、終結に至る過程を「ポリティクス(politics)」として説明することができる。

それまで知られていなかった生活利益の侵害が認知され、その侵害者を特定し、被害者が要求を具体化する。その救済が拒絶されると紛争となり、調停・仲裁・訴訟等による法的解決に至る。このような新しい権利形成運動が成功するか否か、どの程度まで要求が実現するかは、権利や運動の特性(権利の特性と運動の主体の特性)、指導者のリーダーシップ(リーダーの特性と行動)および運動の環境(政策決定エリートや加害者の特性、他の変革主体との関係)によって規定される(宮澤一九九二b:一〇五—一〇六)。

このプロセスにおいて、生活システムが攪乱され、利益が侵害あるいは危殆化されたとき、その原因がどのようなシステムの矛盾や欠陥に由来するのかを説明する論理が決定的な意味をもつ(宮澤一九九二a:一〇二)。皮肉なことではあるが、みんなの共通の利益の実現をめざす運動には参加しなくても、利益を享受できるという「フリー・ライダー(ただ乗り)」問題がある。それでもなお、新しい権利を主張する社会運動が発展するのは、その運動が潜在的メンバーを説得して運動に巻き込み、組織を維持し、エリートの中に同盟者を獲得し、最終的に目標を達成するための適切かつ必要な資源を動員できたからである(宮澤一九九二a：一一二)。

(4) 被害者問題のポリティクス

犯罪被害者の権利運動を社会運動として分析するとすれば、つぎのように説明することができるであろう。

犯罪被害のブランド化　「息子よ」の時代の被害者運動は、犯罪被害者の特殊な状況の救済を求める運動であった。リーダーは、法律の素人である当事者自身、少ない資金と少数の支援者にささえられていた。しかし、「三菱重工爆破事件」によって、多くのビジネスマンが被害を受け、誰もが被害者になるかもしれないという社会不安が喚起され、エリート層や政治家が動きだし、法務官僚を動かして犯給法が成立した。

「あすの会」は、面識のない加害者による殺人の被害者遺族をモデル化し、「怒れる犯罪被害者」像を打ち立て(門田二〇〇八)、政界・財界・法曹界のエリート層を動員して強力な利益集団を組織した。警察官僚や法務官僚とも同盟し、広告塔を創り出してマスメディアを味方につけて発言力を増していった。

顔見知りの間の財産犯や軽微な暴力犯罪であれば、謝罪と金銭賠償によって、関係を修復することもできる。しかし、通り魔的殺人の加害者には資力がなく、もとより生命は金銭では償えない。具体的な救済策のない被害者問題は、「犯罪被害者」というステイタスの社会的・政治的・法律的認知を求める運動にならざるを得ない。二〇一五年の殺人事件(八六四名)について(未遂を含む)被害者と加害者の関係を見ると、五二・四%が親族、三四・八%は面識があり、面識なしは一一・五%にすぎない(平成二八年版犯罪白書)。[4]多数を占める知合いに殺害された被害者の遺族は、典型的「犯罪被害者」ではないことになる。このような現象を「犯罪被害のブランド化」(犯罪被害が独自の価値をもつことが認知されること)と呼ぶことができる。

セカンド・レイプとジェンダー論　性犯罪被害については、捜査機関や司法関係者による二次被害がセカンド・レイプとして批判され、セクシャル・ハラスメントやＤＶのような女性の日常的な性被害を顕在化させ、当事者である多くの女性の地位の向上に繋がっていった。理論武装したリーダーたちは、「セクシュアリティー」や「ジェンダー」の見直しを求めていった。法務官僚主導の初期法改正は、二〇〇五年刑法の一部改正による「性犯罪の重罰化」で終息を狙ったが、運動はそこにはとどまらず、カムアウトした当事者自身による「性の在り方」改革を求める運動に連なっていった（小林二〇一〇）。「刑法の一部を改正する法律」（平成二九年六月二三日法律第七二号）によって非親告罪化や多様な関係間の性暴力の犯罪化など、法的にも大きな一歩を踏み出した（ＵＲＬ⑥参照）。このような運動の展開には、初期の被害の発見から、その原因の説明の段階で、「新しい女性運動」として位置づけられたことが決定的な意味をもった（Brownmiller 1975）。時代を捉えた生活利益の理論化が当事者主体の運動の展開を支えた例である。

オウム事件における被害者の分断　一連のオウム真理教事件については、坂本弁護士殺害事件や松本サリン事件の段階では、被害者の範囲が限られていたため、大きな社会運動にはならなかった。運動の中心は息子や娘を信者に捕えられた「信者家族」であった。社会問題化する頃には、マスメディアにも注目され、同情も得られていた。残念なのは、被害の理論化とエリート層との同盟に失敗したことである（江川一九九七、江川二〇〇〇）。

そのような状況の中で、地下鉄サリン事件が発生し、被害者も数千人に拡大した。発生地も官庁街の中心である霞が関であったことから、「安全神話の崩壊」を象徴する出来事として扱われた。「安全・安心の回復」をスローガンに、警察官僚を中心にエリート層との同盟にも成功したことから、被害者救済法は早期に成立した。しかし、当初からの被害者であった「オウム真理教家族の会」（永岡弘行）のような被害者家族の救済は、支援の埒外に置かれている（永岡・滝本一九九五）。「良い被害者」から「悪い被害者」が区別され、運動が分断された例である。

時代に翻弄された少年犯罪被害者　少年犯罪被害者の会は、利益集団が限られており、エリート集団との同盟はそれほど強固ではなかった。しかし、政治家や法務・警察官僚主導の少年法批判が政治的問題となると、突然、主張の場が与えられる。

少年犯罪被害者は、少年法改正が俎上にのぼった一九九七年と二〇〇〇年には厳罰化の主唱者として、積極的な運動を展開した。少年犯罪の増加・凶悪化・低年齢化を根拠とする保護主義批判と厳罰化のステロタイプ化(前田二〇〇〇、葉梨一九九九)に重要な役割を果たした。ところが、非行が減少激減し、少年法対象年齢引下げが言の葉に上る現在、青少年対策における少年犯罪被害者の代表性が失われつつある。子どもを取り巻く状況が複雑化し、社会の関心は、「引きこもり」やネット依存など「孤立」に向きはじめている。もはや、「小さな大人」の責任を追及するステロタイプ化した「甘やかし」批判は、妥当しなくなっている。少年犯罪被害者運動は、「少年法改正」をめぐる司法関係者の対立に翻弄された(URL④⑤少年犯罪被害当事者の会のサイト参照)。

交通犯罪被害者の立法運動　交通犯罪被害者の運動は、道交法や交通関係の業過等の厳罰化に大きな貢献をした。賠償については、自動車賠償責任保険等による補塡がそれなりに整備されており、運転者やその雇用者に賠償能力がある場合も少なくないので、民事賠償は一応機能している。いきおい、被害者遺族の要求は再発防止に向かう。ところが、事故の原因がどのような社会システムの矛盾や欠陥に由来するのかを説明する段階で、運転者の過失や運転の無謀さなどの人為的欠陥が強調されるために、科学的・合理的な原因究明がなされないことが少なくない。

被害が大きくなった原因が、ガードレールが敷設されていないこと(海の中道大橋事故)や通行量の多い国道を通学路に指定していたこと(亀岡事故)など、道路の設備や交通行政の失政の問題である場合には、いくら厳罰化しても抑止効果は働かない。運転者の故意・過失の行為責任を厳しく追及する前に科学性・合理性の観点から原因を究明することが重要である。[5] 運輸安全委員会(旧航空・鉄道事故調査委員会や旧海難審判庁)では、そのような体制が整備されている。再発を防止したいという被害者遺族の気持ちを実現するためには、科学の力を借りなければならない。立法に成功しても、被害者遺族に不満が残るのは、目に見える合理的な再発防止策が講じられていないからではないだろうか。[6]

四　犯罪被害者は、何を求めているのか――復讐か、それとも、救済か？

(1) 刑事司法の四つのモデル――犯罪統制、適正手続、報復司法、修復司法

犯罪統制モデルvs.適正手続モデル　刑事司法をシステムとして捉えモデル化した先駆者は、H・パッカー(Herbert Packer)である。パッカーは、刑事司法システムのアクターである立法者、裁判官、警察官、検察官、弁護人などの現実の行動(実務の状況)と彼らが何を「正しい」と信じているかの価値(優先価値)、および、その背景事情によって識別できる刑事手続を支える多様な価値を分析し、犯罪行動の規制を最も重要な機能であると考える「犯罪統制(Criminal Control)モデル」と個人の権利保障を強調する「適正手続(Due Process)モデル」とに二分した。

犯罪統制モデルは、警察官と検察官が操作する「高速の組立作業用ベルトコンベアー」に譬《たと》えられる。組立てラインの最終生産品は犯人の有罪答弁(自白)である(Packer 1968: 159)。これに対して、適正手続モデルは「障害物競走」である。弁護人は、裁判官と陪審員の前で、被告人の権利が侵害されていることを根拠に訴追が無効であると主張する(Packer 1968: 163)。前者は効率性を重視し、後者は被告人にとっての公正な裁判、すなわち「品質管理」に関心がある(Packer 1968: 165)。

パッカーのモデルは、一九六〇年代の長官の名前をとって「ウォーレン・コート」と呼ばれる連邦最高裁のリベラルな司法改革を背景に構想された(7)。主たるアクターは、国家機関(立法者・警察官・検察官・裁判官等)と被疑者・被告人(弁護人等)であり、被害者への関心は薄かった。その後の被害者の権利運動や調査研究の成果によって、「暗数(認知されない犯罪)」の存在、「街路犯罪」による被害化のリスク、「二次被害」による再被害化などの問題が明らかになり、街路犯罪の防止(市民の安全・安心)や修復的司法(当事者間の和解)への関心が高まっていった。

被害者権利モデルの台頭　一九九〇年代後半になると、新たに被害者の権利を視野に入れたモデルが登場した。刑事制裁の機能を重視する「報復司法（懲罰型被害者権利）モデル」と犯罪予防と修復的司法を強調する「修復司法（非懲罰型被害者権利）モデル」である。

報復司法モデルは、ジェットコースターに譬えられる。このモデルは、一方で適正手続の要求と対抗しながら、他方で犯罪統制の失敗を指弾する。さまざまなところで、伝統的司法と衝突しながら被害者の権利を主張する（Roach 1999: 29）。修復司法モデルは、サークル（円環）に譬えられる。家族や地域社会との絆によって犯罪を予防し、いわゆる「修復的司法（restorative justice）」や「恥の文化」論（Benedict 1946; Braithwaite 1989）によって、再統合と「癒し」を実現しようとする。報復司法モデルは、犯罪化・法律化を促進し、修復司法モデルは、発見的で、健康・福祉・社会正義のような一般的価値と調和する（Roach 1999: 30–32）。

犯罪被害者は、もはや社会に無視された弱者ではない。警察官や検察官の組織的利害や被疑者・被告人の人権保障ではなく、端的に被害者の満足と市民の安全・安心を尺度として政策を評価する。報復司法モデルは、犯罪統制システムと協働して、適正手続を後退させて、社会的少数者の権利を抑圧する危険がある（Roach 1999: 32–33）。修復司法モデルは、関係性の修復と犯罪の予防を重視する。成功すれば、市民自身による自治や被害者の癒しと補償、被害者＝加害者関係の修復などが実現できる。しかし、失敗すれば、自警団と監視カメラに囲まれた閉鎖的な地域社会ができ上がってしまうかもしれない（Roach 1999: 37）。

このように、政治思想との関係では、報復司法モデルは国家主導の保守主義、修復司法モデルは脱集権化と地域社会の価値を重んじる「コミュニタリアニズム（communitarianism）」と親和性をもつ（石塚二〇〇七：三〇三―三三四）。

る。

(2) 被害者にとって必要なもの——報復か、それとも、修復か?

報復司法モデルは、被害者の権利の侵害、またはその危険によって刑事制裁を正当化する点で犯罪統制モデルと類似しており、「加害者」の権利を優先する適正手続モデルとは対立する。修復司法モデルは、犯罪問題の解決を紛争の解決と看做し、処罰に依存せず、人びとを公正に取り扱い、修復的司法と犯罪予防のための施策を通じて、加害者、被害者および地域社会の利益を宥和することをめざす点で、犯罪統制モデルや報復司法モデルとは基本的立場が異なる。

伝統的に刑事司法では、犯罪統制モデルが主流であった。ところが、平等と人権を重視するリベラルな時代を背景として、適正手続モデルが犯罪統制モデルを批判して台頭した。たしかに、アメリカではこの二つの価値が対峙するような場面もしばしばある。国家と被疑者・被告人という関係の軸においては、両者は拮抗しつつ、共存する関係にある。

日本では、法における近代化が中途半端であったので、復讐の時代を脱却して刑罰の時代へと改革が徹底されることのないまま、「半近代的」犯罪統制モデルが刑事司法を支配していた。戦後改革の中で適正手続の考え方が採り入れられ、刑事司法の改革が始まった。これが、一九六〇—七〇年代にはムーブメントのように刑事訴訟学者によって紹介され、リベラルな実務家層によって受け入れられて、旧態依然の犯罪統制モデルの批判の橋頭堡となった。しかし、決定的な違いは、日本の刑事司法を支配しているのは犯罪統制モデル、それも、長い身体拘束後の自白を完成品と見るマニュファクチャーである。

被害者の人権という新たな軸の登場で、懲罰型にせよ、非懲罰型にせよ、被害者権利モデルが支配的モデルになっていくという楽観主義的な展望をもつことは非現実的である。日本の司法にそのような転換の基盤はない。刑事司法において、応報と隔離(無害化)が刑罰目標からなくなることはないであろう。適正手続モデルは、犯罪統制モデルの批判者となり得ても、代替策とはなり得ない。

このような悲観的状況の中で登場した被害者権利擁護論は、適正手続モデルの批判者として、犯罪統制モデルの支配に与《くみ》することになる。刑事司法の中核(コア)は犯罪統制モデルが支配しており、被害者の権利を論拠として持ち出せば適正手続モデルは後退する。報復司法モデルは、修復司法モデルに対して、修復的司法の諸政策は、見せかけの被害者擁護論であり、適正手続モデルと連携することによって、被害者の権利を蔑ろにするものであると批判する。ただし、周縁部分《ペリフル》の「被害者なき犯罪」の領域では、ダイヴァージョンや司法福祉によるアウトソーシングは容認される余地がある。

このような絶望的風景の中で、法律家は何をすべきなのであろうか。被害者は、本当に報復や復讐を望んでいるのであろうか。このような見方こそが、ステロタイプなのではないか。

犯罪被害問題について、当事者による被害回復を重視し、民事賠償によって損害を回復し、国家の刑罰権による介入を極力回避すべきとする非懲罰型の司法モデルに「リバタリアニズム(libertarianism)」の刑罰理論がある。

(3)　被害者本位の法理論——リバタリアニズムと被害の補塡

リバタリアニズムとは、諸個人の経済的自由と財産権、および精神的・政治的自由を共に最大限尊重する法思想である(森村二〇〇一：一四)。その支持者であるリバタリアンに統一的な刑罰理論があるわけではない。最もラディカルなリバタリアンのひとりであるR・バーネット(Randy E. Barnett)は、刑罰や刑事裁判など刑事制度そのものの正当性を疑い、違法な行為への公的政策を私法的な損害賠償(不法行為と契約違反の両方を含む)だけに限定する刑罰廃止論を展開している(バーネット二〇〇一)。犯罪を犯した者は、社会一般や国家に害を与えたのではなく、あくまでも被害者の権利を侵害したのである。侵害行為への対応として要求されるのは、被害者の権利の救済、具体的には損害賠償である。そのほか、被害者への謝罪などによって、被害者から責任の免除を受ける場合も考えられる。加害者に損害賠償をする資力がなければ、加害者を専門的な雇用プロジェクトで働かせて、その賃金を損害賠償に充てることが許されるべきことになる(森村二〇〇一：九〇)。

リバタリアンの刑罰理論は、刑罰は「本当に罰するだけの必要がある権利侵害に対するものでなければならない」。「国家が処罰できる理由はあくまでも不法行為の抑止にあるのだから、その目的を超えた犯人の行動の制約は認められるべきではない」。また、「加害者の更生や教育といった目的を、それに優先させるべきではない」(森村二〇〇一：九五)。

現在の日本の刑罰制度は、民事的な損害賠償よりも刑事的処遇の方が優先されていて、被害者が加害者から損害賠償を取り立てることが困難になっている。「権利侵害の間接的な被害者、あるいは蓋然的な被害者である社会一般の利益の保護よりも、直接の被害者の権利の救済を優先させるべきである」[8](森村二〇〇一：九五―九六)。

(4) 小括――当事者の、当事者による、当事者のための被害者運動

日本における犯罪被害者運動の特徴は、法務省と警察庁とが連動して運動が展開されてきたことにある。この二つの政府機関は、犯罪統制を第一の目的とする官庁であるため、得意の、処罰の拡大と強化、早期介入による被害発生の予防、監視システムによる捜査の強化などによって被害者救済で一定の成果を上げてきた。反面、損害の補塡やこころの支援、地域社会のエンパワーメントなどによる結果としての被害者救済が苦手である。たしかに、民間組織を系列化することで、犯罪統制システムに組み込むことも可能である。しかし、犯罪統制システムに包摂(co-optation)されてきた民間組織は、その独自性や特徴を発揮しにくくなる。官製の被害者支援団体には、「良い被害者」しか集まれない。

被害者運動の成果が、刑事司法における人権保障と適正手続の弱体化であるという状況は悲劇的である。いまの公判では、被害者が法廷に現れると、弁護人は、その存在を意識して、弁護活動を自己抑制する。裁判員裁判が始まって、裁判員にどのような印象を与えるかが判決に影響を与えるということになると、弁論も抑制せざるをえない。少なくとも、被害者が検察官の横に座り、被告人と対峙するような「象徴的場面」は改善されるべきであろう。

どうすれば、このような現状を打開することができるのであろうか。わたくしは、社会運動において最も大切なものは、お上に頼らない、当事者性の主体性と開放性の維持であると考える。犯罪被害者問題に即して言えば、初心に返って、被害者本位の運動論・権利論を構築すべきであろう。

むすびにかえて

利益が法規範によって政治的に制度化されると、享受者は、他者に対して、一定の作為・不作為を要求する資格が与えられる。利益を享受する資格が普遍的に開かれている場合が「権利」、利用資格に制限がある場合が「特権」である。両者は、要求の実現のために国家機構を動員する資格を与えられる、という点では共通している（宮澤一九九二a：一一二）。すでに述べたように、犯罪被害というカテゴリーは、同質的実体を示す一般概念ではなく、被害者の権利救済を視野に入れた機能概念である。

半世紀の運動を経て、犯罪被害者は「権利（利益を主張することが正当化される地位）」を獲得し、政府委員会に利益代表を送り込み、政治要求を実現することができるようになった。それは、犯罪被害者として、みんなのための利益（公共財）を求めているからである。ところが、現実には、殺人犯罪の被害者遺族の立場からの「特権（特定の個人または集団の利益）」を主張し、ときに、リベラリズムを嫌悪する保守派の利益を主張することもある。(9)

被害者学に即して言えば、運動論に偏することなく、科学性を回復することが急務である。運動論に即して言えば、多様な被害者の主体性を尊重し、個別意思の実現を積み重ねる中で一般意思を形成していく民主的な構造を造り上げる必要があるのではないだろうか。その意味では「犯罪被害者の権利」という概念を解体すべきかもしれない。

(1) 日本でも中田修がこの論文を紹介し(中田一九五八)、法医学者の古畑種基や犯罪精神医学の吉益脩夫博士らと被害者学シンポジウムを開催して、被害者学という学問の存在が知られるようになった。

(2) 自動車運転中の過失による人身事故は、刑法二一一条の業務上過失致死傷罪として処罰され、「交通関係業過」と呼ばれていた。悪質な運転による交通事故への批判が高まり、数次に渡る法改正を経て、現在は「自動車の運転により人を死傷させる行為等の処罰に関する法律」(平成二五年一一月二七日法律第八六号。いわゆる「自動車運転死傷行為処罰法」)の過失運転致死傷罪(五条)と危険運転致死傷罪(二条)などで処罰されている。本稿では、これらを総称して「業過」と略記している。

(3) その差戻し控訴審における意見陳述が文頭の発言である。

(4) 殺人には未遂を含んでいる。平成二八年版犯罪白書の「検挙件数の被害者と被疑者の関係別構成比」(二〇一五年)によれば、強盗(一八九八人)では八〇・二%、強姦(一〇五九人)は四五・二%、強制わいせつ(三九八三人)では七一・七%に面識がない。

(5) 無免許の飲酒運転を重罰化しても、無免許の人は飲酒運転をしないから、名宛人が自分だとは思わない。免許をもっている飲酒運転者も、自分には問題がないと考える。構成要件を複雑化すればするほど、抑止効果は機能しにくくなる。また、過失犯の重罰化は、直接的な行為制御には繋がらず、結果責任の運不運と受け取られてしまうこともある。人為的ミスの決めつけは、原因究明の目を曇らせ、人=機械(マン=マシン)システムの構造的欠陥を見過ごさせる。

(6) 人命を考えると、厳罰化だけではなく、事故後に人命救助にあたれば減免する救護減免義務などを盛り込むことが検討されてよい(「亀岡暴走事故五年　遺族「今も苦しいまま」――悪質運転の厳罰化適用に課題」(産経新聞二〇一七年四月二二日)。

(7) 公民権運動の時代には、女性・若年者・少数民族等の社会的マイノリティーは、自らが犯罪の被害者でもあるという意識が弱かった。他方で、犯罪被害者は、適正手続や社会的平等の主張が、社会的少数者が多数を占める犯罪者の処罰の妨げになっていることに不満をもっていた。このことが、適正手続モデルと被害者権利モデルの抗争の原因のひとつとなっている

(Roach 1999: 50)。

(8)　刑罰廃止論に対しては、①いわゆる「被害者なき犯罪」はすべて非犯罪化するのか、②社会の構成員の多くに不安を与えるような行為者も処罰しないのか、③未遂のように、実害は生じていないが、侵害の危険を生ぜしめた場合にも処罰しないのか、④殺人のように、回復不能な損害にはどのように対処するのか——被害者親族の報復感情にどう対処すべきか——などの問題がある(森村二〇〇一:九一—九三)。また、⑤損害賠償の犯罪抑止効果は副次的なものにとどまるのであり、現実には、刑罰の犯罪抑止効果(一般予防ないしは特別予防の効果)は無視できない、との指摘もある(森村二〇〇一:九四)。

(9)　刑事訴訟法等の刑事基本法改正のための審議会には、犯罪被害者代表が犯罪統制を支持する意見を表明し、死刑存廃では犯罪被害者団体が断固支持の意見を表明する状況は、主張の正統性を自ら突き崩すものである。

参考文献

石塚伸一(二〇〇二)「世紀末の刑事立法と刑罰理論」『法の科学』第三二号、三六—四九頁
石塚伸一(二〇〇七)「二一世紀の刑事司法と犯罪被害者」村井敏邦他編『刑事司法改革と刑事訴訟法(上)』日本評論社、三〇三—三三四頁
江川紹子(一九九七)『全真相坂本弁護士一家拉致・殺害事件』文藝春秋
江川紹子(二〇〇〇)『魂の虜囚——オウム事件はなぜ起きたか』中央公論新社(新風舎文庫二〇〇六年『オウム事件はなぜ起きたか——魂の虜囚』上・下)
岡村勲(二〇〇〇)「私は見た「犯罪被害者」の地獄絵——妻を凶刃に奪われて弁護士が知った司法の矛盾」『文藝春秋』七八巻九号、一一八—一三四頁
落合恵子(一九八二)『ザ・レイプ』講談社(講談社文庫一九八五年)
片山徒有(一九九九)『隼までとどけ七通の手紙』河出書房新社
門田隆将(二〇〇八)『なぜ君は絶望と闘えたのか——本村洋の三三〇〇日』新潮社(新潮文庫二〇一〇年)
小林美佳(二〇一〇)『性犯罪被害とたたかうということ』朝日新聞出版(朝日文庫二〇一六年)
佐藤秀郎(一九七八)『衝動殺人』中央公論社(中公文庫一九七九年)
永岡辰哉・滝本太郎(一九九五)『マインド・コントロールから逃れて——オウム真理教脱会者たちの体験』恒友出版

中田修（一九五八）「Mendelsohn 氏の被害者学――生物・心理・社会学的な科学の新しい一部門」『犯罪学雑誌』二四巻六号、一七八―一八四頁
中田修〔訳〕（一九七四）「ベンヤミン・メンデルソーン「被害者学と現代社会の要求」」『犯罪学雑誌』四〇巻一号、一―七頁
橋本祐子（二〇〇二）「刑罰から損害賠償へ――R・バーネットの「純粋損害賠償」論」『同志社法学』五二巻六号、三七〇―三九二頁
土師守（一九九八）『淳』新潮社（新潮文庫二〇〇二年）
土師守・本田信一郎（二〇〇五）『淳 それから』新潮社
葉梨康弘（一九九九）『少年非行について考える――その今日的問題と少年警察の課題』立花書房
浜井浩一・芹沢一也（二〇〇六）『犯罪不安社会――誰もが「不審者」？』光文社新書
穂積陳重（一九三一）『復讐と法律』岩波書店
前田雅英（二〇〇〇）『少年犯罪――統計からみたその実像』東京大学出版会
宮澤節生（一九九一）「〔連載7〕特権は権利よりも強し」『法学セミナー』四四二号、一〇六―一一二頁
宮澤節生（一九九二a）「〔連載12〕裁判による権利の形成（2）」『法学セミナー』四四七号、九八―一〇三頁
宮澤節生（一九九二b）「〔連載13〕紛争はただでは起きない」『法学セミナー』四四八号、一〇四―一一〇頁
本村洋・本村弥生（二〇〇〇）『天国からのラブレター』新潮社（新潮文庫二〇〇七年）
森村進（二〇〇〇）「リバタリアニズムの刑罰理論」『ホセ・ヨンパルト教授古稀祝賀・人間の尊厳と現代法理論』成文堂、四三五―四五三頁
森村進（二〇〇一）『自由はどこまで可能か――リバタリアニズム入門』講談社現代新書
森村進（二〇〇二）「リバタリアニズムと犯罪被害者救済」『一橋法学』一巻二号、五二〇―五三四頁
フッド、R、スパークス、R（一九七二）『犯罪学入門 世界大学選書』細井洋子訳、平凡社
バーネット、ランディ・E（二〇〇一）「刑罰から損害賠償へ」橋本祐子訳、『関西法学』四六号
Beck, Ulrich (1986) *Risikogesellschaft. Auf dem Weg in eine andere Moderne*, Suhrkamp（『危険社会』二期出版、一九八八年／法政大学出版局、一九九八年）
Benedict, Ruth (1946) *The Chrysanthemum and the Sword: Patterns of Japanese Culture*, Houghton Mifflin（長谷川松治訳『菊と

刀——日本文化の型』上・下、社会思想研究会出版部、一九四八年／現代教養文庫、一九五〇年／講談社学術文庫、二〇〇五年)

Braithwaite, John (1989) *Crime, Shame and Reintegration*, Cambridge University Press.

Brownmiller, Susan (1975) *Against Our Will: Men, Women and Rape*, Simon and Schuster.

Fry, Margery (1957) "Justice for Victims", The London Observer, July 7.

von Hentig, Hans (1948) *The Criminal and His Victim*, Yale University Press.

Karmen, Andrew (2001) *Crime Victims*, 4th ed., Wadsworth, p. 10.

Mendelsohn, Benjamin (1958) "La Victimologie", in The French Journal Revue Française de Psychanalyse, January-February.

Packer, Herbert (1968) *Two Models of Criminal Process*, Stanford University Press.

Roach, Kent (1999) *Due Process and Victims' Rights: The New Law and Politics of Criminal Justice*, University of Toronto Press, p. 50.

Schafer, Stephen (1977) *Victimology: The Victim and His Criminal*, Reston Pub. Co.

Wolfgang, Marvin E. (1958) *Patterns in Criminal Homicide*, University of Pennsylvania Press.

参考ウェブサイト

① 法務省「犯罪被害者の方々へ」http://www.moj.go.jp/keiji1/keiji_keiji11.html(二〇一七月五月一二日閲覧)

② 警察庁「警察による犯罪被害者支援」https://www.npa.go.jp/higaisya/home.htm(二〇一七月五月一二日閲覧)

③ 全国犯罪被害者の会(あすの会)http://www.navs.jp(二〇一七月五月一二日閲覧)

④ 少年犯罪被害当事者の会・現ホームページ https://hanzaihigaisha.jimdo.com(二〇一七月五月一二日閲覧)

⑤ 少年犯罪被害者当事者の会・旧ホームページ http://www005.upp.so-net.ne.jp/hanzaihigaisha/welcome.htm(二〇一七月五月一二日閲覧)

⑥ しあわせなみだ http://shiawasenamida.org/(二〇一七月八月二八日閲覧)

2 被害者の刑事手続への関与とデュープロセス

渕野貴生

一 被害者の権利と被告人の権利との緊張関係

二〇〇八年に刑事手続への被害者参加制度(刑事訴訟法三一六条の三三以下)が施行されてから約九年が経過した。二〇〇〇年に導入された被害者心情意見陳述(刑訴法二九二条の二)にまで遡れば、犯罪被害者やその遺族(本稿では両者を合わせて「(犯罪)被害者」という)が、傍聴席のバーを越えて、法廷のなかで活動するようになってからすでに一五年以上になる。現在では、犯罪被害者は、刑事裁判におけるプレイヤーとしての地位を確立していると言っても過言ではなかろう。

被害者参加制度や被害者心情意見陳述制度は、被害者が、事件の当事者として、刑事裁判に主体的・能動的に関わって事件の真相解明を追求するとともに、犯人の処罰に対する意見を判決に反映させたいという強い願いに応えて作られたものである。他方で、犯罪被害者からは、刑事裁判の場で証人として証言するときや被害者心情意見陳述を行う際に、被告人と対面することに恐怖や苦痛を覚える、被害者の身元が公開の法廷で明らかにされると、名誉やプライバシーが傷つけられる、あるいは、被害者の身元が被告人に知れることで、報復されるのではないかという恐怖を感じるといった訴えもたびたびなされてきた。これに対して、刑事司法は、近年、証言や意見陳述の際の遮へい措置やビデオリンク方式での証人尋問など、刑事手続に関与し、関与させられることで被害者が負わされる負担を軽減する仕組みを次々に導入して、被害者保護の観点から出されるニーズにも応えてきた。そして、以上のようなさまざまな方向性を持つ被害者のニーズは、二〇〇五年に施行された犯罪被害者等基本法によって、被害者が個人の尊厳にふさわしい処遇を保障される権利を持つことという基本理念に基づいて法的に根拠づけられ、とりわけ、刑事手続への関与拡充は、二〇〇五年に閣議決定された犯罪被害者等基本計画において重点課題に位置付けられた。

しかしながら、他方で、峻厳な刑罰を受けるかもしれない被疑者・被告人に対しては、捜査・訴追権限の濫用を防止すると同時に、刑事裁判において十分に防御する機会を与えられるという意味での適正手続を保障しなければならない。このような刑事手続の基本原則をデュープロセスと言うが、被害者の刑事手続への関与や被害者を保護するための方策は、黙秘権や証人審問権といった被疑者・被告人のデュープロセス保障と抵触する危険を秘めている。たとえば、被害者参加人は被告人質問をすることが認められているが、被害者参加人が行う被告人質問に対して、被告人が萎縮して自分の言い分を十分に供述できなかったり、あるいは黙秘したいという意思を貫くことができず、供述をせざるを得ない状況に追い込まれたりするとすれば、黙秘権保障との関係が直接的に問題となる。実際、被害者の刑事手続への関与や刑事手続における被害者保護とデュープロセスとの関係をめぐっては、従来、デュープロセスを侵すことなく被害者の刑事手続への関与や被害者等の保護を進めることができるのか、被害者のニーズとデュープロセスの要請とが両立しない場合に、両者をどのように調整していくべきなのか、といった点について、議論が続けられてきた。しかし、その到達点はいまだ明らかになったとは言えない状況にある。両者とも、それぞれ単独で見れば主張の正当性には疑問の余地がない権利・利益であるだけに、調整の仕方についてのルールを確立しないと、お互いの主張が平行線をたどり続けるだけで着地点を見いだせなくなってしまう。

しかも、被害者側を支援する弁護士からは、被害者参加によって被告人が萎縮した事案の報告はほとんどない(番二〇一〇：一三三)と評価される一方で、刑事弁護に熱心に取り組んでいる弁護士からは、被害者参加人が法廷にいると、被告人が言いたいことを言えないことがあるという刑事弁護人からの回答が少なからずあると指摘される(阿部・高橋二〇一〇：六二二(阿部))状況にあることからわかるように、そもそもデュープロセスが侵害されたかどうかを判断する基準さえ確立しているとは言い難い。

被害者の刑事手続への関与や刑事手続における被害者保護は、どこまでがデュープロセスと両立し、どこからが調整を要することになるのだろうか。そして、デュープロセスとの調整はどのような基準・ルールに従って行うべきなのだろうか。以下では、これらの課題をできるだけ具体的に検討していくこととする。

二　刑事手続における被害者の関与と保護

検討に先立って、まず、現在の刑事手続において、被害者に関わる制度はどの程度整備されているのかを確認しておく必要があるだろう。被害者に関わる制度は大きく分けて、被害者の刑事手続への関与を進める制度群と、被害者の保護に関する制度群の二つにまとめることができる。

被害者の刑事手続への関与

被害者の刑事手続への関与を進める制度としては、第一に、被害者心情意見陳述制度がある。この制度は、被害者に、公判期日において被害に関する心情その他の被告事件に関する意見の陳述を許すものである(刑訴法二九二条の二第一項)。裁判所は、審理の状況その他の事情を考慮して相当でないと認めるときは、意見の陳述を許さないか、あるいは陳述に代えて意見を記載した書面を提出させることができるが(刑訴法二九二条の二第七項)、それ以外の場合には、意見陳述が認められる。意見陳述に対しては、趣旨を明確にするための質問はできるが、陳述の内容を弾劾するような反対尋問はできない（刑訴法二九二条の二第四項）。意見陳述で述べられたことは犯罪事実の認定とすることはできないが（刑訴法二九二条の二第九項）、量刑のための証拠として使うことはできると解釈されている。

第二に、被害者は、被害者参加制度を利用することによって、より積極的に刑事手続に参加することが可能である。ただし、被害者参加制度では、参加を許される被告事件が故意の犯罪行為により人を死傷させた罪、性犯罪、業務上過失致死傷罪、逮捕監禁罪、略取誘拐罪、人身売買の罪、自動車運転過失致死傷罪などの人身犯罪に限定されている（刑訴法三一六条の三三第一項）。裁判所は、被告人又は弁護人の意見を聴き、犯罪の性質、被告人との関係その他の事情を考慮し、相当と認めるときは、被害者の刑事手続への参加を許可する（刑訴法三一六条の三三第一項）。

刑事手続への参加が許された被害者は被害者参加人と呼ばれ、刑事手続において以下の行為を行うことができる。第一に、被害者参加人は公判期日に出席することができる（刑訴法三一六条の三四）。第二に、被害者参加人は、検察官の権限行使に対して意見を述べることができる（刑訴法三一六条の三五）。第三に、被害者参加人は、証人尋問において、裁判所が相当と認めるときは、犯罪事実に関するものを除いた情状に関する事項について証人の供述の証明力を争うために必要な事項について、証人尋問をすることができる（刑訴法三一六条の三六）。第四に、被害者参加人は、被告人質問において、意見を陳述するために必要であると認められる場合で、裁判所が相当と認めるときは、被告人に対して質問をすることができる（刑訴法三一六条の三七）。被告人質問では、意見陳述をするために必要な事項であれば、質問できる事項に限定はなく、犯罪事実に関する質問もすることができる。第五に、被害者参加人は、裁判所が相当と認めるときは、検察官による論告の後に、訴因として特定された範囲で意見を陳述することができる。この意見陳述で述べられたことは証拠ではないから、犯罪事実の認定にも、量刑にも用いることはできない（刑訴法三一六条の三八）。

刑事手続に関与する被害者の保護

一方、刑事手続において被害者を保護することを目的とした制度も多様に展開されている。

第一に、裁判所は、証人を尋問する場合において、犯罪の性質、証人の年齢、心身の状態、被告人との関係その他の事情により、証人が被告人の面前において供述するときは圧迫を受け精神の平穏を著しく害されるおそれがあると認める場合であって、相当と認めるときは、検察官及び被告人又は弁護人の意見を聴いたうえで、被告人と証人との間で、一方から又は相互に相手の状態を認識することができないように遮へい措置を採ることができる。ただし、被告人から証人の状態を認識することができない方式の遮へい措置は、弁護人が出頭している場合に限り、採ることができる(刑訴法一五七条の五第一項)。また、傍聴人と証人との間でも遮へい措置を採ることができる(刑訴法一五七条の五第二項)。これらの措置は、被害者心情意見陳述(刑訴法二九二条の二第六項)においても利用することができる。また、被害者参加人による在席、尋問、質問、陳述の際にも、弁護人が出頭している限り、被告人から被害者参加人の状態を認識することができないような遮へい措置を採ることができる(刑訴法三一六条の三九第四項)。

第二に、一定の性犯罪及び児童ポルノ等の被害者ならびに、犯罪の性質、証人の年齢、心身の状態、被告人との関係その他の事情により、裁判官及び訴訟関係人が在席する場所において供述するときは圧迫を受け精神の平穏を著しく害されるおそれがあると認められる者を証人として尋問する場合において、相当と認めるときは、裁判官及び訴訟関係人が証人を尋問するために在席する場所以外の場所に当該証人を在席させ、映像と音声の送受信により相手の状態を相互に認識しながら通話することができる方法によって尋問することができる(刑訴法一五七条の六第一項)。いわゆるビデオリンク方式による証人尋問である。現行法では、ビデオリンク方式による証人尋問を行う場所は、裁判が行われる裁判所と同一の構内にかぎって認められているが、二〇一六年改正刑事訴訟法により、二〇一八年六月までに、精神の平穏を著しく害されるおそれがあるなど一定の要件を満たした場合には、同一構内という限定が外されることになった(改正刑訴法一五七条の六第二項)。また、この措置も、被害者心情意見陳述においても利用できる(刑訴法二九二条の二第六項)。なお、証人尋問の場合も、被害者心情意見陳述の場合も、さらに、ビデオリンク方式による証人尋問と遮へい措置とを併用することも可能である。

第三に、検察官又は弁護人が証人等の尋問請求をした場合には、証人等の氏名および住居を相手方当事者に開示しなければならないが(刑訴法二九九条、刑訴法三一六条の一四)、証人等又は親族の身体若しくは財産に害を加え、又はこれらの者を畏怖させ若しくは困惑させる行為がなされるおそれがあると認められるときは、相手方に対して、これらの者の住居、勤務先その他その通常所在する場所が特定される事項が被告人を含む関係者に知られないように配慮することを求めることができる(刑訴法二九九条の二)。配慮義務の対象には検察官も入っているが、主として想定されているのは、弁護人であると言えよう。ただし、この配慮義務は、被告人の防御に関し必要がある場合には及ばない。

さらに、開示された証拠に被害者特定事項が含まれている場合に、被害者特定事項が明らかにされることにより、被害者の名誉若しくは社会生活の平穏が著しく害されるおそれがあると認めるとき、又は被害者若しくはその親族の身体若しくは財産に害を加え若しくはこれらの者を畏怖させ若しくは困惑させる行為がなされるおそれがあると認めるときは、検察官は、弁護人に対し、被告人の防御に関し必要がある場合を除き、被害者特定事項を被告人に知られないようにすることを求めることができる(刑訴法二九九条の三)。ただし、被害者特定事項のうち起訴状に記載された事項については、起訴状謄本が被告人に送達されているので(刑訴法二七一条)、秘匿事項から除外される。つまり、起訴状に被害者の氏名は記載されているが、被害者の住所は記載されていない場合には、被害者の住所のみが秘匿事項になる。

加えて、二〇一六年改正刑事訴訟法により、秘匿措置が強化された。第一に、秘匿対象となる事項が、被害者特定事項だけでなく、証人等特定事項に広げられる。第二に、検察官は、弁護人に対して、証人等特定事項を開示したうえで、被告人に対しては当該事項を知らせてはならない旨の条件を付すことができるようになる（改正刑訴法二九九条の四第一項）。つまり、配慮義務を超えた法律上の義務付けがなされるわけである。弁護人が条件に従わなかった場合には、弁護士会に対して処置請求をすることができる（改正刑訴法二九九条の七）。第三に、検察官は、被告人に対する非開示だけでは証人に対する侵害行為を防止できないおそれがあると認めるときには、さらに、弁護人にも証人等特定事項を開示しない措置を採ることができる（改正刑訴法二九九条の四第二項）。この場合には、被告人又は弁護人に対して、氏名にあってはこれに代わる呼称を、住居にあってはこれに代わる連絡先を開示しなければならない。ただし、第二、第三の場合ともに、被告人の防御に実質的に不利益を生じるおそれがあるときには、非開示措置を採ることはできない（改正刑訴法二九九条の四）。被告人および弁護人に対する証人等特定事項の非開示措置は、開示証拠中の証人等特定事項について裁判所が採ることもできる（改正刑訴法二九九条の六）。以上の開示制限措置は、公判前整理手続における証拠開示等にも準用される（改正刑訴法三一六条の二三）。

三　デュープロセスを保障する意義

以上に概観した被害者の刑事手続への関与ならびに関与する被害者の保護に関する多様な方策が、被疑者・被告人のデュープロセスと鋭い緊張関係に立つことは容易にわかるであろう。たとえば、被害者参加人による被告人質問は被告人の黙秘権行使に影響を与えないか、ビデオリンク方式による証人尋問や遮へい措置は証人審問権あるいは被告人の公開裁判を受ける権利と抵触することにならないか、証人等特定事項の秘匿は、防御権、証人審問権の保障を損なわないか、など検討すべき問題点は被疑者・被告人の権利全般にわたると言ってよい。これらのデュープロセスと被害者関与・保護方策との整合性を論じるにあたっては、まず、被疑者・被告人が有するそれぞれの手続的権利がなぜ憲法上、保障されているのかという点を権利の本質・根源に遡って、確認しておく必要があると考える。というのは、先ほど被害者の刑事手続への関与や被害者の保護と被疑者・被告人のデュープロセス保障とはどちらも正当な権利・利益であることに疑いはないと述べたが、社会的には必ずしもそのようには認識されていないという現実があるからである。

被疑者・被告人が実際に黙秘権を行使したとき、「黙秘するなんて卑怯だ」とか「真相解明が閉ざされてしまう」と被疑者・被告人を非難する感情を持つ人は少なからず存在する。証人に対する証人審問権の行使に対しても、特に被害者が証人の場合には、被害者に過剰な負担を負わせているのではないか、被害者が怖い思いをしているのに、犯人かもしれない被告人の面前で証言させるのはあまりにも酷ではないか、あるいは、つらい思いや恥ずかしい思いを耐え忍んで証言しているのに、細かな点をほじくり返して追及するのは被害者がかわいそうではないかとか、無駄ではないのか、といった疑問を持つ人もいるだろう。

このようにデュープロセス保障を具体化したそれぞれの手続的権利について、行使することに対して嫌忌するような雰囲気が社会のなかに一定程度存在する状況では、まず、黙秘権や証人審問権を権利として保障することがなぜ正当かつ必要なのかということ自体をしっかりと心にしみわたらせる必要がある。なぜなら、この立脚点をあやふやにしたまま議論してしまうと、「正当な権利利益」対「不当な権利利益」の調整をどうするか、というように議論の枠組み自体が歪んでしまい、論理的・理性的な結論を得ることなど望めなくなってしまうからである。

黙秘権の本質

被疑者・被告人に保障されているデュープロセスのなかでも、憲法三八条一項で保障されている黙秘権は最もわかりにくい権利かもしれない。しかし、黙秘権の本質を突き詰めていくと、実は、黙秘権は、人間の尊厳に根差した最も根源的な権利であることがわかる(詳しくは、渕野二〇一四a)。

刑事手続において自分の犯罪を語るという行為は、自らの死や拘禁という自己に対する重大な不利益に直結する行為である。自分の自由や身体、生命に重大な不利益が及ぶような行為を自ら行うことを生物が本質的に回避するのは、いわば自己防衛本能に基づく、ごく自然な行動である。これに対しては、犯罪を行ったのだから処罰されるのは仕方ないではないか、という意見があるかもしれない。それは、その通りである。しかし、問題にしているのはそのことではない。自ら進んで死ね、あるいは自ら進んで自分の自由を束縛しろ、と迫ることなのである。自己を破壊するような行動をするように強いることは、人間の尊厳を踏みにじることになる。だからこそ、そうしなくても済むように供述の提供を拒否できることを権利として保障する必要があるのである。

たしかに、黙秘を権利として保障しなければならない理由は、刑事裁判においては無罪推定法理に基づき立証責任は全面的に検察官が負っている以上、被告人が検察官の立証に協力したり、無罪を立証したりする責任はないという訴訟構造上の論理的帰結であることや、黙秘権を保障しないと、取調べが糾問的で過酷なものになり、被疑者の身体の安全や自由に危険が生じたり、虚偽の自白がなされたりするおそれが高まるという、歴史的な経験を踏まえた現実的必要性の点にもある。しかし、黙秘が権利として保障されなければならない最大の理由は、上述したように、人間の尊厳に根差したもっと根源的なところにある(平野一九八一:九四、高田二〇〇三:九一)。

証人審問権の意義

証人審問権にも重要な意義がある。というのは、証人が提供する供述証拠というのは、証拠の性質上、事実認定の誤りを誘発する危険性を内在的に抱えているという特徴を持つからである。すなわち、供述証拠は、ある出来事を知覚し、記憶し、叙述するというプロセスを経て、法廷に到達するが、それぞれの過程には誤りが入り込むおそれがある。たとえば、周囲が薄暗かったり、逆に逆光になっていたりしていたなど、正しく出来事を知覚できない場合があるし、体験したことを記憶する過程で間違って記憶したり、時が経過するにつれて記憶がおぼろげになって、断片的な記憶をつなぎ合わせているうちに事実から離れていく場合もあるし、あるいは記憶をうまく言葉にできなかったり、場合によっては故意にうそを述べたりすることもある(巌島・仲・原二〇〇三、山本二〇〇三)。

そこで、刑事手続は、供述の誤りを防止し、正すためのさまざまな制度・枠組みを用意している。第一に、供述する証人に宣誓を課し、刑罰で真実供述義務を担保することで、不適切でいい加減な供述をさせないようにしている。第二に、公判廷において裁判官・裁判員の目の前で直接、供述させることで、裁判官・裁判員が供述者の態度・様子を観察することを可能にして、供述者の態度からも、供述の真実性を吟味できるようにしている。そして、さらに、供述に対する最も有効・適切なチェック方法として、被告人の目の前で直接供述させ、かつ、その供述に対して被告人・弁護人が反対尋問をすることを保障している。被告人の面前で供述させることで、証人に対して曖昧でいい加減な供述をすることを思いとどまらせ、緊張感を持たせつつ真摯に供述させることができるし、そのうえで、さらに残存する誤りを反対尋問で弾劾することによって、証言の真実性をチェックし、その誤りを正すことができる。

しかも、証人審問権は、単に真実発見のためだけから要請されるのではない。反対尋問を中核とする証人審問手続は、憲法三七条二項において被告人の憲法上の権利として定められているところから明らかなように、まさに被告人のデュープロセス保障としても要求されるのである。少し敷衍しよう。

被告人側からすれば、有罪立証のために検察官が出してきた証人に対して、「あなたには、私と向き合って、私の目を直視してほしい。そして、私の目を見て、私に不利な証言をできるだけの自信と覚悟がある場合にだけ、証言してほしい」と要求することは、あまりにも正当な要求であり、したがって、要求が満たされるような手続を求めることは、適正手続として求められる適正さの具体的な中身に当然、含まれる。また、供述の過程に誤りがないかを厳しく吟味し、供述の正確性・信頼性をチェックし、弾劾することは、検察官が提出した証拠に合理的な疑いを投げかける防御権行使そのものである(憲法三七条二項前段)。

このように被告人の面前で供述させ、直ちに被告人に対して、自己に不利益な証拠を吟味・弾劾する機会を保障することで、一方当事者が提出する一方的な供述に基づいて恣意的な裁判をすることを防止するという、手続的価値それ自体の重要性を認識して、憲法は、三七条二項で、全ての証人に対して審問する機会、すなわち対面権と反対尋問権を被告人に与えているのである(堀江二〇〇六:一一〇—一一四、伊藤二〇〇七:一一四—一一五)。

四　デュープロセス保障から見た被害者の刑事手続への関与の問題点

デュープロセス保障の絶対性

これまで論じてきたように、デュープロセスを構成しているそれぞれの権利は、刑事手続に関与することを余儀なくされ、国家による訴追に晒される被疑者・被告人にとって、不当な権利侵害から自らの身を守り、検察官の訴追活動に対して適切な防御を行い、不当な事実認定によって冤罪に巻き込まれないようにするために保障された必要最低限の砦である。言い換えれば、デュープロセスは、保障の完全性・絶対性が要請されており、それをいささかでも侵食する制度は、憲法上、許されないと考えるべきである(守屋二〇〇九:五)。デュープロセス保障に影響を及ぼす可能性のある法制度の適否については、最低限の砦を実質的に掘り崩していないかという観点から、厳格に判定する必要がある。そうした立場に立ったとき、被害者参加制度および刑事手続に関与する被害者を保護する方策は、それぞれに、看過しがたい問題を抱えていると言わざるを得ない。

被害者参加人による被告人質問と黙秘権・防御権

第一に、被害者参加人が行う被告人質問には、被告人の黙秘権や防御権の行使を困難にするような構造上の問題があるのではないか。

被害者参加人が被告人質問を行う場合、被害者参加人は被告人に真実を話すように迫り、あるいは反省や謝罪を求めることが当然予測される。被害者参加人が、被告人は嘘をついたり、言い逃れをしたり、都合が悪いからと言って沈黙をすることなく、真実を話してほしいという思いをもって質問を投げかけるのは、被害者の立場を考えれば当然のことである。しかし、公開の法廷で行われるこのような「被害者の思い」に基づく質問は、単に被害者と被告人との一対一のコミュニケーションという意味合いを超えた影響力を有してしまう。なぜなら、このような悲痛な被害者の訴えは、裁判員の強い共感を呼び、さらに、傍聴人やマスメディアの報道を通じて社会一般の強い共感を呼ぶことが予測されるゆえに、被告人としては、被害者参加人の質問に対して黙秘したり、反論したりしようとする場合には、社会的に猛烈な非難を浴び、裁判員に反感を持たれるリスクを考慮せざるを得ないからである。そして、そうだとすれば、反論・黙秘するとストレートに裁判の結果が重くなる方向に作用するのではないかとの恐怖に打ち克つことができずに、反論を差し控え、黙秘権を行使しない被告人が出てくることは、自然な帰結であるように思われる(的場二〇〇九：四九五―四九九)。

被告人のこのような反応は、絶対的正義である被害者側と犯人と疑われている被告人という立場の格差に起因して生じる構造的な問題である。したがって、被害者参加人による被告人への質問の是非は、被害者参加人の質問の仕方が異常に攻撃的であるか否かによってではなく、そもそも被告人が、被害者参加人の質問に答えるという本来的に強度の精神的圧力がかかる環境のもとで黙秘権・防御権を正当に行使できるか否かという基準で考えなければならない。

そして、黙秘権侵害という問題は、事実上の圧力が正面から法的な問題として問われる場面である。このことは捜査機関が行った取調べによって事実上の圧力をかけられた場合に、当然、黙秘権侵害が問われることを想起すれば、明らかであろう。自由に供述できないという心理状態のもとで供述した、という事実状態が黙秘権侵害に当たるのである。そうだとすれば、事実上の圧力だから法的には関係ないとは、少なくとも黙秘権に関しては絶対に言えないのであり、被害者参加制度が、被告人に対して黙秘権侵害に当たる圧力をかけるという構造的問題を抱えていないかということが正面から問われる必要がある(詳細は、渕野二〇〇九：五七—五九)。

被害者による意見陳述をめぐる諸問題

第二に、被害者心情意見陳述および被害者参加人による意見陳述がデュープロセス保障に与える影響を検討する必要がある。しかも、意見陳述は、デュープロセス保障との関係で、複合的な問題を孕んでいることに留意しなければならない。

まず、被害者心情意見陳述に対しては反対尋問ができないにもかかわらず、量刑に関する証拠としては使用できるという点には、反対尋問権を侵害することにならないかという問題がある。被害に関する心情であっても、そのような心情を抱く基礎となった事実に対する認識や記憶や叙述の方法に誤りが入り込む危険があることは否定できない。また純粋な心情であっても、その真摯性の程度は反対尋問によって吟味されるべき事項である。にもかかわらず、被告人に反対尋問の機会が与えられることなく、心情意見が丸ごと真実として裁判員・裁判官の心証形成に用いられるとすれば、真実発見の見地からも、被告人の反対尋問権の行使という手続的保障それ自体の見地からも、見過ごすことのできない問題を発生させる。

これに対しては、量刑に関する事実は、自由な証明の対象であるから、厳密な証拠能力や適式な証拠調べは必須ではないという意見があるかもしれない。しかし、量刑も被告人の人生を左右する非常に重要な判断である以上、少なくとも適式な証拠調べ、すなわち、被告人に対して個々の量刑資料を弾劾する機会を保障することは不可欠であると一般に考えられている。しかも、裁判実務では、量刑に関する事実も、実質的には厳格な証明が求められているという（出田二〇〇二：一一一一三、原田二〇一〇）。そうであれば、他の量刑事実については、厳格な証明を求めながら、被害者心情意見陳述に限って、適式な証拠調べさえ不要とすることは、明らかに恣意的な解釈と言わなければならない。

次に、現在の刑事裁判では、被害者は、証人として証言をし、被害者心情意見陳述で意見を述べ、さらに被害者参加人として意見陳述をすることができる。このうち、証人としての証言は、有罪無罪の認定にも量刑にも使用することができる。これに対して、被害者心情意見陳述は、有罪無罪の認定には使うことはできないが、量刑事実としては使うことができる。さらに、被害者参加人としての意見陳述は、有罪無罪の認定にも量刑にも使用することができない。これらの区別は、条文上は明快である。しかし、とりわけ裁判員が、同じ人物による供述について、法的性質の違いに応じて、それぞれ心証形成に使用することが許される部分と許されない部分に切り分けたうえで、適切に心証形成するなどということが実際にできるものなのだろうか、疑問なしとしない。もし、心証形成に使用してはいけない情報を用いて有罪の認定をしたり、量刑を重くしたりすることになれば、証拠に基づく裁判という刑事裁判の最も基本的な原則が掘り崩されることになると同時に、被告人にとっては、合理的な疑いを超える証明なくして、有罪認定されたり、厳罰を科されたりすることにつながる。このような事態が、デュープロセス保障の観点から許されないのは明らかであろう。なお、このことに関連して、被害者の「遺影」を掲げ、裁判員や裁判官の眼に触れさせてしまうことは、許されるべきではない。「遺影」は明らかに証拠ではないにもかかわらず、裁判員や裁判官の心証に与える事実上の影響力は無視しえないほど大きいと考えられるからである（阿部・高橋二〇一〇：六二三（阿部）、的場二〇〇九：四九七)。

さらに、量的過剰がもたらす影響も無視できない。被害者が複数である場合はもちろん、被害者が一人であっても、複数の被害者遺族が、被害者心情意見陳述を行い、被害者参加人としての意見陳述を行うことがある。たとえば、二人の被害者遺族が、それぞれ被害者心情意見陳述と被害者参加人としての意見陳述を行った場合には、検察官による論告と合わせて、五連打で被告人に対する攻撃が行われることになる。これに対して、被告人側は、弁護人による弁論と被告人による最終意見陳述で立ち向かわなければならないのだが、はたして、その二つで訴追側・被害者側に対する対等な防御が可能と言えるだろうか。仮に、個々の意見陳述を単独で評価すれば、正当な範囲に収まっていたとしても、それらを総和した結果、対等な攻撃防御関係が崩れるとすれば、裁判員・裁判官の不公平で偏頗な判断を引き起こすとともに、被告人の防御権に対する侵害にもなると言えよう。

被害者保護措置と対面権

第三に、ビデオリンク方式による証人尋問や証言の際の遮へい措置は、証人審問権の内容をなす対面権との関係が正面から問題となる。

上述したように、証人が被告人と対面して証言することの意味は、被告人が証人の証言態度や様子を見ることによって、反対尋問の手掛かりにしたり、弁護人が行う弁論や被告人が行う最終意見陳述において証人の証言の信用性を論じる際の手掛かりにしたりするということにとどまらない。むしろ、証人が被告人を見ながら証言することによって、証人に緊張感を持たせ、自ら体験したと確信の持てる事実だけを証言させるところに重要な意味がある。ところが、ビデオリンク方式であっても遮へい措置であっても、証人は被告人に対面することなく証言を行う。この場合も、被害者が被告人の存在を意識することに大きな差はないという意見もあるが(小川二〇一六:四一)、ビデオリンク方式や遮へい措置は、もともと被告人と対面することから生じる緊張感から証人を解放することを目的として採られる措置である。これらの措置が採られれば、証人が緊張感から解放された環境で証言をすることになることは否定できないように思われる。しかし、その結果、証人は、被告人を刑務所に送り込むのだ、死刑台に立たせるのだという厳しい覚悟を持たないままに、弛緩した雰囲気の中で、不正確なあるいは被告人にとって過剰に不利な証言をしてしまう危険が生じてしまう。しかも、証人は被告人と対面していないから、不正確な証言を正そうとする被告人側からの反対尋問も迫力が削がれ、弾劾の効果は著しく減殺されるとも指摘されている(阿部・高橋二〇一〇：六二六〈阿部〉)。このように対面権には、反対尋問権とは異なる固有の意義があり、臨場感は損なわれるが、反対尋問は損なわれないから証人審問権侵害にはならない(小木曽二〇一五：八二)とは言えないのである。

被害者特定事項の非開示と防御権

第四に、証人等特定事項の非開示は、被告人の防御権行使に重大な影響をもたらしかねない。なぜなら、被害者の身元が弁護人にもわからないとなると、示談活動がスムーズにいかなかったり(阿部・高橋二〇一〇：六二五―六二六〈阿部〉)、反対尋問に備えて証人予定者である被害者に事前面接したりすることが困難になることが予測されるからである(武内二〇一三：三六―三七)。たとえば、人通りのない路上において被害者が襲われたとされる事案で被害者が事件のあった日時に事件のあった場所に所在したかどうかが争いになった場合に、被害者の身元が特定されていなければ、被告人は具体的に争いようがないとの指摘もなされている(江見二〇一二：二五八)。

たしかに、証人のうち被害者については、起訴状において被害者の氏名が記載されていることが通常であるから、一般的には非開示対象から除外される。しかし、起訴状において被害者の住所が記載されないことは少なくないから、起訴状に記載された情報だけでは被告人側の防御の準備にとって十分であるとは必ずしも言い難い。しかも、被害者の氏名についても、最近では、犯行の日時、場所、被害者の年齢、社会的関係、被告人との間柄などで、審判対象を特定することは可能だし、被告人の防御の観点からも支障はないのではないか、とする見解も登場しており（酒巻二〇一四：四五三、峰二〇一四：五〇一）、今後の動きとして、起訴状に記載されなくなる可能性も皆無ではない状況にある。このような動きが進むと被告人側はますます被害者の身元を特定することが困難になり、防御の準備に重大な支障を生じさせるおそれが強くなると言えよう。

五　被害者立法の説明責任

個別救済方式の前提条件

刑事手続への被害者参加や関与する被害者に対する保護方策に対して投げかけられるデュープロセス上の問題点に対しては、個別の事案ごとに適切な対応を採ることで、デュープロセスに対する侵害の発生を防止できるのではないかとも思われるかもしれない。たしかに、上で紹介したように、被害者関与・保護関係の制度はほとんどすべてが、関与の可否や措置を採るか否かを裁判官の許可にかからせており、さらに多くの制度では、被告人側の意見を聴く手続も設けられている。また、いったん被害者関与を認めても、個々の訴訟活動について、被害者が不適切な行為に及ぶような場合には、陳述等を禁止したり、制限したり、書面の提出に代替させるなどの措置を採る権限を裁判長に与えている。また、裁判長は、被害者の行為が過度に裁判員の心証形成に影響しないように説示することもできる。実際、被害者関与・保護制度に賛成する立場に立つ論者のほとんどが、これらの安全弁の存在を根拠にデュープロセスとの抵触は生じないと論じている（阿部二〇一一：五六一、滝沢二〇一五：二七―二九、椎橋二〇一〇：六―八、馬場二〇一〇：九九―一〇〇、藤本二〇一〇：八七―八八）。

なるほど、デュープロセスを侵害するおそれがある制度であっても、個別の事案で適切に制度の利用を遮断したり、コントロールしたりすることで、侵害の顕在化を防ぐという制度設計は、選択肢の一つとしてはあり得よう。ただし、そのような制度選択が許されるためには、いくつかの条件が満たされる必要がある。

第一に、デュープロセスを侵害する事案の割合が高すぎないことである。仮に、裁判長が相当でないと認めて、制度の利用を許可しない事案が、対象事案の九割を占めることが予想されるような制度であったとしたら、そのような制度を採用する合理性はないだろう。原則として制度利用が不許可になってしまうような制度は、制度自体に根本的・構造的な問題を抱えていると評価しなければならない。

第二に、制度利用の許可・不許可が適切になされる保証が存在することである。デュープロセス侵害を生じさせる危険があり、制度利用を不許可にすべき事案であるにもかかわらず、適切なスクリーニングができずに、制度を利用させ、被疑者・被告人の権利を危殆に晒すような運用が行われるのであれば、個別の事案で対応するという制度選択は根拠を失う。この観点から、現在の被害者関与・保護関係制度の運用には重大な疑義がある。

司法統計年報によれば、これまで裁判長が相当でないと判断して、各制度の利用を認めなった事案は、極めて少ない(たとえば、二〇一四(平成二六)年度に被害者参加を申し出た一二四一名のうち、一二二七名が参加を許可されており、許可率は九八・九%に上る)(URL①)。これに対しては、許可されたすべての事案について許可するのが適切な事案だったか、あるいは、不適切な事案については最初から被害者側が申し出を自主的に抑制していると統計結果を解釈して、不許可率が低いからといって、直ちにスクリーニングが適切に行われていないことを示すものではないとする反論があり得よう。しかし、統計の解釈は一義的ではない。有罪率九九%以上、勾留却下率二―三%前後と同じ構造が、ここにもある。これらの数値には、本当に、無罪になるべき人が有罪になっていないと言えるのか、本当に、逃亡あるいは罪証隠滅のおそれのある人だけが勾留されているのか、本当に、不適切な被害者だけが排除されているのか、疑念を生じさせる余地を残す。とくに、被害者保護に関しては、少年審判に関してではあるが、裁判所は、被害者が少年審判を傍聴したことによって少年が萎縮したかどうかを少年や付添人にではなく、審判官に聞き取り調査をしたうえで、過少評価とも受け取られる分析を行い、少年は委縮していないと判断した〝前科〟があるだけに(司法研修所二〇一二。同書の問題点について詳しくは、渕野二〇一四b：二六〇―二六六)、一層、疑念は大きくならざるを得ない。

疑わしきはデュープロセスの利益に

そして、最も重要であるのは、デュープロセス侵害が発生しているという評価と発生していないという評価が両方成り立ち得るときに、どちらが不利益な判断を受けるべきかの基準を立てる必要があるということである。要するに説明責任をどちらに負わせるかという問題である。この点を明確にしないと、結局、いつまでも、被害者側は、被告人は萎縮しない、デュープロセス侵害はないと主張し、被告人側は、被告人が萎縮する、デュープロセスが侵害されると主張するという水掛け論に終始してしまう。

では、説明責任はどちらが負うべきか。デュープロセスの絶対性という憲法的価値に照らして考えたとき、答えはおのずから明らかである。被害者関与・保護方策は「被疑者・被告人の適正手続を侵害しない」と主張する側が、「侵害しないこと」について説明責任を負わなければならない。被害者立法を推進する側は、デュープロセス侵害が理論的・実際的に生じ得ない根拠を明確かつ説得的に示す必要がある。

この点、むしろ被告人の権利侵害のおそれを懸念する側が、被害者の意見陳述制度および被害者参加制度の実施状況や被害者側の要求に対する裁判所の対応状況などの実証的根拠も挙げながら、立法が用意している防止措置では、現実にはデュープロセス侵害を防止することはできないと指摘してきた(鈴木二〇〇九)。したがって、デュープロセス侵害のおそれが現実には発生しないことの説明責任を果たすためには、どのような場合に制度の利用を認めるべきではないかという点について、被害者参加制度、被害者心情意見陳述制度、ビデオリンク方式の証人尋問、遮へい措置などそれぞれの制度ごとに具体的基準を提起し、そのような基準に従って裁判所や検察官が判断することを担保するための制度的提案を行うべきである。たとえば、否認事件や少年被告人の事件は、被害者参加の対象から除外するとか、被害者証人の信用性が争われている事案ではビデオリンク方式や遮へい措置は許可しない（このような基準にしても、純粋な情状のみを証言する被害者に対しては積極的な反対尋問を行わないケースも多いから、被害者証人すべてにビデオリンク方式や遮へい措置が適用されないということになるわけではない）など、様々なバリエーションの提案が考えられよう。しかし、いずれにしても、そのような具体的な提案がなされてはじめて、その是非をめぐって、建設的な議論を行う土俵が整うのである。

刑事裁判を有罪認定と厳罰を科すためのセレモニーの場にしないために、刑事手続への被害者関与および関与する被害者の保護に関する方策は抜本的に見直す必要がある。

参考文献

阿部潔・高橋正人（二〇一〇）「被害者参加制度について」日本弁護士連合会編『日弁連研修叢書　現代法律実務の諸問題〈平成二一年研修版〉』第一法規

阿部千寿子（二〇一一）「被害者参加制度の現状と課題」『大谷實先生喜寿記念論文集』成文堂

厳島行雄・仲真紀子・原聰（二〇〇三）『目撃証言の心理学』北大路書房

出田孝一（二〇〇二）「自由な証明と厳格な証明——裁判の立場から」三井誠・馬場義宣・佐藤博史・植村立郎編『新刑事手続Ⅲ』悠々社

伊藤睦（二〇〇七）「遮へい措置・ビデオリンク方式による証人尋問と証人審問権」『法律時報』七九巻四号

江見健一（二〇一二）「証人等の保護」松尾浩也・岩瀬徹編『実例刑事訴訟法Ⅱ　公訴の提起・公判』青林書院

小川佳樹（二〇一六）「被害者等および証人を保護するための方策の拡充」『法律時報』八八巻一号

小木曽綾（二〇一五）「犯罪被害者等および証人を保護する方策」『論究ジュリスト』一二号
酒巻匡（二〇一四）「被害者氏名の秘匿と罪となるべき事実の特定」町野朔先生古稀記念『刑事法・医事法の新たな展開 下巻』信山社
椎橋隆幸（二〇一〇）「被害者参加制度について考える――一年間の実績を踏まえて」『法律のひろば』六三巻三号
司法研修所編（二〇一二）『少年審判の傍聴制度の運用に関する研究』法曹会
鈴木一郎（二〇〇九）「被害者の手続参加と刑事弁護の課題」『犯罪と刑罰』一九号
高田昭正（二〇〇三）『被疑者の自己決定と弁護』現代人文社
滝沢誠（二〇一五）「被害者参加制度について」『刑法雑誌』五四巻二号
武内大徳（二〇一三）「犯罪被害者等及び証人を支援・保護するための方策の拡充」『刑事法ジャーナル』三七号
馬場嘉郎（二〇一〇）「被害者参加制度について」『法の支配』一五六号
原田國男（二〇一〇）「量刑事実の立証方法」木谷明編『刑事事実認定の基本問題 第二版』成文堂
番敦子（二〇一〇）「弁護士からみた被害者参加制度の評価等」『法律のひろば』六三巻三号
平野龍一（一九八一）『捜査と人権』有斐閣
藤本哲也（二〇一〇）「被害者参加制度と損害賠償命令制度」『戸籍時報』六五一号
渕野貴生（二〇〇九）「被害者の手続参加、被害者報道と裁判員制度」『犯罪と刑罰』一九号
渕野貴生（二〇一四a）「黙秘する被疑者・被告人の黙秘権保障」『季刊刑事弁護』七九号
渕野貴生（二〇一四b）「裁判員裁判と少年の主体的な手続参加――立法合理性の検証と説明責任」武内謙治編著『少年事件の裁判員裁判』現代人文社
堀江慎司（二〇〇六）「証人尋問における遮へい措置、ビデオリンク方式の合憲性」『刑事法ジャーナル』二号
的場真介（二〇〇九）「犯罪被害者問題と刑事弁護」日本弁護士連合会編『日弁連研修叢書 現代法律実務の諸問題〈平成二〇年度研修版〉』第一法規
峰ひろみ（二〇一四）「刑事手続における犯罪被害者情報の保護についての一考察」町野朔先生古稀記念『刑事法・医事法の新たな展開 下巻』信山社
守屋克彦（二〇〇九）「被害者参加制度について」『法学セミナー』六五四号

山本登志哉編著（二〇〇三）『生み出された物語――目撃証言・記憶の変容・冤罪に心理学はどこまで迫れるか』北大路書房

参考ウェブサイト

① http://www.courts.go.jp/app/files/toukei/042/008042.pdf（二〇一七年七月一八日閲覧）

3　被害者参加と量刑

佐伯昌彦

一　問題の所在

本稿は、犯罪被害者による刑事裁判への参加と量刑との関係について、実証的な観点から検討を加えるものである。(1)ここで、犯罪被害者の刑事裁判への参加を促進する制度としては、二〇〇〇年の刑事訴訟法改正により導入された意見陳述制度と、二〇〇七年の同法改正により導入された被害者参加制度が注目される。まず、意見陳述制度であるが、これは犯罪被害者が、「被害に関する心情その他の被告事件に関する意見」を公判期日に陳述することを認めるものである（刑事訴訟法二九二条の二）。もっとも、裁判所は、相当でないと認められるときには、公判期日での陳述を認めず、意見を記載した書面の提出を認めるに留めるか、そもそも意見の陳述を認めないとすることができる（同条七項）。この意見陳述は、犯罪事実の認定のための証拠とすることはできないが（同条九項）、量刑判断の資料とすることは妨げられていないとされている。したがって、意見陳述の内容を踏まえて量刑判断を行うこと自体は法的にも認められているが、意見陳述によって量刑判断が不当な影響を受ける可能性について懸念が示されている。

次に、被害者参加制度であるが、この制度のもとでは、一定の重大な事件における犯罪被害者が、被害者参加人として刑事裁判に参加することが認められる（同法三一六条の三三以下）。被害者参加人は、公判期日への出席や、一定の事項に関する証人尋問、被告人質問、あるいは法律の適用や事実の認定に関する意見の陳述を行うことができる。また、検察官の権限行使に対して意見を述べることができ、検察官は自身の権限の行使・不行使の理由について、必要に応じて被害者参加人に説明しなくてはならない。被害者参加制度に対しては、このような被害者の積極的な刑事裁判への参加が事実認定に及ぼす影響について特に強い懸念が示されたが、(2)それとともに、これが量刑判断に及ぼす影響についても問題が提起されていた。とりわけ、被害者参加制度が施行された時期は、裁判員制度の実施を控えた時期でもあり、被害者参加制度が裁判員の量刑判断に影響を及ぼす可能性が特に問題視されていた(日本弁護士連合会二〇〇七)。

ここで、意見陳述制度や被害者参加制度を利用することのできる犯罪被害者の範囲は、「被害者又は被害者が死亡した場合若しくはその心身に重大な故障がある場合におけるその配偶者、直系の親族若しくは兄弟姉妹」、又は当該被害者の法定代理人とされている(同法二九〇条の二第一項、二九二条の二第一項、三一六条の三三第一項)。以下において、被害者というときには、このような意見陳述制度や被害者参加制度の利用が認められている範囲の者を指すこととする。

二　実証研究の状況

制度による影響の検討

意見陳述制度や被害者参加制度については、それらが量刑に不当な影響を与えている可能性が懸念されており、そのような観点から制度に対して批判が加えられることがある。そこで、最初に、これらの制度が量刑に影響を与えているか否かについて、実証的な観点から検討を加えることとする。ここで、これらの制度による量刑への影響を否定する議論は、大きく分けて三つの根拠を指摘している(佐伯二〇一六：二二一―二八)。すなわち、①英米法圏における実証研究の結果、②職業的に訓練された裁判官による量刑判断への信頼、および③これらの制度導入以前から存在する被害者の刑事裁判への関与の仕組みを根拠として、これらの制度が量刑に影響を及ぼすことはないとの指摘がなされているのである。そこで、これら三つの根拠を手掛かりとして、意見陳述制度や被害者参加制度が量刑に影響を及ぼしているか否かを、実証的な知見を踏まえつつ検討することとする。

第一の根拠は、英米法圏に関する実証研究の知見に関わるものであるが、このような議論は、主として意見陳述制度導入前後になされていたこともあり、裁判官の量刑判断に対する被害者参加の影響を検証した研究が中心的に援用されていた。ここで、アメリカやイギリス、オーストラリアといった英米法圏の国々では、犯罪によって被った影響を中心に被害者が陳述すること、あるいは、そのような情報をまとめた書面を提出することが認められており、これらは一般に Victim Impact Statement(ＶＩＳ)と称される。[3] このＶＩＳが裁判官の量刑判断に及ぼす影響について各国で検証がなされたが、それらの結果を踏まえると、ＶＩＳが量刑判断に大きく影響を及ぼしていることは、これまで確認されていないとされている(Erez and Roberts 2013: 261–262)。しかし、英米法圏における実証研究の結果を、このようにまとめてしまうことは、そこでの知見を単純化し過ぎているように思われる。確かに、裁判官の量刑判断のうち、刑期に関する判断に対してＶＩＳが及ぼす影響は検出されていない[4](Davis *et al.* 1984; Davis and Smith 1994; Erez and Roeger 1995; Erez *et al.* 1994; Erez and Tontodonato 1990)。しかし、拘禁刑とするか保護観察とするかという二者択一的な判断に対してＶＩＳが影響を及ぼすか否かという点については、そのような影響を見出せていないとする研究もある一方で(Davis and Smith 1994; Erez and Roeger 1995; Erez *et al.* 1994)、そのような影響の可能性を示す分析結果も報告されている(Erez and Tontodonato 1990; Leverick *et al.* 2007; Walsh 1986)。したがって、英米法圏における実証研究の知見を前提としたとしても、意見陳述制度や被害者参加制度が、被告人を執行猶予に付すか否かの判断に影響を及ぼす可能性については、引き続き慎重に検討する必要がある。

さらに、英米法圏の実証研究の知見を日本の文脈において援用する際に注意する必要があるのは、それらの研究において対象とされているVISと、日本における意見陳述制度や被害者参加制度の差異である。少なくとも、英米法圏において検証対象とされたVISは、被害者自身が直接法廷に出席して裁判に関与する形態ではないことが多く、また、相対的に軽微な事案での利用も多かった（佐伯二〇一六：八一―八二、一〇七―一〇八、一二〇、一二八）。これに対して、日本における意見陳述制度や被害者参加制度は、被害者自身が法廷で積極的に関与することを認めるものであり、また被害者が死亡しているような重大事案における利用が多い（佐伯二〇一六：一六―一二）。このような差異を踏まえるならば、英米法圏における実証研究の成果に大幅に依拠して日本の制度の影響について論じることには限界がある。

以上は、裁判官の量刑判断を対象とした英米法圏での実証研究の知見について検討を加えたものであるが、VISが陪審員（あるいは陪審）の量刑判断に及ぼす影響については、どのような成果が示されているであろうか。裁判員制度が導入されたことから、このような実証研究の知見を整理しておくことにも意義があるだろう。関連する研究の多くはアメリカで行われたものであるが、そこでは量刑判断は主として陪審ではなく裁判官の役割とされているものの、死刑判断については陪審の役割が大きい。また、死刑事件においてVISを用いることの合憲性が争われた経緯もあり、VISと陪審による量刑判断との関係については、死刑事件の文脈を中心として、現在でも積極的に研究がなされている(5)。ここで、VISが陪審員の量刑判断に及ぼす影響を検証する方法は、大きく分けて二つある。一つは、心理実験の手法を応用したものである（詳しくは、佐伯（二〇一六：第四章）を参照）。これは、実験参加者に裁判の内容を映像や書面の方法で提示し、それに対する実験参加者の反応を調べるというものであり、提示する裁判の内容に一定の操作が加えられていることが多い。ここでの文脈に即していえば、例えば、一方の条件では提示される裁判の内容に

ＶＩＳが含められており、もう一方の条件ではこれが提示する裁判の内容から除外されることになる。そのうえで、実験参加者をいずれかの実験条件にランダムに割り当て、両条件における実験参加者の量刑判断が比較される。もう一つの方法は、実際の刑事事件から関連するデータを抽出して、ＶＩＳの有無と陪審員の量刑判断との関係を検証するものであるが、とりわけ、死刑事件の陪審員経験者に直接インタビューをした死刑陪審プロジェクト（Capital Jury Project）によって得られたデータを用いた研究（Eisenberg *et al.* 2003; Karp and Warshaw 2009）が重要である。これらの研究の結果であるが、ＶＩＳが死刑判断に及ぼす影響という点についていえば、研究方法によって知見が異なっている。すなわち、心理実験の手法を用いた研究によれば、ＶＩＳが死刑判断に影響を及ぼす可能性が示されているが（例えば、Luginbuhl and Burkhead (1995) や Paternoster and Deise (2011) を参照）、死刑陪審プロジェクトに依拠した研究では、そのような影響は検出されていない（佐伯二〇一六：一七四）。実際の事件には、ＶＩＳの有無にかかわらず、死刑、あるいは終身刑の判断に傾きやすい事件が含まれていることを考えると、ＶＩＳが死刑判断に影響を及ぼす場面は、実際には限定的であるかもしれない（Sundby 2003）。したがって、少なくともＶＩＳが多くの死刑事件に対して影響を及ぼしているとはいえないかもしれないが、死刑と終身刑との判断が微妙であるような一部の事件類型において、ＶＩＳの死刑判断への影響がある可能性には、依然として注意が必要であろう。

以上のとおり、裁判官の量刑判断への影響について検証した英米法圏の実証研究に依拠して、日本の制度について結論を得ることは困難であり、また、ＶＩＳが陪審員の判断に及ぼす影響については、それを示す実証研究も報告されている。したがって、英米法圏における実証研究の知見を根拠として、意見陳述制度や被害者参加制度による量刑への影響を否定する議論に十分な根拠があると評価することは難しい。

次に、職業的に訓練された裁判官による量刑判断への信頼を根拠として意見陳述制度や被害者参加制度の影響を否定する、第二の議論について検討する。この議論は、量刑判断を日常的に行う裁判官は、どのような事案であればどのような量刑が適当であるかといった相場感覚があり、それゆえ、被害者参加に関する新たな制度が導入されたとしても、それによって量刑判断が不当に影響を受けることは少ないであろうとするものである。英米法圏においても、量刑の相場やガイドラインがあるために、ＶＩＳが量刑判断に影響を及ぼすことはあまりないとの認識が、裁判官によって示されていた（例えば、Morgan and Sanders (1999)や、Propen and Schuster (2010)、Sweeting *et al.* (2008)を参照）。日本では、量刑に関する相場感覚は量刑相場と呼ばれているが、これは、ある事件を一定の類型に分類する際に注目すべき要素、および一定の類型に相応する量刑の水準に関する認知枠組みと評価することができるであろう。実際、司法研修所（二〇〇七）は、一般市民と比較して裁判官の方が、シナリオとして与えられた事案を前提とした量刑判断のばらつきが小さいことを示している。さらに、この研究では、遺族の処罰感情が量刑に影響する要因であることを裁判官が比較的明確に捉えており、それを量刑判断過程に取り込んでいることも示されている（司法研修所二〇〇七：二五―二六、四〇―四八）。そうすると、遺族の処罰感情が法廷で顕出される確率を高めることを通して、量刑の平均値が引き上げられるというかたちで意見陳述制度や被害者参加制度の影響が生じる可能性は残されているが、それ以外のメカニズムによって、これらの制度が量刑に影響を及ぼす可能性はあまりないと考えることもできるかもしれない。しかしながら、このような量刑相場を前提としても注意する必要があるのは、このような裁判官特有の認知枠組みが十分に機能しない判断局面が存在するということである。そのような判断局面の一つとして、実刑と執行猶予とが厳しく争われる場面が指摘されており（遠藤二〇一一：七九）、そのような局面における意見陳述制度や被害者参加制度の影響については、特に慎重な検証が求められることになる。このことは、ＶＩＳが刑期判断に及ぼす影響は観察されていないものの、拘禁刑か保護観察かの二者択一的判断に及ぼす影響については、それを示す研究があるという英米法圏における知見とも整合的である。

さらに、裁判員制度が導入された以上、裁判官の有する量刑相場のみを根拠として意見陳述制度や被害者参加制度の影響について論じることは適当ではない。このような量刑相場を前提とした量刑判断を裁判員が行うと想定することは困難であるので、その限りで、裁判官以上に裁判員の方が、意見陳述制度や被害者参加制度の影響を受けやすいと考えることはできるかもしれない。もっとも、実際の裁判員裁判では、裁判官と裁判員との間にある差異を縮減するような仕組みも用意されている。例えば、量刑検索システムにより、裁判員も過去の量刑傾向を知ることができる（司法研修所二〇一二：二五—二八）。また、裁判員だけで量刑を決めるのではなく、裁判官との評議を経て量刑が決められる。このような点に注意しつつ、意見陳述制度や被害者参加制度が裁判員の量刑判断に及ぼす影響について検証する必要があるだろう。

意見陳述制度や被害者参加制度による量刑への影響を否定する最後の論拠として、それらの制度が導入される以前から被害者が刑事裁判に関与することが可能であり、そのような実務があったということが指摘されている。このような議論を前提とするならば、意見陳述制度や被害者参加制度による量刑への影響を実証的に明らかにするためには、そのような制度導入以前の実務を前提としても、なお制度が量刑に対して固有の影響を及ぼしていることを示す必要がある。問題は、制度固有の影響として把握し得る影響が実証研究によって示されていると評価できるか否かであるが、結論だけを述べるならば、これまでの実証研究の成果を前提とする限り、制度固有のものと評価できる影響は十分に示されていないと考えられる（佐伯二〇一六：三一四—三二九）。例えば、佐伯（二〇一六：第一〇章）は、殺人事件のシナリオを用いて、遺族の被った経済的・精神的影響、被害者の人となり、厳罰を求める意見等を含む被害者関連の情報が量刑を重くする効果があることを示している。しかし、その情報が、意見陳述の方法を通して遺族自身によって提示されるか、調書の読み上げにより検察官によって提示されるかで、影響の大きさに統計的に有意な差は見出されなかった。もちろん、制度固有のものと評価される影響が検出されなかったことから、制度による固有の影響がないとの結論を得ることはできない。そうではあるが、制度固有の影響を実証的に確認することは困難であるという意味において、意見陳述制度や被害者参加制度導入以前の実務を根拠とした議論には意味があると考えられる。

被害者要素による影響の各論的検討

ここまでにみてきたように、意見陳述制度や被害者参加制度固有の影響は十分に示されていないが、被害者による刑事裁判への関与、および裁判の場で示される被害者に関する一定の事情（これらを総称して、被害者要素とする）が量刑に影響を及ぼしている可能性は実証研究によって示されている。制度の問題として量刑への影響を検討することは適当ではないかもしれないが、種々の被害者要素が量刑にどのように影響を与えているのか、そしてその影響が法的に許容できるものであるのか否かを個別的に検討する意義は残されているだろう。では、制度の影響ではなく、個々の被害者要素の影響として問題を捉えたときに、これまでの実証研究からどのようなことが指摘できるのであろうか。この点について、断片的になるが、裁判官による量刑判断と裁判員による量刑判断とを分けつつ、これまでの研究状況を整理したい。

まず、被害者要素が裁判官に及ぼす影響であるが、前述したように、一定の実務経験がある裁判官の有している量刑相場を前提としても、執行猶予を付すか否かの判断に対して被害者要素が影響を及ぼす可能性については慎重な検討が求められている。そこで、佐伯（二〇一六：第二章）は、裁判員制度開始後も裁判官のみが量刑判断を行い、かつ、被害者の刑事裁判への参加が多く見込まれる自動車運転に起因する致死事件について、東京地方裁判所（本庁）で二〇〇七年に判決が確定した事件記録一〇四件を対象とした調査を行った。分析の結果、遺族が厳罰を求めていること、あるいは被告人の反省が不十分であると遺族が評価していることが、実刑の判断を促進している可能性が示された。ここで、裁判官によれば、執行猶予とするか否かの判断は、基本的に行為責任の観点からなされるが、それによって決められない場合には、被告人の反省程度や被害者の処罰感情も考慮されるとされている（植野二〇一一：四九—五二）。

したがって、ここでの調査結果は、裁判官の認識と齟齬があるものではないかもしれないが、このような遺族による主観的認識が執行猶予とするか否かの判断に影響を及ぼしていることの法的評価については、改めて検討する必要があると考える。例えば、被告人の反省態度を量刑上考慮することは適当であるとしても、ここでの分析結果が示しているのは、被告人が反省していないと遺族が評価していることが実刑判断を促進している可能性であり、そのような遺族評価に基づく判断の適否が問われるであろう。また、遺族の処罰感情は、執行猶予とするか否かの判断を規定する要因であることが以前から指摘されていたが(例えば、柴田(二〇一五)や松宮ほか(一九七三)を参照)、これを量刑上考慮することの適否については、議論の余地がある。(6)

次に、裁判員の判断に対する被害者要素の影響について、主として心理実験の手法を用いた研究成果に依拠して整理したい。まず、これまでの研究によれば、被害者要素は、被害の大きさや、被害者や遺族への評価、あるいは彼らに対する同情といった事情を通じて、裁判員の量刑判断に影響を与えている可能性が高い(7)(佐伯二〇一六:二四一—二四五)。ここで、被害の大きさが量刑に影響を及ぼすことについては、次の二点の問題を指摘することができる。第一に、被害者要素は、被害の大きさに関する裁判員の認識を変化させることを通して量刑判断に影響を及ぼすのではなく、被害の大きさを量刑判断において考慮しようとする意欲を高めることを通して、量刑判断に影響を及ぼしている可能性がある。先に紹介した佐伯(二〇一六:第一〇章)の心理実験によれば、被害者に関する情報は、遺族の精神的被害の大きさに関する評価に明確な影響を及ぼさなかったが、他方で、遺族の精神的苦痛を量刑上考慮したとする度合いを引き上げており、それゆえに量刑判断に影響を及ぼしていた可能性がある。このように、被害者要素は、被害者の精神的苦痛に関する評価自体に作用するのではなく、そのような被害者の苦痛により比重を置いた量刑を行おうとする意欲を引き出しているのかもしれず、そのような影響の適否を検討する必要があるだろう。(8)第二に、被害の大きさに関する評価が、被害者の人となりに関する評価によって規定されている可能性がある。すなわち、被害者の人となりが好ましいほど、被害が大きいと評価されやすいことが指摘されているところ[9](Greene *et al.* 1998)、そのようにして形成された被害の大きさの認識が量刑に影響を及ぼす可能性について注意する必要があるだろう。

また、裁判員の量刑判断過程において作用している感情についても検討する必要があるだろう。実際の殺人事件の裁判映像を用いて、一般市民を対象に行われた心理実験によれば、怒りの感情よりも被害者側への同情を媒介して、VISは量刑に影響を与えたとされている(Paternoster and Deise 2011)。もっとも、被害者側への同情は、加害者に対する怒りにつながる可能性もあるため、単純に怒りと同情を対置して捉えることは適当ではないかもしれない。これらの感情の作用に留意しつつ、裁判における被害者参加のあり方について検討を進める必要がある[10](佐伯二〇一六：二〇六―二〇九)。

このように、被害者要素は、裁判員の量刑判断に一定の影響を及ぼす可能性があることが示されているが、先述したように、裁判員は、裁判官と共に評議をし、また過去の類似事件の量刑傾向を踏まえて量刑判断を行う。そのため、これらの機会が、被害者要素による影響を抑制する可能性も考えられる。この点につき、佐伯(二〇一六：第一一章)は、過去の類似事件の量刑傾向を踏まえた量刑判断に対する被害者要素の影響を、心理実験の手法を用いて検証している。実験操作は、実験参加者に提示する映像のなかで遺族が表出する感情に対して加えられた。一方の条件では遺族が冷静に振る舞っており(冷静条件)、他方の条件では遺族が怒りを表出していた(怒り条件)。この心理実験では、複数の場面に映像を分けて、各時点での量刑判断を尋ねているが、検察官の論告・求刑および弁護人の最終弁論の部分が終わった時点での量刑判断の平均値は、両条件で統計的に有意な差がなかった。これ自体は、過去の先行研究(白岩・唐沢二〇一三; Myers *et al.* 2002; Platania and Berman 2006)とも整合する結果である。しかし、この後、実験参加者に過去の類似事件の量刑傾向として、架空の量刑分布グラフを提示し、それを踏まえて、再度量刑判断をしてもらったところ、冷静条件の実験参加者は、分布グラフの最頻値に近づくように量刑を引き下げていたが、怒り条件の実験参加者は、分布グラフをみたあとでも、分布グラフの最頻値よりも高い水準にあったそれ以前の自身の量刑判断を維持していた。このように、遺族の表出する感情は、直接的ではないものの、裁判員の量刑判断に一定の影響を及ぼしている可能性がある。加えて、この実験は、過去の量刑傾向について知識を得ることだけでは、被害者要素の影響が十分に解消されない可能性を示している。

三　結語と残された課題

被害者参加と量刑の問題を検討するにあたっては、意見陳述制度や被害者参加制度の問題としてそれを捉えるのではなく、個々の被害者要素の量刑への影響という枠組みで捉えていく方が、実証研究の観点からは適切であるように思われる。この点につき、規範論のレベルでも、被害者に関する諸要素が量刑に影響することが適当であるかについて、個別的な検討が加えられている(横田二〇一一)。もっとも、そのような議論は、被害者の処罰感情や、被害者への賠償の有無といった事実を量刑上考慮してよいかどうかという問いの設定に基づいて行われているようである。しかし、ここで紹介したように、実際の量刑判断過程を調べると、被害者要素と量刑との関係は、そのような議論が想定しているよりも複雑なものであるかもしれない。このような複雑性を念頭においた、規範的議論、あるいは裁判実務における留意点の検討を進めることが重要であると考える。

しかしながら、規範論、あるいは実務上の実践的検討に反映させるべきものとして、個々の被害者要素の影響に関する実証研究を評価したとき、なお、以下の三つの課題が残されている。第一に、被害者要素と量刑判断との関連については、いまだ知見が断片的であり、さらなる知見の蓄積が求められている。第二に、影響の個人差についても検討する必要がある。裁判官と裁判員とで、被害者要素の影響に違いがあることは、量刑相場に関する議論においてもみたように、あり得ることであろう。また、裁判員内部でも、被害者参加制度に対する賛否の程度や、刑罰目的として更生と応報のいずれを重視するかの違いに応じて、被害者要素の影響が異なるかもしれない[11]（佐伯二〇一六：二六七―二六九；白岩ほか二〇一二）。このような反応の個人差を前提とするならば、そのような個人差のある集団が評議をした結果としての量刑判断に、被害者要素がどのような影響を及ぼすかという点も、重要な研究課題となる。第三に、これらの知見を踏まえて、どのような対応が求められるのかを検討する必要がある。実証研究によってまず明らかにすべきであるのは、どのような被害者要素が量刑判断にどのような過程を経て影響を及ぼしているかということであるが、ある被害者要素の影響が規範的に望ましくないものであるとされた場合に、そのような影響への対応策についても助言できるよう備えておくことも重要である。対応策としては、該当する被害者要素を裁判から排除することが考えられるかもしれないが、それが適切であり、また望ましい方法であるか否かは、さらに検討を要する問題である。少なくとも、心理学においては、裁判場面において被害者要素が存在することを前提として、その影響を抑制する方策について研究が進められている（松尾・伊東二〇一三；Blumenthal 2009; Matsuo and Itoh 2017; Platania and Berman 2006）。このような方向での研究を発展させていくことも、今後の重要な課題である。

本稿は、被害者参加と量刑というテーマのもと、主として実証的な観点に力点を置きつつ検討を加えた。このような知見が、規範的な議論や実務上の問題に即した検討において参照され、さらに、そこでの議論や検討において必要とされる知見を、さらなる実証研究が提供することで、被害者と量刑との関係について、より望ましいあり方を実現することにつながっていくことを期待したい。

（1）　本稿は、佐伯（二〇一六）の内容の一部を、「刑事司法を考える」という企画趣旨に即して再構成し、補足的な検討を加えたものである。ここでの議論の詳細については、佐伯（二〇一六）を参照されたい。

(2) 犯罪被害者による刑事裁判への参加が、裁判員の事実認定に及ぼす影響を検証した研究としては、仲(二〇〇九)や Matsuo and Itoh (2016) がある。

(3) 具体的な制度の仕組みは法域によって異なっており、イギリスではＶＩＳとは異なる名称が用いられているが、ここでは、説明の便宜上これらの違いを捨象してＶＩＳという用語を用いることとする。

(4) ただし、架空のシナリオを用いた心理実験により裁判官の量刑判断を検証した Rachlinski *et al.* (2013) は、ＶＩＳが裁判官の刑期判断にも一定の影響を及ぼす可能性を示している。

(5) 死刑事件における文脈では、ＶＩＳという制度の合憲性よりも、被害者に関する情報を死刑事件の量刑審理において示すことの合憲性が問題とされており、ＶＩＳではなく、Victim Impact Evidence という用語を用いる方が適当であると思われるが(佐伯二〇一六：六二)、記述の便宜上、ＶＩＳという語で統一する。

(6) この点に関する議論については、小池(二〇一一)を参照されたい。なお、佐伯(二〇一六：第一二章)の調査は、実刑と執行猶予という二値判断を従属変数とするものであったが、刑の一部執行猶予制度の導入に伴い、このような判断状況は変化する可能性がある。制度趣旨からすると、一部執行猶予制度導入後も、実刑と執行猶予との質的区別は依然として重要であるとされているが、この制度が導入されたことにより、実刑か執行猶予かに関する判断が相対的に連続的なものに変化することも考えられるところであり、今後のさらなる検証作業が求められる。一部執行猶予制度を前提とした量刑判断のあり方について提言するものとしては、小池(二〇一五)がある。

(7) 最近の関連する心理実験として、Hanslmaier and Baier (2015) がある。これに対して、被害者要素が、加害者に関する評価に影響を及ぼし、それを通して量刑判断に影響を与えることを示す研究は十分に存在しないが、これは被害者要素の影響を調べる研究が採用する事案の性質に偏りがあるためかもしれない(佐伯二〇一六：三三五)。

(8) ＶＩＳによって死刑判断が促進されることを示した Paternoster and Deise (2011) による心理実験のデータをさらに分析した Deise and Paternoster (2013) も、ＶＩＳに接した実験参加者は、そうではない実験参加者よりも、遺族の精神的被害や、遺族や被害者への同情を量刑判断に際して重視する傾向にあることを示している。

(9) 死刑陪審プロジェクトによって得られたデータからも、被害者の人となりと犯罪の悪質性評価との間に関連があることが指摘されている(Eisenberg *et al.* 2003)。

(10) また、性犯罪の事案を用いた心理実験によってＶＩＳの影響を検証した Wevodau *et al.* (2014) は、ＶＩＳが量刑を重くする際に両者を媒介している感情として、動揺や不安が作用していることを示している。

(11)　白岩ほか(二〇一二)の知見は、白岩ほか(二〇一四)でも再現されている。また、白岩・唐沢(二〇一五)は、被害者遺族に同情する傾向が強い者ほど量刑判断が重くなるが、他方で、裁判は理性的になされるべきであるというイメージが強い者ほど、被害者遺族に同情しない傾向にあることを示している。

参考文献

植野聡(二〇一一)「刑種の選択と執行猶予に関する諸問題」大阪刑事実務研究会編著『量刑実務大系四　刑の選択・量刑手続』判例タイムズ社

遠藤邦彦(二〇一一)「量刑判断過程の総論的検討」大阪刑事実務研究会編著『量刑実務大系一　量刑総論』判例タイムズ社

小池信太郎(二〇一一)「コメント」大阪刑事実務研究会編著『量刑実務大系二　犯情等に関する諸問題』判例タイムズ社

小池信太郎(二〇一五)「刑の一部執行猶予と量刑判断に関する覚書――施行を一年後に控えて」『慶應法学』三三号

佐伯昌彦(二〇一六)『犯罪被害者の司法参加と量刑』東京大学出版会

柴田守(二〇一五)「交通犯罪の量刑基準(三・完)――公判請求された事件を中心に」『専修大学法学研究所紀要』四〇号

司法研修所編(二〇〇七)『量刑に関する国民と裁判官の意識についての研究――殺人罪の事案を素材として』法曹会

司法研修所編(二〇一二)『裁判員裁判における量刑評議の在り方について』法曹会

白岩祐子・唐沢かおり(二〇一三)「被害者参加人の発言および被害者参加制度への態度が量刑判断に与える影響」『実験社会心理学研究』五三巻一号

白岩祐子・唐沢かおり(二〇一五)「量刑判断に対する増進・抑制効果の検討――被害者への同情と裁判に対する規範的なイメージに着目して」『感情心理学研究』二二巻三号

白岩祐子・荻原ゆかり・唐沢かおり(二〇一二)「裁判シナリオにおける非対称な認知の検討――被害者参加制度への態度や量刑判断との関係から」『社会心理学研究』二八巻一号

白岩祐子・松本龍児・内堀大成・唐沢かおり(二〇一四)「裁判シナリオにおける非対称な認知――規定因と帰結の検討」『人間環境学研究』一二巻一号

仲真紀子(二〇〇九)「裁判員制度と心理学――被害者に関する情報の影響について」『刑法雑誌』四八巻三号

日本弁護士連合会（二〇〇七）『犯罪被害者等が刑事裁判に直接関与することのできる被害者参加制度に対する意見書』
松尾加代・伊東裕司（二〇一三）「マインドセットと説示の効果——システマティック情報処理が判断と怒りに及ぼす影響」仲真紀子編集責任『文部科学省科学研究費補助金・新学術領域研究「法と人間科学」中間報告書』北海道大学大学院文学研究科法と人間科学総括支援室
松宮崇・徳山孝之・岩井宜子（一九七三）「自動車事故事件の量刑に関する研究——第二報告 実刑・執行猶予の基準について」『法務総合研究所研究部紀要』一六号
横田信之（二〇一一）「被害者と量刑」大阪刑事実務研究会編著『量刑実務大系二 犯情等に関する諸問題』判例タイムズ社
Blumenthal, Jeremy A.(2009)“Affective Forecasting and Capital Sentencing: Reducing the Effect of Victim Impact Statements”, *American Criminal Law Review*, Vol. 46, No. 1.
Davis, Robert C., Frances Kunreuther, and Elizabeth Connick (1984)“Expanding the Victim’s Role in the Criminal Court Dispositional Process: The Results of an Experiment”, *Journal of Criminal Law & Criminology*, Vol. 75, No. 2.
Davis, Robert C., and Barbara E. Smith (1994)“The Effects of Victim Impact Statements on Sentencing Decisions: A Test in an Urban Setting”, *Justice Quarterly*, Vol. 11, No. 3.
Deise, Jerome, and Raymond Paternoster (2013)“More Than a “Quick Glimpse of the Life”: The Relationship Between Victim Impact Evidence and Death Sentencing”, *Hastings Constitutional Law Quarterly*, Vol. 40, No. 3.
Eisenberg, Theodore, Stephen P. Garvey, and Martin T. Wells (2003)“Victim Characteristics and Victim Impact Evidence in South Carolina Capital Cases”, *Cornell Law Review*, Vol. 88, No. 2.
Erez, Edna, and Julian Roberts (2013)“Victim Participation in the Criminal Justice System” in R. C. Davis, A. J. Lurigio, and S. Herman (eds.) *Victims of Crime*[Fourth Edition], Sage.
Erez, Edna, and Leigh Roeger (1995)“The Effect of Victim Impact Statements on Sentencing Patterns and Outcomes: The Australian Experience”, *Journal of Criminal Justice*, Vol. 23, No. 4.
Erez, Edna, Leigh Roeger, and Frank Morgan (1994) *Victim Impact Statements in South Australia: An Evaluation*, South Australian Attorney-General’s Department.
Erez, Edna, and Pamela Tontodonato (1990)“The Effect of Victim Participation in Sentencing on Sentence Outcome”, *Crimi-*

nology, Vol. 28, No. 3.

Greene, Edith, Heather Koehring, and Melinda Quiat (1998) "Victim Impact Evidence in Capital Cases: Does the Victim's Character Matter?", *Journal of Applied Social Psychology*, Vol. 28, No. 2.

Hanslmaier, Michael, and Dirk Baier (2015) "The Effects of Harm to and Sympathy for the Victim on Punitive Attitudes: Evidence from a Factorial Survey", *Psychology, Crime & Law*, Vol. 21, No. 9.

Karp, David R., and Jarrett B. Warshaw (2009) "Their Day in Court: The Role of Murder Victims' Families in Capital Juror Decision Making", *Criminal Law Bulletin*, Vol. 45, No. 1.

Leverick, Fiona, James Chalmers, and Peter Duff (2007) *An Evaluation of the Pilot Victim Statement Schemes in Scotland*, Scottish Executive Social Research.

Luginbuhl, James, and Michael Burkhead (1995) "Victim Impact Evidence in a Capital Trial: Encouraging Votes for Death", *American Journal of Criminal Justice*, Vol. 20, No. 1.

Matsuo, Kayo, and Yuji Itoh (2016) "Effects of Emotional Testimony and Gruesome Photographs on Mock Jurors' Decisions and Negative Emotions", *Psychiatry, Psychology and Law*, Vol. 23, No. 1.

Matsuo, Kayo, and Yuji Itoh (2017) "The Effects of Limiting Instructions about Emotional Evidence Depend on Need for Cognition", *Psychiatry, Psychology and Law*, DOI: 10.1080/13218719.2016.1254588.

Morgan, Rod, and Andrew Sanders (1999) *The Uses of Victim Statements*, Home Office.

Myers, Bryan, Steven J. Lynn, and Jack Arbuthnot (2002) "Victim Impact Testimony and Juror Judgments: The Effects of Harm Information and Witness Demeanor", *Journal of Applied Social Psychology*, Vol. 32, No. 11.

Paternoster, Ray, and Jerome Deise (2011) "A Heavy Thumb on the Scale: The Effect of Victim Impact Evidence on Capital Decision Making", *Criminology*, Vol. 49, No. 1.

Platania, Judith, and Garrett L. Berman (2006) "The Moderating Effect of Judge's Instructions on Victim Impact Testimony in Capital Cases", *Applied Psychology in Criminal Justice*, Vol. 2, No. 2.

Propen, Amy D., and Mary L. Schuster (2010) "Understanding Genre through the Lens of Advocacy: The Rhetorical Work of the Victim Impact Statement", *Written Communication*, Vol. 27, No. 1.

Rachlinski, Jeffrey J., Chris Guthrie, and Andrew J. Wistrich (2013) "Contrition in the Courtroom: Do Apologies Affect Adjudication?", *Cornell Law Review*, Vol. 98, No. 5.

Sundby, Scott E. (2003) "The Capital Jury and Empathy: The Problem of Worthy and Unworthy Victims", *Cornell Law Review*, Vol. 88, No. 2.

Sweeting, Anna, Rachael Owen, Caroline Turley, Paul Rock, Miguel Garcia-Sanche, Laura Wilson, and Usman Khan (2008) *Evaluation of the Victims' Advocate Scheme Pilots*, Ministry of Justice.

Walsh, Anthony (1986) "Placebo Justice: Victim Recommendations and Offender Sentences in Sexual Assault Cases", *Journal of Criminal Law and Criminology*, Vol. 77, No. 4.

Wevodau, Amy L., Robert J. Cramer, Andre Kehn, and John W. Clark III (2014) "Why the Impact? Negative Affective Change as a Mediator of the Effects of Victim Impact Statements", *Journal of Interpersonal Violence*, Vol. 29, No. 16.

追記　本稿で紹介した研究は、日本学術振興会の科学研究費補助金（若手研究（スタートアップ）→研究活動スタート支援・研究課題番号：21830028と若手研究（B）・研究課題番号：24730002）と民事紛争処理研究基金研究助成（平成二一年度助成決定・研究課題：刑事司法過程における民事紛争処理システムの機能）の助成を受けて行った研究の成果の一部を含むものである。

II

犯罪被害者の支援と保護はどうあるべきか

4　犯罪被害者支援

番　敦子

はじめに

犯罪被害者等（刑罰法令に違反する行為によって害を被った者及びその遺族・家族をいう。以下「犯罪被害者」という）は犯罪における主要な登場人物であり、当該事件の刑事手続に強い利害関係を有するものでありながら、刑事司法からは長く疎外されていた。犯罪被害者は、「犯罪により害を被つた者は、告訴をすることができる」（刑事訴訟法二三〇条）等、告訴の主体として刑事訴訟法に規定されてはいたものの、刑事捜査段階では参考人であり、刑事公判においては証人として認識されるにすぎなかった。犯罪被害者は刑事司法上あくまでも抽象的な存在であった。

欧米では、一九六〇年代から被害者補償制度が制定され、被害の回復という視点から、被害者支援が高まりを見せるようになった。日本では、一九八〇年に犯罪被害者等給付金支給法（以下「犯給法」という）が制定され、犯罪被害者に対する経済的支援が始まったが、それ以降、また犯罪被害者は忘れ去られてしまった。

日本における本格的な犯罪被害者支援は二〇〇〇年近くに始まる。本稿は、専ら犯罪被害者支援に携わる弁護士として、犯罪被害者支援の過程及び今後の課題等を検討するものである。

一　犯罪被害者支援の始まり

(1) 二〇〇〇年以前の犯罪被害者をめぐる状況

一九九二年に東京医科歯科大学の山上皓教授によって犯罪被害者相談室が開設され、犯罪被害者に対する精神的ケアを中心とする民間支援団体が発足した。一九九五年には地下鉄サリン事件が発生し、未曽有の被害に犯罪被害者に対する関心が高まった。一九九八年には全国被害者支援ネットワークが設立され、全国的な支援が呼びかけられた。全国被害者支援ネットワークは、一九九九年五月、公正な処遇を受ける権利、情報を提供される権利、被害回復の権利、意見を述べる権利、支援を受ける権利、再被害からまもられる権利、平穏かつ安全に生活する権利という七項目にわたる「犯罪被害者の権利宣言」を公表した。「権利」という語を用いた当時としては画期的なものであり、現在もなお、多方面にわたる犯罪被害者支援を考える上で指標となるものである。

警察庁は一九九六年に犯罪被害者対策要綱を策定し、被害者対策室を設置し、検察庁は一九九九年に被害者等通知制度を開始した。日本弁護士連合会(以下「日弁連」という)は、一九九七年に犯罪被害回復制度等検討協議会を設置、一九九九年には「犯罪被害者に対する総合的支援に関する提言」を公表し、同年、犯罪被害者支援委員会を設置した。その頃から、各地の弁護士会でも犯罪被害者支援に関する委員会が設置されるようになり、犯罪被害者のための相談体制が発足するようになった。弁護士による犯罪被害者支援の始まりである。

(2) 犯罪被害者の刑事司法への関わり

①犯罪被害者保護二法

前記のような犯罪被害者をめぐる動きを受け、二〇〇〇年五月、刑事訴訟法及び検察審査会法の一部を改正する法律、及び犯罪被害者等の保護を図るための刑事手続に付随する措置に関する法律(以下、「犯罪被害者保護法」という)が成立した。いわゆる犯罪被害者保護二法である。犯罪被害者保護二法の成立は、犯罪被害者が単なる証拠としてではなく、特定の人物、存在としてみなされる契機となった。

②証人尋問等の際の負担軽減措置

犯罪被害者は、時に証人として出廷を求められる。その際、公開法廷で傍聴人にその姿を晒したり、被告人と顔を合わすこと等によって、すでに犯罪によって心身に被害を被っている犯罪被害者、とりわけ性犯罪の被害者は、法廷でさらに精神的に追い詰められ、証言もままならないという状況に至る。このような負担を軽減するために、犯罪被害者が証人として出廷する場合には、付添いや遮へい措置、ビデオリンクという方式を用いることが可能となった(刑訴法一五七条の二―四)。これらの制度は重複して用いることもできる。現在では、性犯罪等の刑事裁判の多くで用いられている。

③その他

性犯罪において規定されていた告訴期間が撤廃された(刑訴法二三五条一項)。これは被害を公にすることがなかなかできない性犯罪の被害者の状況に配慮したものである。なお、二〇一七年の刑法改正によって、告訴不要となった。

心情等に関する意見陳述制度(刑訴法二九二条の二)も新設された。犯罪被害者は、法廷のバーの中で、犯罪によって被った被害やその心情等を、自らの言葉で伝えることができるようになった。その意見陳述は証拠とはならないものの、量刑資料として考慮される。犯罪被害者が、証人としてではなく事件の当事者として、刑事裁判に具体的に登場することができるようになったことの意義は大きい。

犯罪被害者保護法によって、犯罪被害者に対する優先傍聴を認める制度(同法二条)や第一回公判期日後の公判記録の閲覧・謄写ができる制度(同法三条)が創設された。刑事記録にアクセスできるこの制度は、犯罪被害者が民事の損害賠償請求事件を提起するために欠かせない制度となったが、それ以上に、優先傍聴を認める制度と共に、事件を知りたいという犯罪被害者の思いに応えるものであった。また、示談等の履行を確保するために、刑事裁判中に民事上の裁判上の和解を認める、いわゆる刑事和解制度も規定された(同法一九―二二条)。刑事裁判で有利な情状を得るために被告人は示談を望むが、将来給付を示談内容とした場合に、刑事裁判が終わってしまうと、元被告人はその約束を反故にすることもある、という問題の解決策である。ただし、司法統計によれば、二〇〇七(平成一九)年から二〇一六(平成二八)年の一〇年間にこの制度を利用した件数は合計三一〇件にすぎず、あまり利用されていない。犯罪被害者に代理人弁護士がついていない事案が多かったというのもその一因と思われる。

(3) その他の法整備

犯罪被害者への着目は、新たな犯罪に関する法律の制定ももたらした。

二〇〇〇年に制定されたストーカー行為等の規制等に関する法律、児童虐待の防止等に関する法律、二〇〇一年に制定された配偶者からの暴力の防止及び被害者の保護に関する法律は、実際の痛ましい事件の発生が法律制定の契機になっている。これらの法律は犯罪被害者の視点を有し、犯罪の未然防止という観点から創設された法律である。

また、一九八〇年に制定された犯給法は二〇〇一年に一部改正され、給付金の支給対象や支給額が拡大された。さらに、早期援助団体の指定制度が創設され、事件発生直後からの犯罪被害者支援が可能となり、精神的な支援以外に、犯罪被害者の生活支援や法的活動への付添等の支援という直接支援も進むこととなった。その後、民間支援団体は早期援助団体の指定を目指すようになった。

二　犯罪被害者支援の新たな段階

(1)　犯罪被害者等基本法の制定

①犯罪被害者自身による権利主張

二〇〇〇年のいわゆる犯罪被害者保護二法の制定によって、刑事司法における犯罪被害者の地位に一定の前進はあったものの、当事者主義を採用する日本の刑事司法においては、犯罪被害者は事件の被害当事者ではあっても、刑事司法上の当事者ではないという大前提は揺るがなかった。犯罪被害者には優先傍聴が認められるようになったが、優先傍聴とはいっても一般市民と同じ傍聴席で、自分が被害を被った事件の刑事裁判の推移を見守るしかなかった。検察官は犯罪被害者の代理人ではなく、公益の代表者としての任務を有しており、時には、犯罪被害者の思いに十分に対応することはできなかった。社会的には、二〇〇〇年前後の犯罪被害者関係法制の整備等によって犯罪被害者問題は前進し、ひと区切りついたという踊り場感が漂っていた。しかし、二〇〇〇年に設立された全国犯罪被害者の会（あすの会）は、犯罪被害者の置かれた根本的立場に強く疑問を投げかけ、犯罪被害者の権利の確立を求め、刑事司法への犯罪被害者の参加を要求した。

犯罪被害者自身の声が高まる中で、犯罪被害者の権利は存在するのか、それは憲法上の権利なのかという議論が繰り返された。憲法上には、被疑者・被告人の権利の規定はあるが、犯罪の被害者の権利規定はない。犯罪は加害者によってもたらされるが、そうであるとしても、国が犯罪被害者に対する何らの責任も負わないということではない。国は、すべての市民が安心して暮らせる社会を構築する責務を有しており、犯罪によって被害を被った者に対しては支援をする責務がある。また、無差別殺人事件によって明らかなように、誰でもいつ犯罪被害者になるかはわからないという現実がある。

悲惨な事件の被害者であるあすの会の会員が切々と訴える姿は、犯罪被害者の権利の確立、そして、犯罪被害者支援の拡充の必要性を強く印象づけた。日弁連は二〇〇三年の人権擁護大会において犯罪被害者支援をシンポジウムのテーマとして取り上げた。これは、当時の犯罪被害者問題に一段落ついたというような社会の雰囲気を打破し、犯罪被害者自身の声を後押しするために、犯罪被害者支援委員会が中心となったシンポジウムであった。そのシンポジウムにおいて、犯罪被害者が刑事裁判においてドイツ型の訴訟参加をしたらどうなるかという模擬裁判劇をくりひろげ、パネルディスカッションを行った。会場を訪れた一般の弁護士は、犯罪被害者が刑事裁判に参加するなどということは考えもつかなかったようである。しかし、同大会後、日弁連においては、被害者参加が刑事司法における協議の重要なテーマとなり、刑事弁護を中心とした立場と犯罪被害者支援を中心とした立場では議論が衝突することもあった。

②犯罪被害者等基本法の成立

あすの会を中心とする犯罪被害者自身の声を受け、二〇〇四年一二月、犯罪被害者等基本法（以下「基本法」という）が制定された。基本法は、犯罪被害者の権利の確立とさまざまな支援の施策の推進を宣言したものであり、その後の制度及び支援施策は、すべて、基本法に基づくものである。犯罪被害者をめぐる動きは、基本法の制定と共に、新たな段階に入ったといえる。

基本法の理念は、「すべて犯罪被害者等は、個人の尊厳が重んぜられ、その尊厳にふさわしい処遇を保障される権利を有する」（同法三条一項）という規定に集約されている。犯罪被害者が求め続けた「権利」の語が明記されたのである。その前文においては、国及び社会の責務が述べられた。内閣官房長官を長とする犯罪被害者等施策推進会議が設置され、同会議において、具体的施策について審議し基本計画をまとめ、その実施を推進し、実施状況を検証するものとした。二〇〇五年一二月には第一次犯罪被害者等基本計画（以下「基本計画」という）が策定され、その後五年毎に、二〇一一年三月には第二次基本計画が、二〇一六年四月には第三次基本計画が閣議決定された。

(2) 刑事司法における犯罪被害者のための新たな制度

①刑事手続へのさらなる関与

犯罪被害者は、刑事手続に当事者として参加することを求めた。しかしながら、日本の刑事司法制度は、国家刑罰権、当事者主義、検察官制度等を前提に制度構築されており、現行の刑事司法制度を前提とするならば、犯罪被害者が刑事手続の当事者として参加する制度は採用できないという意見が多数を占めた。刑事弁護人の立場からは、犯罪被害者のさらなる刑事手続への関与について、強い反対が示された。

近代国家の成立によって、国家が刑罰権を持つことになり、自力救済が阻止された以上、刑事裁判は、当該事件の被害者の要請にも応えるものでなければならないのは当然である。近代国家は理性を尊重し、刑事司法の理念や公正性を追求するあまり、犯罪被害者の被害感情や応報感情を量刑において間接的に反映しようとはしたものの、具体的な犯罪被害者そのものは手続の外に置いてきたという経緯がある。

基本法は、「国及び地方公共団体は、犯罪被害者等がその被害に係る刑事に関する手続に適切に関与することができるようにするため、刑事に関する手続の進捗状況等に関する情報の提供、刑事に関する手続への参加の機会を拡充するための制度の整備等必要な施策を講ずるものとする」（同法一八条）と規定し、心情等に関する意見陳述制度（刑訴法二九二条の二）を超え、犯罪被害者の刑事手続への参加の機会を拡充する方向性を規定した。

第一次基本計画は、基本法一八条を受けて、犯罪被害者等が刑事裁判に直接関与することのできる制度の検討及び施策の実施として、「法務省において、刑事裁判に犯罪被害者等の意見をより反映させるべく、公訴参加制度を含め、犯罪被害者等が刑事裁判手続に直接関与することのできる制度について、我が国にふさわしいものを新たに導入する方向で必要な検討を行い、二年以内を目途に結論を出し、その結論に従った施策を実施する」とした。

②被害者参加制度の創設

法務省は、前記の第一次基本計画を受けて、二〇〇六年九月、法制審議会に対し、刑事手続に直接関与する制度等について諮問した（諮問第八〇号）。

第一次基本計画策定後も、犯罪被害者の刑事手続への直接関与の制度については、多くの議論があった。第一次基本計画が述べる「我が国にふさわしいもの」とは、刑事司法の根幹構造と抵触しない日本独自の制度ということであるが、犯罪被害者の刑事手続への直接関与は、従前の検察官を通じての関与ではなく、犯罪被害者としての関与を示唆するものであって、刑事司法の構造の改変をもたらすのではないかと危惧する見解も多かった。日弁連は犯罪被害者の直接関与に反対の意見を表明し、犯罪被害者が検察官に対し質問や意見を述べる制度等、間接的な関与に留めるべきであることを述べた。

法制審議会刑事法（犯罪被害者関係）部会では、刑事司法の根幹の制度と抵触しない範囲での犯罪被害者が直接関与する制度はどのようなものか、ということを中心に議論がなされた。多数意見は、被告人に質問をしたいという犯罪被害者の要求は理解しつつ、現行制度の枠内に創設することを前提とすれば、訴因設定権や立証につながる証拠調べ請求権までを犯罪被害者に認めることはできず、証人に対する質問も、罪体関係についての質問は犯罪被害者には認められないというものであった。そのため、証人に対する尋問は、情状に関する弾劾尋問のみが認められる限界とされた。

このような議論を経て、一定の犯罪の被害者が、刑事手続上の当事者ではないものの、事件の当事者として被害者参加人という地位によって在廷し、被告人質問等の一定の訴訟行為を行うことができる制度、つまり現行の被害者参加制度の要綱(骨子)案がまとめられ、法制審議会は、二〇〇七年二月、法務省に対し答申した。法制審議会の答申を受けて、二〇〇七年六月、犯罪被害者等の権利利益の保護を図るための刑事訴訟法等の一部を改正する法律が成立、公布された。被害者参加制度(刑訴法三一六条の三三—三九)は二〇〇八年一二月、施行された。

被害者参加制度とは、一定の犯罪の被害者が、裁判所の許可を受けて被害者参加人として、①公判期日へ出席すること、②検察官の訴訟活動に関し、検察官に意見を述べ、説明を聞くこと、③一定の範囲内で証人に尋問すること、④一定の範囲内で被告人に質問すること、⑤事実及び法律の適用について意見陳述をすることの五項目のことができるという画期的な制度である。被害者参加人は法廷のバーの中に入り、検察官の近くで、裁判の進行を間近に確認することができ、被告人質問等ができるようになった。

③国選被害者参加弁護士制度の創設

被害者参加制度には一定の訴訟行為をすることが含まれるので、被害者参加人には弁護士の援助が必要であるとの観点から、国選被害者参加弁護士制度が創設された(犯罪被害者保護法一一—一八条)。公費による犯罪被害者に対する弁護士の支援が、被害者参加制度においてのみではあるが実現した。

被害者参加人による国選被害者参加弁護士の選定請求は、日本司法支援センター(以下「法テラス」という)を経由して行われ、法テラスは、当該被告事件の裁判所に対し、指名通知をする。指名にあたっては、選定請求をした被害者参加人の意見を聴いて行うと規定された。これは、犯罪被害者の心情等を鑑み、できる限りその意向に添った弁護士を指名するためである。

(3) 損害賠償命令制度の創設

従前、犯罪被害者は、犯罪による被害回復のための損害賠償請求を行うため、示談等の交渉ではない法的な民事損害賠償手続を取る場合には、当該刑事記録の閲覧・謄写制度を利用するか確定事件であればその刑事記録を入手した上、それをコピーして書証を作成し、民事裁判所に損害賠償請求事件を提起しなければならなかった。犯罪によって心身に被害を被った被害者が自ら原告となって、民事裁判を提起しなければならなかった。

刑事事件で有罪判決が出たとしても、民事事件では、改めて証拠と共に不法行為の主張をしなければならない。民事裁判を提起するためには費用もかかる。裁判所に納付する印紙代は、例えば一〇〇〇万円の請求であれば五万円、三〇〇〇万円では一一万円、五〇〇〇万円では一七万円、一億円の請求であれば三二万円である。このように、犯罪被害者は、自ら手間と費用をかけて民事の損害賠償請求を行わなければならない。

基本法一二条では、損害賠償請求の援助等として、「刑事に関する手続との有機的な連携を図るための制度の拡充等」が規定され、これを受けた第一次基本計画は、刑事手続の成果を利用する制度を新たに導入することを示し、被害者参加の検討と共に法制審議会において議論された。その結果、犯罪被害者にとってより簡易迅速かつ刑事での有罪判決を利用した損害賠償命令制度が創設され（犯罪被害者保護法二三条以下）、被害者参加制度と同時に施行された。

対象となる犯罪は、被害者参加制度の対象犯罪から過失犯罪を除いたものである。過失犯罪については、過失割合等についての認定が難しいことも多いことから、簡易迅速に審理を進めるという損害賠償命令制度から外された。原則として、有罪の判決言い渡し後、民事の損害賠償命令事件の第一回審尋期日が開かれ、原則として四回の審理で終了する。有罪判決を言い渡した刑事裁判所が審理することから、不法行為事実については、判決によって認定された事実の範囲内で認定される。刑事と民事は別枠という日本の司法制度の大枠を崩すものではないが、裁判所は事実上の拘束力によって、民事における不法行為事実を認定するに至る。刑事裁判の弁論終結時までに、損害賠償命令事件の申立書を刑事裁判所に提出するが、予断排除の原則から余事記載はできず、申立書では、専ら、損害額とその明細のみを記載する。印紙代は、訴因一つについて一律二〇〇〇円であり、通常の民事事件に比べ格段に低額である。また、証拠については、刑事裁判の記録がそのまま利用できるので、犯罪被害者は、主に損害額についての主張・立証をすれば足りる。

裁判所の職権、あるいは当事者の異議によって通常民事裁判所に移行するが、その際にも、証拠となる刑事記録は刑事裁判所から直接民事裁判所に送られるので、犯罪被害者の手間は少ない。通常民事裁判に移行した場合、印紙代については通常民事裁判に則したものとなるため、差額分を納付しなければならない。そのため、損害賠償命令申立ての際に、結果とのバランスをも考慮し、勝訴しても実効性がないと思われる場合には、通常民事裁判に移行した際の印紙の点も想定して請求額を決める必要がある。

本制度は、とりわけ、精神的に大きな被害を被ることが多く、損害としては慰謝料が中心となる性犯罪の被害者において、その意義は大きいと思われる。損害賠償命令事件はあくまでも民事事件であることから、資力要件を満たせば、法テラスにおいて民事法律扶助を利用して代理人弁護士をつけることができる。

(4) 法テラスにおける犯罪被害者支援

法テラスは、二〇〇四年六月に公布された総合法律支援法に基づき、市民の司法アクセスの改善を目的として設置され、二〇〇六年一〇月に業務が開始された。同法に基づく本来業務のひとつとして、犯罪被害者への情報提供を行い、コールセンターや地方事務所では犯罪被害者対応を特別枠として設けている。法テラスではこの情報提供の一環として、被害者等の援助に精通している弁護士、いわゆる精通弁護士の紹介を行っている。全国の弁護士会が地元の法テラスに提出したいわゆる精通弁護士名簿登載の弁護士数は、当初の約一〇〇〇名から二〇一七年三月一日時点では三六六三名となった。日弁連と法テラスとは、本制度発足時に協議して、被害者に二次被害を与えず適切な法的サービスを提供するという観点から、同名簿に登載する要件を、複数回の研修を受講しているか犯罪被害者支援活動の経験のある弁護士とした。

さらに、被害者参加制度に関する国選被害者参加弁護士制度創設にあたり，その指名を法テラスが担うこととなり、犯罪被害者支援における法テラスの重要性が増した。犯罪被害者は、法テラスによって精通弁護士名簿から支援弁護士の紹介を受け、当該弁護士と信頼関係が構築されれば、被疑者が起訴され、被害者参加が許可されると、法テラスを通じて、当該弁護士を国選被害者参加弁護士として選定するよう裁判所に請求することが可能である。また、被害者死亡事件では、刑事裁判の管轄裁判所が遺族の住む場所と異なる場合もあるが、そのような場合には、遺族の住所地の法テラスを通じて、遺族の住所地の弁護士会に所属する弁護士を国選被害者参加弁護士として選定するよう請求することもできる。

二〇一七年三月一日時点で、被害者参加弁護士として法テラスと契約している弁護士は全国で四七〇九名である。日弁連は、法テラスへ提供する国選被害者参加弁護士の名簿登載を希望する弁護士に、犯罪被害者支援に関する研修を受講するよう求めている。国選被害者参加弁護士制度の創設によって、弁護士による犯罪被害者支援が、弁護士にとって特別な活動ではなく、人権を守る職責を有する弁護士にとっての当然の活動のひとつとなった。

また、総合法律支援法の改正によって、二〇一八年一月以降、ＤＶ、ストーカー及び児童虐待事件の被害者は、資力要件を満たせば、法テラスを経由して無料の法律相談が受けられることとなる。従前からの犯罪被害者への情報提供、いわゆる精通弁護士の紹介及び国選被害者参加弁護士の指名に加え、法テラスによる犯罪被害者支援施策が増えることになる。

三　犯罪被害者の支援制度の現状と課題

(1)　被害者参加制度の現状等

①被害者参加制度の利用

司法統計年報によれば、二〇〇八年一二月の施行以降、被害者参加制度の利用数は年々増えている。二〇一二(平成二四)年度には参加を許可された犯罪被害者は一〇〇〇名となり、二〇一五(平成二七)年度には一三七七名にのぼっている。参加弁護士の利用割合も増加しており、二〇一五年度は約八割の被害者参加人に参加弁護士がつき、そのうちの約半数が国選被害者参加弁護士である。被害者参加制度は、刑事司法の中に確実に定着しており、参加弁護士による支援を受けることによって、さらに、犯罪被害者の声が刑事司法の場に適確に反映されることに貢献していると考えられる。

当初、被害者参加について消極的な立場から危惧された刑事法廷の混乱もほとんどなく、犯罪被害者は自分が被害を受けた、もしくは家族が被害を受けた事件を知りたいと、刑事裁判に冷静に参加している状況が認められる。被害者参加弁護士としては、公判前に刑事記録を閲覧・謄写できるようになり、刑事事件の捜査経緯、被疑者・関係者の捜査段階の供述等を知ることができ、事件の真相を知りたいという犯罪被害者の意向に応えることができるようになったと感じる。検察官と犯罪被害者との意思疎通も従前より概ね深化した。支援する弁護士としても、傍聴席で傍聴する際には犯罪被害者本人と同様に刑事裁判からの疎外感を覚えたが、被害者参加弁護士として在廷等することによって、事件との距離が確実に縮まったと感じている。なお、二〇一三年から被害者参加人に旅費等が支給される制度ができ(犯罪被害者保護法五—一〇条)、遠方の犯罪被害者が裁判に参加しやすくなった。

②被害者参加制度についての課題等

二〇一三年に入り、法務省は、二〇〇七(平成一九)年改正刑事訴訟法等に関する意見交換会を開催し、被害者参加制度に関する論点整理を行い、さまざまな立場の参加者から意見を求めた。結果として、大きな問題等は見いだせず、被害者参加制度の改正等には至っていない。

消極的立場からは、日本の刑事訴訟制度の構造との問題点が繰り返し述べられ、否認事件においては被害者参加を認めない、被害者参加を量刑審理のみに限定して認めるべきであるという見解等が示された。被害者参加制度の創設時と同様の消極論は現在も残っているが、創設の際の法制審議会での議論を超えるものではない。被害者参加を積極的に推進しようとする立場からは、対象犯罪や参加人の範囲の拡大等の要望もあった。しかし、参加を希望する犯罪被害者は重大事件の被害者が多いという実情を考えると、対象犯罪の拡大等が、即、犯罪被害者支援に資するとまではいえない。

実務上の大きな論点としては、公判前整理手続が行われる場合、公判前整理手続期日に被害者参加人側の出席が認められるか、という点があげられる。被害者参加人側は公判前整理手続期日には出席できない、という見解が多く、その理由として、被害者参加人が証人として出廷する可能性があり、証人としての中立性を担保すべき必要性があることがいわれる。また、そもそも、被害者参加人は刑事司法の当事者ではない、という大前提が持ち出される場合もある。確かに、否認事件において、犯罪被害者が証人として出廷することが予想される場合には慎重にならざるを得ないが、そうではない多くの自白事件についてまで、一律に被害者参加人側、とりわけ被害者参加弁護士の出席を認めないとすることには疑問がある。被害者参加人は刑事司法の当事者ではないとしても、被害者参加制度によって一定の訴訟行為を認められる以上、公判前整理手続では蚊帳の外という理論は採用できない。被害者参加人側にとっても、争点やその形成過程を知ることは有意義であるし、公判日程や審理計画を定める場合、被害者参加人側の出席はスムーズな進行に資する。実際に、公判前整理手続期日に被害者参加弁護士が出席を認められた事案も少ないが存在するし、審理計画の段階や進行協議という形で、被害者参加弁護士の出席を認めた裁判所もある。実務を担う弁護士としては、今後の大きな課題であると考える。

(2) 経済的な被害回復について

損害賠償命令制度が創設され、犯罪被害者にとって簡易迅速な被害回復の可能性がもたらされた。司法統計年報によれば、二〇一五(平成二七)年度の損害賠償命令事件の終局事件数は三〇七件であり、認容決定、認諾、和解等の犯罪被害者の請求が認められる方向で解決された割合は約七割である。通常の民事裁判へ移行した割合は一割を超える程度である。

刑事裁判の結果を利用した簡易迅速な被害回復制度としての損害賠償命令制度は、犯罪被害者にとって重要な意義があるが、その実効性が担保されなければ、つまり損害賠償が認められてもそれを実際に得られなければ意味がない。これは、通常の民事損害賠償請求事件でも同様である。高額な決定や判決を得ても、加害者の資産が不明だったり、資産がないという場合には強制執行ができず、決定書も判決書も紙切れ同然となる。犯罪被害者は犯罪で被害にあい、さらに、経済的な被害回復すら十分に得られないことになる。現行の強制執行制度の下で、犯罪被害者は厳しい現実に直面する。

法制度上は、「犯罪等による被害について第一義的責任を負うのは、加害者である」(基本法前文)とされ、国は社会連帯共助の精神から、犯罪被害者支援を行うとされる。そのため、犯罪被害者のための補償法の創設は難しいとされ、損害賠償を得られない犯罪被害者に対し、国が立替払いをして、国が加害者に求償する制度についても考えられないとされる。しかし、この点はさらに検討する必要がある。

加害者から損害賠償を受けられない（もしくは被害に比して少額しか受けられない）場合や他の社会保障制度等が利用できない場合に、はじめて、犯罪被害者等給付金が支給される。犯罪被害者等給付金は、数度の改正等によって、支給対象や支給額が拡大したが、制度としての劣後的性格や不慮の犯罪で被害を被った無辜の犯罪被害者を救うという趣旨は変わらない。そのため、親族間犯罪については原則不支給とされ、例外的にＤＶ事案や児童虐待事案等で、支給しないことが社会通念上適切でないと認められる場合に、全額支給や一部支給が認められる。しかし、現代の親族関係の変容や親族間犯罪の増加を考えると、親族間犯罪には原則不支給、例外支給という考え方そのものについて再検討すべき時である。今後さらに、親族間犯罪において支給すべき事案が拡大することが予想されるところ、親族間犯罪についても、支給することが社会通念上適切ではないと認められる場合を不支給または一部支給とするべきである。

四　支援の現場の現状と課題

(1)　弁護士による支援活動について

①弁護士による法的支援の経緯

弁護士は、従前から、損害賠償請求等の民事上の代理人として犯罪被害者と接してきたが、二〇〇〇年近くからは、犯罪発生後から刑事手続を通じた犯罪被害者支援活動が行われるようになった。当初は、民事事件以外の支援活動には民事法律扶助も利用できないことから、多くの弁護士はボランティアで支援活動を行っていた。

二〇〇一年、財団法人法律扶助協会が弁護士費用を立て替える（ただし償還を求めない場合が多い）犯罪被害者法律援助制度を創設したことから、資力要件に合致する生命・身体・性的自己決定等に対する犯罪の被害者に対し、犯罪発生直後から弁護士が業務として法的支援を提供することが可能となった。

財団法人法律扶助協会が法テラスの創設に伴い解散となり、以後、同援助制度は日弁連の業務となり、日弁連が法テラスに事務を委託して実施されている。同援助制度の主たる財源は弁護士が日弁連に支払う特別会費であるが、現在は全弁護士会において同援助制度が利用されており、二〇一六(平成二八)年度は総件数約一四四〇件、事業規模は約一億四六〇〇万円である。

被害者参加制度については国選被害者参加弁護士制度が創設されたが、被害者参加制度は対象事件が規定され、起訴後の限定された活動のみを対象とすることから、事件発生直後からの弁護士による多様な支援活動には対応できない。そのため、メディア対応、告訴・被害届の支援活動等、幅広い支援活動を対象とする同援助制度は、弁護士による犯罪被害者支援活動にとっては不可欠な制度である。同援助制度の資力要件は、国選被害者参加弁護士制度が創設された時に同レベルとなったことから、犯罪発生直後から起訴後の参加弁護士としての活動まで一貫して、犯罪被害者に対する法的支援を提供できるようになった。

②公費による支援弁護士制度の創設の必要性

被害者参加制度と同時に国選被害者参加弁護士制度が創設され、犯罪被害者に公費による支援弁護士をつけるということが、被害者参加制度に限り実現した。しかし、それ以外には、犯罪被害者のための弁護士費用を公費負担とする制度はない。前述したように、総合法律支援法改正によって、二〇一八年一月以降、法テラスによるDV、ストーカー及び児童虐待事件の被害者支援が予定されているが、法律相談に限られている。

犯罪被害者が権利を主張し、犯罪被害者のための施策を十分に利用するためにも、弁護士による法的支援の重要性は高く、現在、日弁連が会員の会費で賄っている犯罪被害者法律援助制度に代わる公費による弁護士費用の負担制度が必要である。犯罪被害者の誰もが、事件発生直後から弁護士による充実した法的支援を受けられるような、公費による支援弁護士の制度を創設するべきである。

(2) 民間支援団体の状況

民間支援団体の傘組織である全国被害者支援ネットワークは一九九八年に設立され、現在は公益社団法人となり、加盟団体は二〇一〇年一一月には四七都道府県四八団体となった。二〇一五年六月には犯罪被害者等早期援助団体が全都道府県に設置された。

民間支援団体は犯罪被害者からの相談対応はもちろん、買い物等の生活支援、病院への付添、事情聴取等の付添及び法廷付添等、さまざまな直接支援を行っている。早期援助団体として認定された民間支援団体は、犯罪発生直後に警察から犯罪被害者の情報を得て活動を開始することが可能であり、犯罪発生直後からの支援は犯罪被害者の速やかな回復や立ち直りにも資するものである。

民間支援団体の役割は今後も重要であるが、十分な財政基盤を有する団体は少なく、助成等の財政支援の拡充が急務である。

(3) 支援の連携の必要性

犯罪被害者支援は多方面の支援を必要とし、その支援については連携が必要であるといわれる。各地の県警を中心とした犯罪被害者支援関連団体の協議会が設けられているが、さらに実質的な連携が望まれる。

刑事司法の面では、現在東京において、弁護士会と、東京地方検察庁及び警視庁との各連携が行われており、弁護士に相談したい、弁護士に援助を求めたい犯罪被害者について、東京地検または警視庁はその情報を弁護士会の担当事務局に連絡し、弁護士会から支援担当弁護士を伝え、犯罪被害者支援を行うという連携を行っている。

弁護士と民間支援団体との連携は以前から行われているが、地方自治体に犯罪被害者相談窓口が設置されるようになり、熱心に犯罪被害者支援を行っている自治体もあって、自治体との連携も重要である。

支援の中心は自治体や民間支援団体となろうが、警察、検察庁、弁護士会(弁護士)、医療機関(医師)、心理職等の支援機関や支援者が連携し、ネットワークを結んで、犯罪被害者支援に取り組む必要性を常に認識しなければならない。

(4) 刑事司法における犯罪被害者のプライバシー保護

二〇〇九年五月に施行された裁判員裁判制度は、市民の刑事司法への関与を促し、市民感覚を刑事裁判に取り入れるという観点から、法の定める重大事件について一般の市民が裁判員として裁判官と共に刑事裁判を審理し、判決を下すというものである。裁判員裁判においても、犯罪被害者は心情等についての意見を述べたり、被害者参加人として裁判に参加する。重大事件の犯罪被害者は、刑事裁判への関心も高いことから、裁判員裁判における被害者参加も多い。

裁判員の多くは、刑事裁判を見るのは初めてであり、被告人や犯罪被害者と接するのも初めてであろう。裁判員にわかりやすい裁判を追求してか、裁判員裁判においては、犯罪被害者本人の声が裁判に現れることを、つまり犯罪被害者が証人として出廷して証言したり、心情等についての意見を自ら述べることを、裁判所や検察官から求められることが多くなったように思われる。特に、性犯罪事件については、犯罪被害者自身の言葉が、裁判員に強い影響を与えた事案も多い。性犯罪は魂の殺人ともいわれる犯罪であり、その被害は重大であるが、被害の実態については一般市民にあまり伝わっていなかった。裁判員裁判を通じて、犯罪被害者の心情等が市民に十分に認識されるのなら重要な意義があるとも思われる。しかし、一方、裁判員裁判においては、さらに犯罪被害者のプライバシー保護の要請が強い。裁判に関わる者が多くなればなるほど、犯罪被害者のプライバシーを十分に保護しなければならない。裁判員には守秘義務があるとしても、裁判員の選任段階から犯罪被害者の不安は拭えない。特に、性犯罪の被害者については、そのプライバシー保護の観点から、性犯罪を裁判員裁判の対象とするのが相当かということも検討すべきテーマである。

法廷において被害者特定情報を秘匿とすることは制度的に進展したが、被告人に対して犯罪被害者の情報を知らせないことができるかという問題が残っている。これは、令状や起訴状等の匿名問題として今後の大きな検討事項である。公訴事実の特定や防御権の行使はもちろん重要であるが、再被害防止という観点のみではなく、犯罪被害者のプライバシー保護や犯罪被害者の抱く不安の除去という観点も交えて考えていく必要があると考える。

(5) 性暴力被害者のためのワンストップ支援センターの設置

性暴力被害者のためのワンストップ支援センターの設置が進んでいる。性暴力被害は被害者が被害申告をためらうため暗数が多いといわれ、プライバシーへの特別な配慮が必要であり、さらに、警察対応を求めていない被害者もいることから、被害者が安心して支援を受けられるワンストップ支援センターの役割は極めて大きい。

日本では、ワンストップ支援センターの重要性が認識されながらも具体的な設置が進まなかったが、第二次及び第三次基本計画中にワンストップ支援センターの設置促進が掲げられ、さらに、第四次男女共同参画基本計画では、成果目標として、二〇二〇年までに行政が関与する性犯罪・性暴力被害者のためのワンストップ支援センター設置数を各都道府県に最低一カ所設けることとされた。ワンストップ支援センターは、二〇一七年二月時点で三五都道府県に開設されるに至ったが、もちろんいまだ十分ではない。ワンストップ支援センターの形態はともかく、病院との密接な連携は必須であり、また、速やかな法的支援が必要な場合もある。二四時間対応が望まれるが、人材面、財政面で困難な状況もあることから、交付金や助成金による財政基盤の充実が求められる。

おわりに

基本法が制定された後、犯罪被害者施策については内閣府が中心となって担ってきたが、内閣府の業務をスリム化するという目的から、内閣の重要政策に関する総合調整等に関する機能の強化のための国家行政組織法等の一部を改正する法律が成立し、これに基づき、二〇一六年四月からは国家公安委員会が引き継ぐこととなった。警察庁が犯罪被害者支援をリードしてきたということは事実であるが、本来の業務は犯罪捜査であることから、府省庁横断的な総合調整機能を十分に果たしうるかという危惧も感じる。法的支援においても経済的支援等においてもいまだ十分ではないにもかかわらず、犯罪被害者支援施策に関して現段階で概ね良しとする社会的風潮が漂っているとしたならば、大いに問題である。スウェーデンやノルウェー等の北欧で設置されている犯罪被害者施策について一元的に対応する犯罪被害者庁の設置等も含め、さらに支援の充実を目指して検討を進めなければならない。

「すべて犯罪被害者等は、個人の尊厳が重んぜられ、その尊厳にふさわしい処遇を保障される権利を有する」(基本法三条一項)という文言に立ちかえり、犯罪被害者の権利とは何かを再確認した上で、多方面における支援をさらに推進する必要がある。

参考文献

岡村勲監修(二〇〇七)『犯罪被害者のための新しい刑事司法』明石書店
高井康行・番敦子・山本剛(二〇〇八)『犯罪被害者保護法制解説 第二版』三省堂
日本弁護士連合会・犯罪被害者支援委員会編(二〇〇四)『犯罪被害者の権利の確立と総合的支援を求めて』明石書店
番敦子(二〇〇八)「犯罪被害者支援における法テラスの役割」『ジュリスト』一三六〇号

番敦子（二〇一三）「法テラスの犯罪被害者支援活動」『被害者学研究』二三号
松尾浩也編著（二〇〇一）『逐条解説　犯罪被害者保護二法』有斐閣

5　被害者とトラウマ

宮地尚子・菊池美名子

はじめに

何か悲惨な事件が起きたとき、私たちは、より大きな被害を受けた人こそが声をあげるものだと考えがちである。また本来なら、刑事司法においても、被害の重さが刑罰の重さと比例することが望ましいはずである。しかし、精神科の臨床現場で被害者たちの治療や回復支援に関わっていると、実際にはそうはならないと感じさせられることが多い。被害者は、自身の被害を第三者には打ち明けないことが多く、警察に訴えたとしても、立件や起訴に至らないことの方が多い。そして裁判まで進んだとしても、被害事実の重さが判決内容にきちんと反映されるとは限らない。それには、被害者にもたらされるトラウマというものの持つ性質が、大きく関わっている。

殺人、傷害、レイプなどの犯罪は、被害者の心や身体に大きな影響を与え、深刻なトラウマ反応をもたらすことがある。トラウマということばは、一九九五年の阪神・淡路大震災や地下鉄サリン事件以降、日常生活でもいたるところで使われるようになった。トラウマとは、過去の出来事の衝撃により、事件時と同じような恐怖や苦痛が現在まで続く状態のことである。後述するように、ＰＴＳＤをはじめとするトラウマ反応は、被害者の精神、身体、人間関係、生活に全般的な影響を及ぼす。事件の性質や事件後における社会や周囲からの対応によっては、遷延化・重篤化の一途をたどることも、決してめずらしくはない。それだけではなく、被害者は、事件の関係者や支援者などとの人間関係の中で起こるさまざまな葛藤にもさらされる。そうした症状や関係性の中で、事件の程度が重ければ重いほど、被害者は声をあげにくくなり、沈黙に追いやられやすくなる。

この現象について説明するため、本稿ではまず、外傷的事件が起きたときの被害者のトラウマとその中核的とも言えるPTSD症状について説明を行う。また、トラウマ症状が一般には理解されにくいことによって、被害者にもたらされる困難についても言及する。次に、そうした症状による影響や、その後の人間関係によって被害者が沈黙させられていく仕組みについて、〈環状島〉というオリジナルのモデルを紹介しながら描きだす。とくに語られにくいトラウマの性質についてもここで整理したい。さいごに、それらの分析をふまえて、刑事司法のなかで被害者が立ち直りに向かうときの条件や経時的な変化とはどのようなものなのか、そして支援者にはどのような役割や態度が求められるのかについて、検討する。

一　被害者のトラウマ

(1)　トラウマとは何か

トラウマという言葉は、ふだんさりげなく日常の中でも使われるようになっており、一般的には、過去の出来事が現在にもなんらかの精神的影響をもたらしている状態に広く用いられる。また、人がトラウマと言うとき、そこにはA過去のトラウマ体験(外傷体験)、Bトラウマ反応(外傷反応)、Cトラウマ体験とトラウマ反応の間の因果関係、という三つの要素が含まれており、ABCをまとめて意味することも多いが、Aトラウマ体験だけや、Bトラウマ反応だけを指して用いられることもある。ただし、それでは範囲が広がりすぎてしまうため、医学的にはＡＢＣそれぞれに限定が加えられている。

Ａのトラウマ体験とは、命が危険にさらされる、性的な侵害を受けるなどの、圧倒的で、強度や切迫性があり、通常の適応行動では対処できない、つまり心が耐えられないほどの出来事のことである。具体的には、戦争・紛争体験、自然災害、暴力犯罪被害、事故、拷問、人質、監禁、強制収容所体験、児童虐待、性暴力、ＤＶ（ドメスティック・バイオレンス）、いじめなどがあげられる。自分に起きた場合だけでなく、身近な人に起きた場合や、間近で目撃した場合でもトラウマ体験になりえる（また、たくさんの損傷した死体を直接扱うといった経験も同様で、「惨事ストレス」と呼ぶ）。

また、トラウマ体験を分類するには、具体的な被害の内容で分ける以外に、幾つかの方法がある。

まず、短期間で一回の体験か、長期にわたった複数回の体験かに分ける方法である。前者をシングルトラウマ、後者を反復的トラウマと呼ぶが、このどちらであるかによって、その後の反応（症状）や、回復の経過、適切な支援のアプローチが大きく異なる。シングルトラウマの場合、反応（症状）も因果関係も比較的はっきりしている。けれども、児童虐待やＤＶ、いじめや職場での陰湿なハラスメント問題などの反復的トラウマの場合、加害者が被害者を支配・操作していることが多いため、そうした状況への順応や迎合にも見える反応が被害者には起こりうる。長期の時間経過が反応を複雑化し、因果関係もきれいに見えなくなりがちになる（van der Kolk et al. 1996＝二〇〇一）。

もう一つ重要な区別は、トラウマ体験が、成人に起きたものか、発達途上にある子ども時代に起きたものかということである。子どもの場合、トラウマ反応だけでなく、発達を阻害されることがさらなる影響をもたらすからである。

Ｂのトラウマ反応については、次項以降で詳しく述べる。

Ｃの因果関係については、時間的な近さや内容の近さ、Ａの出来事の前にはＢは見られなかったことなどから推測される。ただし、実際には複雑なところもあり、生活歴をたどっていくと、以前にも類似の体験があって、Ａの出来事がBの原因なのか、きっかけなのかの区別が困難であることもある。また、ときには数年から数十年後になんらかのきっかけで反応や症状が出ることも十分にありえる（遅延顕症型ＰＴＳＤなど）。

(2) 事件の最中と直後の反応

さて、トラウマティックな出来事に遭遇したとき、人はどのような反応を見せるのだろうか。トラウマ体験がもたらす反応は、時期によって異なるため、まずは事件の最中と直後の反応について説明しよう。

トラウマについて何かを考えようとするとき、当事者以外の人間は、自分の日常感覚をひきのばすことによってトラウマ反応を理解しようとし、また理解できると思い込みがちである。しかし、トラウマを引き起こすほどの恐怖とは、日常的なレベルの「怖い思い」とは大きく違う。そのような恐怖に直面したとき、人間には、日常では考えられないようなさまざまな思いがけない反応が起きることが多々ある。トラウマ研究では、事件後の影響については言及しても、こうした事件の最中や直後のことには触れられないことも多い。しかし、事件のあったそのとき、当事者に本当は何が起きているのかという現実を知ることは、当事者にとっても、法律関係者を含めた支援者にとっても、重要な意味を持つ。

まず、これまでは、「危機的状況において人は、生存のためにすぐに逃げたりとっさに闘ったりするものだ」と考えられてきた（闘争－逃走反応モデル）。一般的にも、とっさに行動できるはずだという思い込みや、できるべきだという価値観を持つ人もいる。けれども実際には、攻撃を受けた動物には、不動反射（フリーズ反応）がしばしば起きる。動きをやめ、目を凝らし、耳を澄ますことによって、周囲の観察や、敵に見つかる可能性を低めることができる（Moskowitz 2004; リヴァイン二〇〇八）。

第二に、トラウマ時の反応にはある程度の性差があり、近年の研究では、「強いオス」を想定した闘争－逃走反応モデルは多くの女性・メスにとって適応的ではなく、女性やメスに特有の「いたわって仲間になるTend and befriend」という反応があることが明らかにされつつある。自分よりも相手が強すぎる場合に闘いを挑んで死ねば、生物としてサバイバル能力(そして子どもを守る能力)は落ちるということであり、そのような個体の遺伝子は残りにくい。そのため、女性は社会的サポートを希求する傾向が強くなると考えられ、こうした反応には、絆ホルモンともいわれるオキシトシンや副交感神経系が重要な役割を果たすと言われている(オルフ二〇〇八)。そのつもりはないのに攻撃者の命令に自動的に従ってしまったり、攻撃者に対して一見迎合しているように見える反応を被害者がとることもあるが、それは同意、誘惑、媚びを意味するわけではなく、生き延びるための合理的な生物学的反応として理解しうる。

第三に、事件直後の反応に関するよくある誤解のひとつに、「事件の翌日もいつもどおり仕事に行ったのは不自然」だという主張がある。裁判などで、それを根拠に被害事実の否定がなされることもある。しかし現実は、被害者が大きな事件の次の日に仕事に行くというのは、決して珍しいことではない。どうしていいかわからず、とりあえずは誰にも知られたくないので、予定どおりの行動をこなすという人もいる。衝撃のために思考能力が落ち、習慣的になった行動をとり続ける人もいる。

第四に、事件直後の被害者が、いつもと変わりなく、「冷静」に見えるということも少なくない。あまりに事件の衝撃が強いとき、感情を麻痺させてなんとか自分を抑えるような機能が自動的に働くことがあるからである。意識や記憶の一時的な消失も起こりうる。現実感がなくなり、自分に起きていることとは思えなくなったりすることもある。よく、事件中の出来事について、被害者が自分のことを上から見ている感じがした、と報告することがあるが、それもこの麻痺や解離のひとつと言える。こうした麻痺、離人感、現実感の喪失などを、急性解離症状、周トラウマ性解離症状という。このような症状が出ることを急性ストレス反応(ASR)といい、通常は四八時間程度でだんだんおさまってくるとされているが、それが強い場合には、急性ストレス障害(ASD)という診断名がつけられる。

これまで、多くの被害に対して「レイプ被害を訴えているが、嫌なら抵抗できたはずだ、逃げられたはずだ」「衝撃的な事件があったなら、とり乱し、仕事になど行けなくなるのが当然」という言葉が、法廷や調査の場で向けられてきた。これは、危機的状況では必ず交感神経が高まり、「闘争か逃走か」という反応が起こるものとするような、単純で古い生物学的モデルに基づいた思い込みから被害者の行動を想像した結果ともいえよう。しかし、このような「経験則」に基づくとされる被害者の反応や行動へのイメージは、勝ち目がないような危機を経験したことのない人たちによって形作られてきた思い込みにすぎない。また、こうした思い込みは、被害者をも自らの行動(反応)への自責感や後悔で苦しめる。しかし、動物でも人間でも、危機的状況への反応はより複雑である。とくに攻撃者に対して圧倒的に弱くても生き延びなければならない場合、とても勝ち目がないと思われる状況に追いやられた場合、闘争や抵抗が困難であることも多い。人間を含めて、動物の反応は複雑な形態をとりうるのである。

(3)　トラウマ後の反応――PTSD

さて、急性トラウマ症状が強く長くつづき、外傷的事件から一カ月を超えると、PTSDに診断が変わる。

PTSD(心的外傷後ストレス障害)とは、外傷的事件に遭遇した後、再体験、回避、否定的認知・気分、過覚醒という一連の症状が存在するときに診断される疾患概念である。診断は、日本ではICD(国際疾病分類)という診断基準によって行うことになっているが、実際には、米国精神医学会の『精神疾患の分類と診断の手引き』(DSM)の方がよく使われる傾向にある。DSMは、二〇一三年に第Ⅳ版(DSM-Ⅳ)から第5版(DSM-5)に改訂されたため、以下は第5版に沿って説明する。DSM-5では、原因となる出来事やその症状が、それぞれ出来事基準(A)、症状基準(B再体験、C回避症状、D否定的認知・気分状態、E過覚醒(覚醒亢進))として限定されている。

Ａ　出来事基準

外傷的事件の出来事に関する基準は、ＤＳＭの改定に伴う変更のなかでとくに大きかったものの一つである。これまでの定義では、「自分もしくは他者の、実際のあるいは差し迫った死もしくは重症または身体の統合に対する脅威」（Ａ１基準）と定義され、また「その人の反応は、強い恐怖・無力感・戦慄を伴うものであった」というＡ２基準も同時に満たす必要があった。しかし現在のＤＳＭ－５では、外傷的出来事は「実際にまたは危うく死ぬ、重傷を負う、性的暴力を受ける出来事」（未遂の場合も含む）の三つのみに限定され、Ａ２基準は不要とされている。

次に、ＰＴＳＤの症状基準である。これは、診断基準のＢ・Ｃ・Ｄ・Ｅに記述された四症状群、再体験、回避症状、否定的認知・気分状態、過覚醒（覚醒亢進）から成り、それぞれの規定数の症状を満たした場合にのみ、ＰＴＳＤと診断される。

Ｂ　再体験

再体験（侵入）症状とは、事件のときの感覚、そのとき見たものや聞こえた言葉や音、触覚や身体感覚が、そのまま甦ってくることである。これには、動悸などの生理的変化と強い心理的苦痛が伴う。大げさな表現ではなく、本人にとっては、今まさに事件に襲われているのと同じで、あまりに生々しいためそれが過去のことか現在のことかわからなくなることもある（フラッシュバック）。現実にはそこにいないはずの人をいるように感じ、「誰かがそこにいる」などと言うこともあり、周囲からは幻覚や妄想症状があるように見えてしまうこともある。そのため、外傷体験が語られなければ、もしくは語られてもそれを信用してもらえなければ、精神科等で統合失調症などと誤診されてしまう可能性もある。何かを語ろうとしても、信憑性を疑われ、まともにとりあってもらえなくなることもある。小さい子どもの場合は、「おばけ」にうなされる悪夢や夜驚（睡眠中に叫ぶこと）、ポスト・トラウマティック・プレイ（遊びの中で事件のことをくり返すこと）などのかたちでもあらわれる。

C　回避症状

回避症状とは、外傷的事件の想起がとても不快なので、思い出させるきっかけになるものを持続的に避けることである。自分で自覚できていることもあるが、できていないことも多い。避ける対象が事件とどうつながりがあるか明確でないものもある（たとえば被害を受けた部屋のカーテンの色など）。回避する対象は、たとえば二〇代の男性から暴力被害を受けた被害者の場合、加害者本人だけでなく、似たような年格好の男性、男性全般、人間全般、というふうに広がっていくこともある（「般化」という）。当然、回避症状の範囲が大きくなればなるほど日常に影響を及ぼす。どこそこには行けない、この人には会えない、という制限が増えていけば、日常生活も、就業や就学も難しくなる。より深刻なのは、支援を受けることが難しくなることである。警察や司法、行政などの手続きでは、最も回避したい被害状況を話すしかなく、回避症状のために被害届を出せないことも多い。被害届を出したとしても、手続き中に再体験症状が悪化することもある。被害状況を思い出すことへの恐怖から、精神科などの受診を避ける人も少なくない。

D　否定的認知・気分状態

ＤＳＭ－Ⅳでは、ＰＴＳＤの症状群は三つに分けられていたのが、ＤＳＭ－５では四症状群に分類し直された。これまで「回避・麻痺症状」としてまとめられていたものから、麻痺症状が分かれ、そこに否定的認知・気分などが加わってできたのが、この項目である。

麻痺症状とは、自動的な反応で、強い情動に耐えられなくなって感情を感じなくなり、心が萎縮してしまう現象である。トラウマ体験の重要な部分が思い出せない（解離性健忘）、重要な活動への関心や参加が著しく減少する、「愛しい」といったプラスの感情が著しく狭まる、「わたしには未来なんてない」などの感覚、他の人から孤立し疎遠になっているという感覚などである。

否定的認知とは、「自分は悪い人間だ」「誰も信じられない」「世界は危険でしかない」といった自己や他者や世界への、ネガティブで強固な思い込みのことである。否定的気分とは、ずっと過剰に自分を責めたり、他者を恨み続けること、恐怖や戦慄（おぞましさ）、強い怒り、罪悪感、恥辱感といったマイナスの感情を持ち続けることである。

Ｅ　過覚醒（覚醒亢進）

緊張や過度の警戒が続く状態である。交感神経が亢進して、安心やくつろぎをもてなくなり、ゆっくり食べたり眠ったりできなくなる。不眠のほか、集中困難、驚愕反応なども起きる。ずっと緊張し続けていることは身体への負担も大きく、頭痛や肩こりなど慢性的な身体愁訴の原因にもなる。警戒しているのに、逆に事故に遭いやすくなったり、おどおどびくびくして、犯罪者に目をつけられやすくなることもある。じっとしていられず、いらいらして、無謀な行為や自己破壊的な行動に走ることもあり、まとわりついてくる子どもを怒鳴りつけたり、ものを投げるなど、他者への暴力にもつながることもある。

(4)　ＰＴＳＤ以外の反応

ＰＴＳＤはトラウマの代名詞のように用いられがちだが、実際にはトラウマ反応の一部にすぎない。しかも、トラウマ体験から一定期間たった後もある特定の症状が組み合わさって残り、著しい苦痛をもたらしたり、社会的な機能を妨げたりしている場合にのみ使われる疾患概念である。では、ＰＴＳＤ以外ではどのような反応や症状があるのだろうか。

一番多いのは抑うつ症状である。ＰＴＳＤにうつ病が併発することは少なくない。自殺念慮や自殺企図に及ぶこともある。パニック発作、恐怖障害、強迫症状もめずらしくない（これらはＰＴＳＤの症状とも重なる）。幻覚・妄想などの精神病様症状を起こすこともある。器質的異常はないのに歩けなくなる、目が見えなくなる、文字が書けなくなるなどの身体表現性障害もある。安定した対人関係を持つのが困難になることもある。

摂食障害、アルコールや薬物など、さまざまな物質への依存を起こすことも多い。ＰＴＳＤの過覚醒症状や再体験症状は被害者にとってとてもつらいものだが、アルコールや薬物などを使えば、症状をある程度コントロールし、一時的には被害のことを忘れることができる（Khantzian and Albanese 2008）。依存症の人たち全てにそのような動機があるとは限らないが、苦痛な症状を紛らわすために依存症に陥る人は少なくない。また、自傷行為もこれと同じようなメカニズムで起こることがあるという（松本二〇〇九）。

また、トラウマは、人間の脳神経系に強烈な打撃をくわえることでもある（友田二〇一二）。そのため、脳神経系から免疫系、内分泌系に影響を及ぼし、さまざまな身体疾患の罹患が増えることが知られている（Dube et al. 2003）。

このように、トラウマ体験がもたらす反応には、さまざまなものがあり、症状の発現は時期によっても異なる。ＰＴＳＤはたしかにトラウマの中核部分をなしているが、それが全てではない。多くの犯罪被害者が、ＰＴＳＤとは診断されなくとも、症状（反応）の一部を抱えながら、日々の生活をなんとか工夫しながら生き延びているのである。

二　被害者の沈黙から「立ち直り」まで――〈環状島〉モデルから

(1) 環状島

ここまで、外傷的な事件がその被害者に与える影響について、主に精神医学や心理学の側面から整理をしてきた。トラウマを受けた被害者は、心身のさまざまな症状に苦しみ、生活を全般的に変化させざるをえない。しかし、その影響がどれほど大きくとも、むしろ大きければ大きいほど、トラウマは時間とともに潜在化し、ほとんどの人に知られることもなく、事件として裁かれることもなく、社会から見えなくなっていく。こうした仕組みについて、以下では〈環状島〉というモデルを通して述べてみたい。

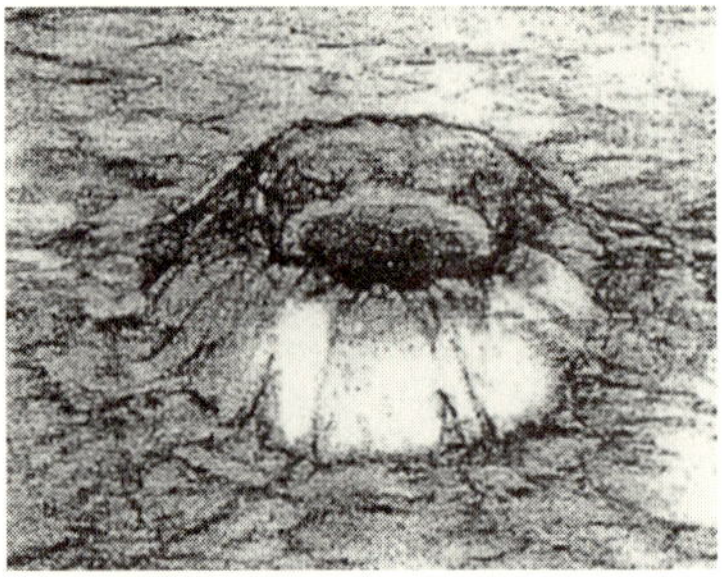

図1　環状島

環状島とは、真ん中に内海のある、ドーナツ型をした島のことである(図1)。これは著者のオリジナルのモデルで(宮地二〇〇七)、人がトラウマを語ることができるようになる条件について考えるとともに、犠牲者、被害当事者、支援者や傍観者などの立ち位置や関係性を整理するためのものである。このモデルが示そうとするのは、トラウマをめぐる語りや表象は、中空構造をしているということである。

冒頭に述べたとおり、何か災害や事件が起きたとき、より被害が大きな人こそ声をあげる資格があり、またそういう人が声をあげるものだと、私たちは無意識のうちに考えがちである。被害の最も重い中心地をゼロ地点として、トラウマを語る力を高さにすると、この円の中心近くに位置する被害者ほど、被害を語ることができると想定されやすく、モデル化すると中心が一番高い円錐島のようになるだろう。しかしこの円錐島モデルは、事実に反している。なぜなら、トラウマが重すぎれば生き延びることはできず、事件の瞬間を生き延びたとしても、声を失う可能性が高いからである。しばらくして後遺症で亡くなってしまうかもしれないし、過覚醒症状等のせいで事故に遭いやすくなって死に至ることもある。被害が心身ともにあまりにひどく、重度の身体的・精神的障害が続いて語れなくなる場合もある。

トラウマ反応や症状が強い場合も、声をあげる力や余裕が奪われる。PTSDの再体験症状はあまりに強烈なため、論理的な言語による説明を困難にする。回避症状は、トラウマティックな事件を思い起こさせるような場所や人や機会を避ける強い傾向をもたらす。自分や他者への否定的な価値づけや不信感は、他者とのコミュニケーションを妨げる。麻痺や解離症状が強ければ、出来事を否認したり、健忘(想起困難)という形で自分から記憶を切り離してしまう。抑うつ症状は日々の生活の維持をも困難にし、行動への意欲や希望を失わせる。いずれも、被害体験の言語化を妨げる症状である。

つまり、語ることのできる人間はゼロ地点の周囲には、ほとんどいない。トラウマを語る力についてのモデルは、だから、円錐島ではなく、島の真ん中がくぼんだ環の形をした島＝環状島となる(図2)。

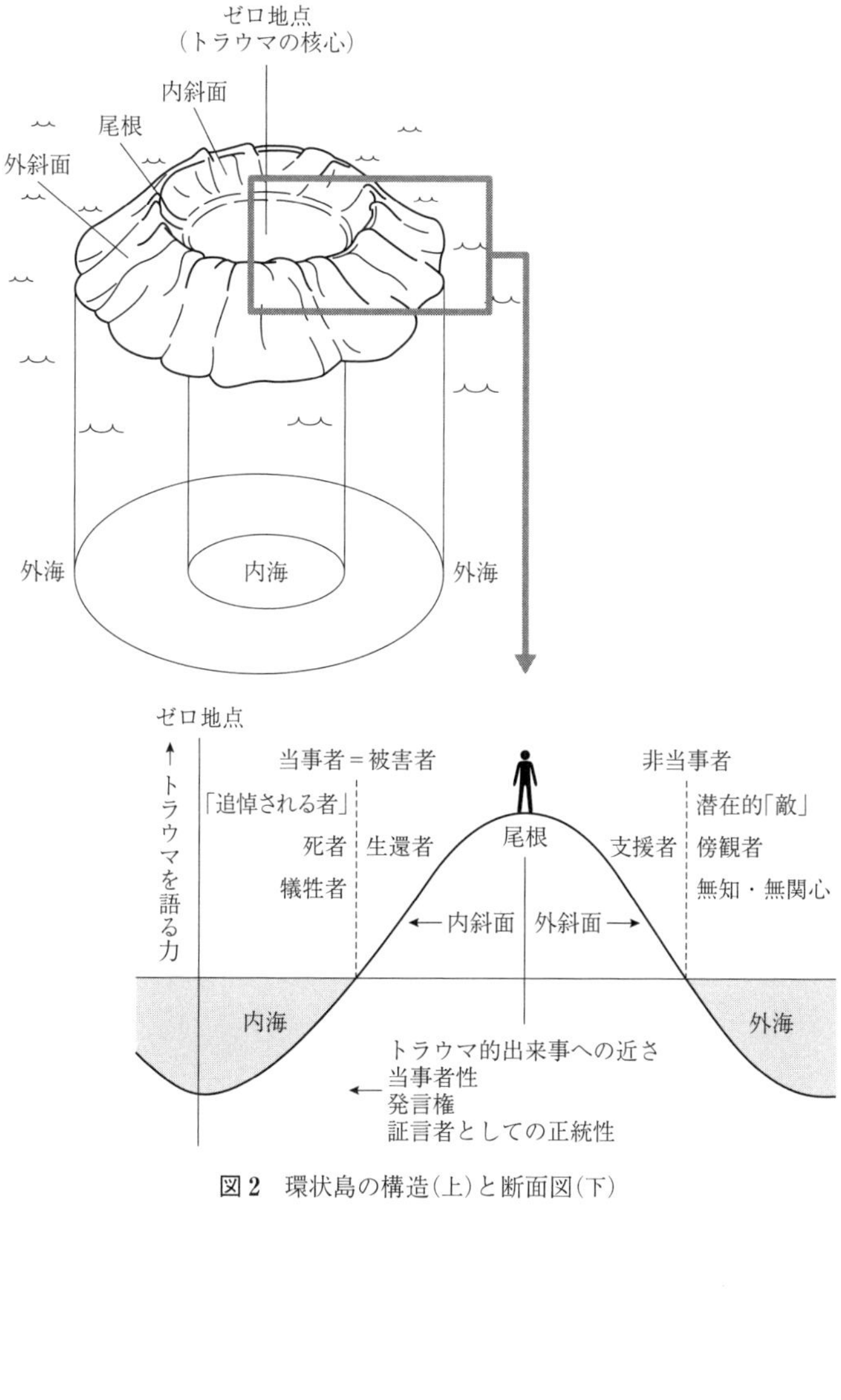

図2 環状島の構造(上)と断面図(下)

環状島の中心には、沈黙の内海があり、そこには犠牲者が沈んでいる。波打ち際から内斜面に上がると、生き延びた被害当事者のうち、声をあげたり姿を見せることのできる人がいる。トラウマを語ることのできる人は、環状島の上に位置しているのである。島の尾根を挟んで向こう側には外斜面が広がり、ここには支援者がいる。支援者は外海から「上陸」し、外斜面を登っていく。支援者は、内斜面にまでは入れない。しかし実際には、現場に入っていって自身も傷つく支援者は少なくない。その場合は、支援者は尾根を越えて内斜面に入っていることになる。自分が被害を受けたり被災しながら、支援の側にまわる人もたくさんおり、そういう人たちは内斜面と外斜面を行ったり来たりしている。島は周りを傍観者のいる外海に囲まれており、もっと沖に出れば、その出来事に全く無関心な人たちや、出来事自体を知らない人たちもいる。

いまは内斜面で語ることができている当事者も、外斜面で支援を続けている支援者も、いつバランスを崩して斜面を転がり落ち、内海や外海へ引きずり込まれるかはわからない。〈重力〉というメタファーによって表される力が、環状島に働いているからである。

〈重力〉とは、まさにトラウマ（あるいは支援者の代理外傷）の反応や症状のことである。前節で述べてきたような症状だけではなく、疲れ、悲嘆反応、サバイバーギルト（生き延びた人が罪悪感を感じ、自分の方が死んでしまえばよかったなどと思うこと）など、さまざまなかたちでのトラウマの影響がここには入ってくる。

(2) 風と水位（人間関係と世間）

島には、〈風〉と〈水位〉という力もはたらいている。

〈風〉は、島の上に立つ者に吹きつけられるものである。この風は、人間関係の力動を表している。生き延びた被害者同士の間では、被害の程度、症状やトラウマの「重さ比べ」という風が吹く。したがって、補償や賠償問題に発展した場合、この風が団結していたはずの被害者コミュニティを分断したり、バラバラにしてしまうこともある。被害者と支援者のあいだに転移感情や逆転移感情という力動が表れることもある。支援者同士でも、誰がいちばん被害者のことをわかって共感できているかというような、共感競争(無意識なことが多いが)が起きることもある。また、支援チームのなかで、被害者に関する意見が割れてしまう――あの人は甘えているだけだとか、あの人は本当に大変なのだ、というような――スプリッティング(分裂)が起きることもある。傍観者からは、支援者や被害者に対して疑惑や批判の目が向けられることがある(晴野二〇〇一)。

三つめの力として〈水位〉がある。これはトラウマを取り巻く社会の、認識・理解度を意味している。内海の水位が、声を出せずに消えていく犠牲者と声を出せるサバイバー(生還者)を分け、外海の水位が支援者と傍観者を分けているため、水位が上がればほとんどの人が発話不可能になる。一方、水位が下がれば被害者の証言が聞き取られやすくなり、支援者も増える。まだトラウマが誰からも注目されず、水位が高いときは、証言者は少なく、しかも分断されている。そして証言が出てきても、その証言は簡単に波によってかき消されてしまう。

なにか大きな事件や災害の直後は、犠牲者や被害者、支援者の姿が可視化されて、その人たちにメディアの注目が寄せられ、社会全体の関心が集まり、一時的に水位は下がる。しかし、そうした水位は時間とともに上がっていくのがふつうである(宮地二〇一一)。人間には忘却の力があり、どんな大変な出来事の記憶も、当事者でなければ徐々に薄れていく。事件によっては、覚えていられると都合の悪い人たちによる隠蔽や歪曲が起きる。思い出すと無力感や罪悪感がかき立てられるために、積極的に忘れようとする人たちもでてくる。

〈水位〉は、社会における平等感、感受性、文化的な豊かさなどによっても、大きく変わる。たとえば、ＤＶなどの親密な者のあいだで起こる犯罪は、長い間、犯罪だとみなされてこなかった。しかし、被害者や支援者が少しずつ声をあげ集まることによって、それが社会活動になり、社会問題化・イシュー化が可能になってきた。環礁のようだったもの（図3）が徐々につながり、環状島としての島影を現しはじめたのである（図1）。けれども、バックラッシュなどの政治的な流れによって水位が上がれば、ふたたび島は環礁になり、やがて誰からも見えなくなっていく。つまり、あるトラウマティックな出来事について、被害者や支援者が声をあげられるかどうかは、社会のあり方によって大きく変わるのである。

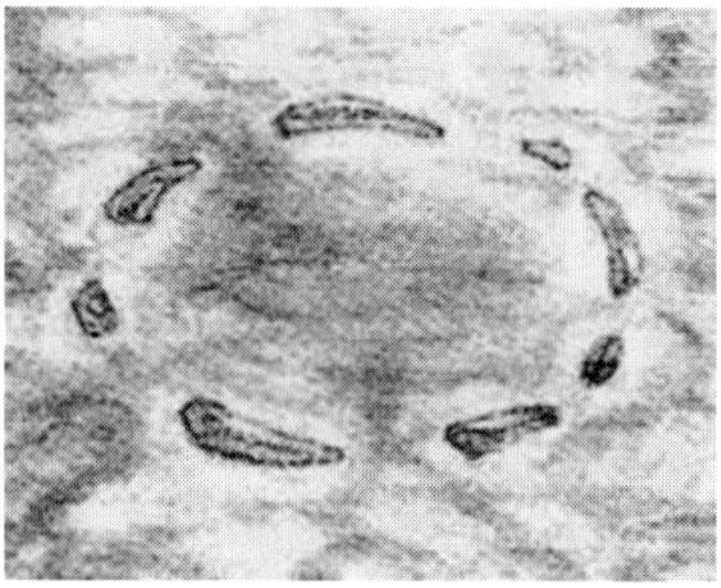

図3　環礁

(3) 公的な場で語られにくいトラウマ

さて、現在の刑事司法は基本的に、公的領域で起きることが公的領域で裁かれる前提で成り立っており、裁判は公開が原則となっている。しかし、トラウマのなかにはとくに語られにくいもの、内海に埋もれやすいものがある。守秘義務を課せられている臨床現場でさえ語られにくいトラウマは、公にさらされる刑事司法の場ではよりいっそう語られにくくなるだろう（臨床現場でも、それらは信頼関係ができたあとになって語られるか、もしくは内海に埋もれたまま最後まで語られずに終わることがよくある）。何が刑事司法の場で語られにくいのか、その質的特徴を整理しておきたい（表1）。

まず、内容が重すぎるものである。語ろうとしても、聞いた相手がぎょっとして引いてしまうようなもの、あまりに陰惨で言葉にしづらいもの、生理的な嫌悪感や拒否感がもたらされるようなものである。

つぎに、私的、親密的な領域のことがらである。DVや虐待など家庭の中の出来事、友人や同僚とのトラブル、恋人からの被害などがそれにあたる。特に性的なことは、公的な場所では語らないことが社会の暗黙のルールとなっていることもあり、潜在化しがちである。

「あたりまえ」のこととして日常化されていることも、語られにくく、また聞き流されてしまいやすい。DVやセクシュアル・ハラスメントは、長い間「よくあること」として軽視され、犯罪とみなされずにきた。

養育者、ケアギバー（介護者）や「お世話になった人」からの被害も言いづらい。暴力や虐待でも、家庭内や児童養護施設などにおける養育者からのものはなかなか表に出てこない。コーチや上司・先輩などからのセクシュアル・ハラスメントも同様である。被害そのものは憎んでも、加害者に感謝や愛着、敬意などを持っているからこそ、被害者はショックを受け、アンビバレントな感情に引きさかれ、混乱する。

学校、職場、スポーツチームなど、所属集団内での被害やトラブルもなかなか公にしづらいものである。自分が所属集団から排除されたり、いづらくなってしまう恐れや、自分が大切にしている集団の社会的な評判が落ちるのを避けたいという思いなどもあって、訴えることが難しい。

所属集団がマイノリティ集団で、すでに社会から偏見や蔑視を受けているなら、なおさらである。「あの集団だから」という見方をされるのを避けようとしたり、声をあげたときの集団内での反発の大きさを考えて、訴えにくくなる。民族マイノリティの中での暴力事件や、ゲイ・レズビアンカップルの間でのDVなどが例に挙げられる。

事件が、共犯性や加害者性、犯罪性を帯びるもの、共感を得られない、叱責・非難されると思うもの、偏見やスティグマがもたらされるようなものも語られにくい。いじめられっ子が万引きをさせられたりして、いじめの被害を言えなくなってしまうケースや、家庭で虐待を受けていても、家出をして非行にまきこまれると、被害体験について語れなくなってしまうケースなどがあては

表1　語られにくいもの＝〈内海〉にとどまる

- 内容が重すぎるもの
- 私的・親密的な領域のことがら
- セクシュアリティ（性）に関わること
- 「あたりまえ」として日常化されていること
- 養育者やケア提供者，「お世話になった人」からの被害
- 所属集団内での被害
- マイノリティ集団内での被害
- 共犯性や加害者性，犯罪性を帯びるもの
- 共感を得られない，叱責・非難されると思うもの
- 偏見やスティグマがもたらされるようなもの

出典：宮地（2013: 53）.

まる。
また、事件の影響による行動や症状が、共犯性や加害者性、犯罪性を帯びるもの、共感を得られない、叱責・非難されると思うもの、偏見やスティグマがもたらされるようなものも同様である。薬物依存症になり、「善き市民」から逸脱しているとみなされれば、語っても信用してもらえなかったり、被害のことを訴えても言いのがれだと思われる。何が起きようと自業自得とみなされ、社会の「はずれ者」として、関係のない人たちからまで侮蔑的な扱いを受けることもある。

(4) 被害者の「立ち直り」

島の内海には、決して公の場にはさらしたくないような恥や傷つき、罪悪感、アンビバレンツ――誰もが見て見ぬふりをしてきたもの、隠されてきたもの、忘却によって回避することのできていた葛藤などが、沈んでいる。裁判などによって被害内容を明らかにし、公的な場にさらすことは、静まりかえっていた環状島の内海の水を混ぜ返したり、掬い上げようとするような行為とも言える。

刑事司法という公の場で被害をとりあげようとするそのとき、本人がどれほどの恐怖をもってその場に臨んでいるか、苦痛を感じているか、安心できる環境でなければどれほど症状を悪化させうるものか、いま語られている被害のかげにどれだけのまだ語られていない、より深刻な被害が隠されているか。関係者には、それらへの知識と配慮が問われるといえよう。私的な場所で起きた被害や、公にするにはためらわれるような複雑な状況や、そうした被害状況に対する被害者の感情に配慮することなく、公的な場所に引きずりだそうとすれば、ますます真実は内海の底に沈んでいくか、被害者には大きな痛みが伴う。かろうじて内海から這い出て、内斜面にとどまっていた被害者たちも、重力＝トラウマの症状にくわえて、誤解や無知、偏見から来る二次被害などにさらされれば、内海に押し戻されてしまう可能性がある。多くの治療者が、自分のクライアントが裁判に関わろうとする際に難色を示すのは、こうしたことを懸念してのことであろう。複雑な性質をもつ犯罪に関し、対策本部の強化や法律相談の無料化など、語りにくいことを語らせるような流れもできつつあるが、被害の本質を見据えた対策と刑事司法のあり方が、今後も問われていくだろう。

一方で、被害者にとって裁判とは、内海の水際から這い出て内斜面をのぼり、尾根に近づいていく過程でもある。隠されてきた被害の真実が被害者と加害者以外の他者によって共有され、公正に裁かれるそのとき、被害者の発話力、つまり被害の事実を訴える力はピークに達する。司法制度は、被害者が尾根を越えて、〈被害者としての自分〉だけに覆いつくされない広い世界へ歩みを進めていくためのきっかけとなる、重要な役割を担っている。

しかし、被害者が外海までたどり着けるのは、訴えが法に聞き届けられ、有罪判決が勝ちとられたときだけなのだろうか？　それももちろん大きいが、それだけとも限らない。有罪にされず、被害事実が法的に認められなかったことにショックを受け、悔しさを感じつつも、裁判の過程で多くの支援者、理解者、応援してくれる人たちに出会うことができ、仲間たちと対話を重ね、共鳴しあうことができたことで、外海に向かって歩んでいける場合もある。逆に、有罪判決は勝ちとったけれども、被害の重さに比してあまりにも量刑が軽かったりした場合や、自らにとって重要で最も苦しんだ被害内容が判決の中できちんと認められていなかったりした場合、また、メディアスクラムにさらされた場合など、尾根から内斜面に転がり落ち、内海に戻ってしまうことも十分にありうる。つまり、判決如何だけではなく、裁判のプロセスが重要であり、トラウマや被害者に対する関係者の理解や姿勢が、被害者の予後を大きく左右するのである。

おわりに

近年の研究では、トラウマ体験を受けた後、多くの人にＰＴＳＤ症状は起きるものの、時間がたつにつれ徐々におさまっていき、多くの人々は数カ月程度で回復することが明らかになってきている。そのため、ＰＴＳＤは「回復の障害」、つまり何らかの要因で自然な回復が妨げられた状態という見方もある。この「回復の障害」という捉え方は、被害者の立ち直りに関しても、重要な視点をもたらす。

身体の傷にたとえれば、けがをしても多くの人はもとの状態に回復していく一方で、一部の人に傷痕や機能障害、後遺症などを残すようなものである。後遺症を残すかどうかには、三階から落ちたか、五階から落ちたかといった違いや、何カ所の骨折をしたかといった度合い、個人の体力差などが関係するが、それよりも、けがをした後に適切な手当てを受けたか、全身の体調管理がきちんとなされたかといったことが非常に重要になる。心の傷も同様に、回復のためには、トラウマ体験や個人の「脆弱性」だけでなく、体験後の「適切な手当て」や「全身の体調管理」にもっと注目すべきだということがわかっている。ただ、心の傷の場合、それらは周囲のサポートや環境調整を指しており、「医療行為」をこえて、社会の関わりが必要になってくる。その関わりにおいて、司法の果たす役割は非常に大きい。

トラウマの回復に必要なプロセスについて、『心的外傷と回復』の著者であるジュディス・ハーマンは、①安全、②想起と服喪追悼、③再結合という三つの段階に整理して述べている（Herman 1992）。①まずは、事件からなるべく日のたたないうちに、安全と安心感を与えられ、必要なだけの精神的・身体的な医療やケアを受けることができ、社会資源に関する情報や心理教育を与えられることが大切である。②そのように適切に保護された上で、トラウマ記憶に向きあうことができるようになり、喪ったものを受け入れることが徐々に可能になっていく。③そして最後には、他者や社会とのつながりを再構築する段階にいたる。被害を語ることができず、誰にも理解してもらえないという孤立感から抜け出し、再び世界への信頼を取り戻す。そのために、自助グループなどで自分の事件の体験をありのままに語り、理解され、受け入れられるという経験を積み重ねることや、犯罪が犯罪として裁かれ法的な公正が達成されること、そして被害者自身も今後同じような事件が起きることを防止する活動に携わることなどを通して、自らの生きる意味を確認していく。実際には、こうしたプロセスは、①から③に向けて直線的に単純に進むわけではないが、休止や回り道をしつつも、まるでらせんのようにプロセスを繰り返しながら、徐々に回復に向かっていくのが一般的である。これらをひとつひとつ辿っていくことができれば、そして誰かがその行程に付き添い、丁寧に見守ってさえいれば、被害者には自ら立ち直り、傷を癒していくだけの力がある。

つまり、起きた事件が公正に裁かれ、加害者が償い、「このような犯罪は許されてはならない」と社会に向かって示されるとき、法は犯罪の予防や抑止だけではなく、被害者が立ち直っていくそのプロセスにおいて大きな役割を果たすことができる。有罪判決を勝ちとることができなかったとしても、安全の確保の段階から、被害者の声によく耳を傾け、被害者を黙らせるのではなく語ることができるよう保護的に関わることで、回復のプロセスに大きな違いをもたらすことができる。

一方で、司法が、ここまで述べてきたようなトラウマ反応の特徴や、トラウマの語り難さ、環状島の「水位」の問題などを考慮しようとするとき、これまでの司法における公正さの基準や、「経験則」に照らした真実とされてきたものへの視点もまた根本的に見直されるであろう。それらの基準がいかに社会的に構成され、どのようなジェンダーやその他のバイアスに基づき、どのような科学的知見を選択した(もしくは無視した)結果としてのものなのか、それらが今後、改めて問われていく必要がある。

参考文献

オルフ、ミランダ(二〇〇八)「PTSDにおける性差」深沢舞子、加茂登志子、金吉晴訳『トラウマティック・ストレス』六巻二号、一五七―一七一頁

友田明美(二〇一二)『いやされない傷――児童虐待と傷ついていく脳 新版』診断と治療社

晴野まゆみ(二〇〇一)『さらば、原告A子――福岡セクシュアル・ハラスメント裁判手記』海鳥社

松本俊彦(二〇〇九)『自傷行為の理解と援助――「故意に自分の健康を害する」若者たち』日本評論社

宮地尚子(二〇〇七)『環状島＝トラウマの地政学』みすず書房

宮地尚子(二〇一一)『震災トラウマと復興ストレス』岩波ブックレット

宮地尚子(二〇一三)『トラウマ』岩波新書

リヴァイン、ピーター(二〇〇八)『心と身体をつなぐトラウマ・セラピー』藤原千枝子訳、雲母書房

Herman, J. L. (1992) *Trauma and Recovery*, Basic Books.(中井久夫訳『心的外傷と回復』みすず書房、一九九九年)

Khantzian, Edward J. and Mark J. M. D. Albanese (2008) *Understanding Addiction as Self Medication: Finding Hope Behind the Pain*, Rowman and Littlefield Publishers.(『人はなぜ依存症になるのか――自己治療としてのアディクション』松本俊彦訳、星和書店、二〇一三年)

Moskowitz, A. K. (2004) "'Scared Stiff': Catatonia as an Evolutionary-based Fear Response", *Psychol Rev.*, Oct, 111(4): 984–1002.

Dube, Shanta R., Vincent J. Felitti, Maxia Dong, Daniel P. Chapman, Wayne H. Giles and Robert F. Anda (2003) "Childhood Abuse, Neglect, and Household Dysfunction and the Risk of Illicit Drug Use: The Adverse Childhood Experiences Study", *Pediatrics*, 111(3), March, 564–572.

van der Kolk, B. A., A. C. McFarlane and L. Weisaeth (1996) *Traumatic Stress: The Effects of Overwhelming Experience on Mind, Body, and Society*, Guilford Press.(西澤哲監訳『トラウマティック・ストレス――PTSDおよびトラウマ反応の臨床と研究のすべて』誠信書房、二〇〇一年)

6　犯罪被害者と法執行

田村正博

一　警察における被害者の保護と支援

警察行政における犯罪被害者の位置づけ

警察と犯罪被害者とは、警察が被害者のために権力的な介入をする（被害者を保護するとともに、加害者を特定して刑事責任追及を可能にすることで被害者の正当な処罰欲求に応える）、警察が捜査の過程で被害者に二次的な被害を負わせる（可能性があるのでそれを防ぐ）、警察が被害者を支援する（自らが支援するだけでなく、関係団体に被害者に関する情報を提供するなどしてそれらによる支援を可能にする）、という関係にある。

犯罪を典型とする様々な侵害から個人の生命・身体・財産を保護し、公共の安全と秩序の維持に当たることを責務とする警察にとって、犯罪被害者は、その行政の本来的な受益者として、最も重要な対象である。「国民は、いってみれば常に潜在的な被害者」である以上、被害者への警察の施策の適否は、国民の警察への評価に直結するものといえる（國松一九九六参照）。

一方、被害者にとっても警察の行動の影響は大きい。適切な対応によって被害者の負担や不利益が軽減することも、不適切な対応によってさらに大きな被害を受けることもある。また、個々の被害者をめぐる問題をこえて、被害者の社会における位置づけ自体にも、警察の行動が大きな影響を及ぼす。「警察は、犯罪の被害者に最初に接し、かつ最も濃密に接する官庁である。警察が、犯罪の被害者の人権保護に当たらないで、他にだれがそれに当たるというのであろうか。警察こそ、被害者の人権の第一の擁護者でなければならぬ」(國松一九九五：七)という考えが、被害者に向けた警察の政策展開の基になっている。実際、一九九〇年代の前半には社会全体に犯罪被害者の権利という観念が認識されておらず、検察においても「被害者は刑事裁判に関係ない」といわれ、人権相談の場ですら「犯罪被害者は関係ない」として拒絶される状況にあった(当時の状況に関して、大久保二〇〇一参照)ものが、被害者の人権の擁護に向けた警察の行動を受けて、大きく変化するに至ったのである。

歴史的な経緯

警察は、他の行政機関や民間団体に先んじて、犯罪被害者の保護と支援に着手し、制度の創設に当たってきた。二〇〇〇年までの日本の被害者の保護と支援の施策は、民間団体によるものも含めて、直接・間接に警察庁の働きかけによるものであるといっても過言でない。犯罪被害者支援のための最初の制度である犯罪被害者等給付金支給法は、警察庁によって立案され、一九八〇年に制定、翌年施行された。同法案を審議した衆参両院の地方行政委員会の附帯決議で、法施行前に犯罪被害を受けた者及びその遺族に対して、奨学金制度等の救済措置の実現に努めることが求められたことを踏まえて、八一年に全国の警察職員の寄附を基に財団法人犯罪被害救援基金が設立されたこと、及び同基金が国民各界各層から資金を得て、犯罪被害遺児への奨学金事業等とともに、被害者のための研究や他の民間団体の支援を含めて、被害者支援の進展に大きく貢献してきたことは、特筆されるべき事柄である。

なお、被害給付制度発足と基金の設立一〇周年を記念して開催されたシンポジウム(同シンポジウムのパネルディスカッションにつき宮澤ほか一九九一)における遺族の発言がきっかけとなって、日本で最初の本格的被害者支援組織である犯罪被害者相談室（現在の被害者支援都民センターの前身）が一九九二年に発足している。同相談室が中心となって一九九八年に設立された全国被害者支援ネットワークが、その後の日本における民間団体の被害者支援に大きな役割を果たしていることは、周知のとおりである。

警察庁は、日本で最初の組織的体系的な被害者支援プログラムとして、一九九六年に「被害者対策要綱」を定めた。被害者対策（この要綱では、犯罪及びそれに類する行為による被害者のための警察の活動を総称してこう呼んでいる。なお、今日では「対策」という用語は「災害対策」や「暴力団対策」のような場合に専ら用いられるが、当時は「障害者対策」といった用語も一般的であった）について、警察の設置目的を達成するための警察の本来の業務である（単なるサービス的なものや付随的手段的なものではない）と位置づけ、警察が被害者を保護すべき立場にあるという基本的な考え方を明らかにした上で、当面の施策として、被害者の救援（被害者への情報の提供、被害者の精神的被害の回復への支援、被害の補償・被害品の回復）、捜査過程における被害者の第二次的被害の防止・軽減、被害者等の安全の確保と、被害者対策推進体制の整備を行うべきこととした（要綱制定の経緯と意義に関し、田村一九九六参照）。同年に、被害者対策室（現在の被害者支援室）が警察庁に設置されている。なお、被害者対策要綱は、先駆的な役割を果たし終えて、二〇一一年に廃止されている（同年に被害者支援要綱が制定され、さらに二〇一六年に、これに替えて、警察庁犯罪被害者支援基本計画が策定されている）。

一九九九年には、警察の犯罪捜査に関する被害者対策の推進の観点から、犯罪捜査規範（警察官が犯罪捜査を行うに当たって守るべき心構え、方法、手続等を定めた国家公安委員会規則）が改正され、被害者等（被害者とその親族）に対する配慮（心情の理解と人格の尊重）、被害者等に対する通知（刑事手続の説明と捜査経過等に関する通知）、被害者等の保護等（被害者の保護と被害者に関する秘密の保持）に関する規定が設けられた。

もとより、犯罪被害者の抱える問題への対応は、警察だけで行い得ることではなく、多くの機関が関係する。一九九九年に犯罪被害者対策関係省庁連絡会議が設置され、犯罪被害者等基本法の制定以後は内閣府の犯罪被害者等施策推進室が全体のとりまとめを担ってきたが、内閣の重要政策における機能強化(内閣府の既存事務の整理)の観点から行われた法改正によって、二〇一六年から、国家公安委員会が犯罪被害者のための施策に関して、内閣の事務を助け、国の行政機関の総合調整をし、地方自治体や民間団体への働きかけをする(警察庁はこれを補佐する)こととなった。この「とりまとめ事務」自体は警察行政ではない(都道府県警察は関与しない)が、警察機関が政府における被害者施策の中心となったことは、警察の被害者支援における重要性(これまでの経緯として支援の牽引役を警察が担ってきたことを含む)を反映したものであると同時に、その適否は別として、被害者支援において一層警察の関与と責任が強くなる傾向を招くものと思われる。

犯罪被害者等給付金支給法(犯罪被害者支援法)

犯罪被害者等給付金支給法は、一九八〇年の制定時には、人の生命又は身体を害する犯罪行為により、不慮の死を遂げた者の遺族又は重障害を受けた者に対し、国が遺族給付金又は障害給付金を支給することを定めるものであった。法制定の契機となったのが過激派によるビル爆破事件であったことと、法の規定にはない「通り魔殺人の遺族」という言葉が公式な説明でも用いられている(例えば警察白書昭和五六(一九八一)年版第一〇章)ことに現れているように、同じ社会の一員として放置することのできない極めて気の毒な被害者(特に遺族)に、社会の連帯共助の精神に基づいて国が給付金を支給することで、被害者の精神的・経済的な安定を図ることが目指されている。その当時の他国における同種制度が、「傷害を受けた場合の救済を主眼としており、死亡又は傷害による経済的(金銭的)損失を回復することに給付の目的がある」のに対して、日本の制度は、「死亡被害の救済を主眼とするものであり、経済的損失ではなく、むしろ精神的な打撃を回復することに給付の主たる目的がある」(前記警察白書)。このため、他国の制度と異なり、死亡した被害者に扶養されていた者がいなくとも、父母等が給付を受けるものとなっている。

給付制度は、法務省が導入をすべく検討していたが、適切な実施機関（申請に対して裁定を行う機関）が既存組織になく、新たに設けることは行政組織の簡素化に反することから行うことができなかったのに対し、警察庁では、都道府県公安委員会が実施機関に求められる要素を満たしている（慎重な判断が可能な合議体であること、自らは犯罪捜査を行う機関ではないこと、都道府県警察という犯罪関連業務についての専門性のある組織の補佐を受けることができること）として、本制度の創設に当たった。警察事務自体とのつながりは、立法当時は明確ではなく、犯罪被害者支援の一環という位置づけもされていなかった。

二〇〇一年の法改正は、「被害の早期軽減に資する」ことを新たに法の目的として定め、犯罪被害給付を、その他の警察事務を通じた被害者支援とともに、この法の目的を実現する手段として位置づけた。合わせて、給付金の支給以外に、警察本部長等が情報提供などの被害者のための援助の措置を行う努力義務を規定し、さらに、民間団体の支援の促進のために、一定の要件を満たした団体を都道府県公安委員会が「犯罪被害者等早期援助団体」に指定し、指定された団体の役職員等に秘密保持義務を課した上で、被害者に関する情報を警察から提供することができることを定めた。この改正により、本法は、警察行政から分離された給付法から、警察の関わる犯罪被害者支援を総合的に法制化したものとなったといえる（安田二〇一三参照）。給付対象に関しても、この改正により、重傷病を負った者を対象とする重傷病給付金の制度が新設されるとともに、障害給付金の対象が重障害から障害一般に拡大されたことで、身体的な犯罪被害のうち重いものについては、相当に広い部分をカバーするものとなった。

二〇〇八年に、犯罪被害者等基本法の趣旨を踏まえて、法の名称を「犯罪被害者等給付金の支給等による犯罪被害者等の支援に関する法律」（犯罪被害者支援法）に改め、目的規定に「犯罪被害者等が再び平穏な生活を営むことを支援すること」を追加する等の改正が行われている。

本法に対して、全国犯罪被害者の会などから、抜本的な変更を求める主張もなされているが、独自の見解にとどまっている。一方、親族間犯罪の場合を原則的不支給又は減額事由と定めていることについては、本法制定後の社会状況の変化等を踏まえて、これまでに多くの例外が設けられてきたが、今日ではその原則自体が合理的とはいえないといった指摘もあり（奥村二〇一五、川出二〇一六参照）、警察庁の犯罪被害給付制度に関する有識者検討会で検討が行われている（他の検討事項として、若年者の給付金の在り方、重傷病給付金の支給対象期間の在り方等が挙げられている）。なお、国外の被害についても本法の対象とすべきとする主張もあったが、一律の弔慰金を支給する法律を別途設けることで対応がなされている（別制度とする合理性に関して、川出二〇一六参照）。

警察による支援の現状

犯罪被害者支援に係る施策としては、主として、身体犯の事件又は交通事故の被害者に対して、情報の提供（刑事手続や支援制度・相談窓口等を記載した「被害者の手引」の配付、捜査状況に関する捜査員からの被害者への連絡）、被害相談窓口の設置とカウンセリングの実施（民間団体に業務委託をして提供する場合を含む。また、カウンセリング費用の公費負担も行われている）のほか、事案に応じて、捜査過程における被害者の負担の軽減、安全の確保に向けた取組みが行われている。

犯罪被害給付としては、二度にわたる大幅な引上げの結果、遺族給付金は最高額が約三千万円、障害給付金は最高額が約四千万円となっている（一部に誤解があるが、世界的にみて、現行の遺族給付金は異例に高額であり、改善の余地はあるものの、先進諸国と比較しても有数の制度に位置づけられる（奥村二〇一五参照））。また、重傷病給付金として、加療一カ月以上で三日以上の入院（PTSDのような精神疾患の場合は、入院がなくとも三日以上労務に服することができない状況であれば含まれる）を対象に、医療費の自己負担相当額と休業損害を考慮した額を、一二〇万円を上限に給付している。このほか、都道府県によって、司法解剖後の遺体の修復と搬送、身体犯被害者の初診、診断書作成といったことに要する経費を公費で負担する制度も設けられている。

民間団体との関係では、犯罪被害者支援法に基づいて、都道府県公安委員会が、的確な団体を犯罪被害者等早期援助団体として指定している（指定を受けた団体は、警察から被害者の氏名等の連絡を受けて、被害者に能動的なアプローチを行うことが可能となる）。警察では、被害者支援に役立つ情報提供など団体の運営及び活動に対する協力を行う（研修への助言、講師派遣等を含む）とともに、財政的援助を含めた支援についても、様々な形で行っている。

被害者特性に応じた施策として、性犯罪被害者に関して、被害者の精神的負担を緩和する観点から、性犯罪被害相談の専門窓口の設置、被害者が望む性別の捜査員が対応する（事情聴取、証拠品採取・受領、病院等への同行、捜査状況の連絡等をする）ことを可能とするための女性警察官の配置又は指定、証拠採取における負担の軽減のための措置（採取要領や衣類を預かる際の着替えの整備等のほか、産婦人科医師会等とのネットワークの構築など）などが行われている。また、診断書料、初診料に加えて、検査費用、緊急避妊費用等を公費で負担することも、都道府県において広く行われている。このほか、被害少年、悪質商法の被害者、暴力団に関わる犯罪の被害者、交通事故被害者などについても、それぞれの特性に対応した施策が講じられている。

被害者支援は、単なる施策というだけでなく、人と人との関わり合いという面を本質的にもっている。全国で三万五千人の警察職員が被害者支援員にあらかじめ指定されている。被害者支援に当たっては、捜査員として関わる場合を含めて、従事する警察職員に人間として大きな負担を負わせるものとなる。「警察職員による被害者支援手記」（ＵＲＬ①）は警察職員の対応の実情の一端を示すものである。「犯罪被害者支援活動に従事する警察職員の代理受傷に関する調査結果報告書」（ＵＲＬ②）によれば、支援活動中に「無力さを感じた」者は七割にのぼり、六％が代理受傷の主症状であるＰＴＳＤに該当していたことは、その深刻さを示すものといえる。

二　被害者保護のための権力的介入

警察による行政権限行使と捜査権限行使

犯罪による被害、特に生命、身体に対する犯罪（性犯罪のように人間の体に働きかけ、その人格や尊厳を侵害する犯罪を含む）による被害は、人権を損なうものであって、国家として放置することはできない（配偶者暴力防止法の前文や児童虐待防止法一条の規定で、それらの行為が人権を侵害するものであることが明確にされている。もとより、法の規定がなくとも同様である）。

危害を防ぐための予防のための介入として、警察に明確に権限を与えているのは、警察官職務執行法五条（犯罪の予防及び制止）の規定のほかは、ストーカー規制法や暴力団対策法の規定があるのにとどまる。これらのほとんどは、犯罪がまさに行われようとしているという、犯罪に時間的に近接する場合の一時的なものと、特定の犯罪類似行為が行われた後に限られている。このため、行政権限の行使によって、犯罪被害を防止できる場合は限定されている。また、犯罪に該当する行為が行われた後に、次の行為を防止するための具体的な権限を警察に与える規定もない。犯罪が発生した後の現行犯状態における現場的な制止について、警察官職務執行法五条による限定された対象犯罪以外でも可能となると解されているにとどまる（田村二〇一五：一三七参照）。

言い換えると、組織体としての警察（都道府県警察）は、犯罪からの危害防止を含めた個人の生命、身体等の保護を責務としている一方で、その目的のための具体的な権限規定はほとんど与えられていない。このため、すでに犯罪行為が行われていることを理由に、被疑者に対する捜査権限を行使することを通じて、被害者の保護が図られている。

刑事訴訟法の捜査の目的については、国家刑罰権の行使のための準備行為である（捜査は刑事裁判に向けて犯人を確保し、証拠を収集することである）とする説明が多くなされてきた。しかし、警察に犯罪被害の相談をした後に更なる危害を受けた場合において、警察の捜査がなされなかったことが違法であるとして、国家賠償請求が容認される事例が存在することは、警察の捜査が単なる国家刑罰権行使のためのものではないことを端的に示すものである。犯罪捜査は、刑事責任追及だけでなく、現に被害状態が継続している場合又は犯罪行為が反復継続して行われる場合には、その被害者にとっての被害状態を解消し、その後の被害を防ぐものである。刑事訴訟法の個々の権限行使の要件として、公判又は刑の執行のための必要性が求められているが、押収品の被害者への還付が認められているように、被害者の利益のために行使されることは否定されない。法的な要件を満たす限り、刑事責任追及以外の目的達成にも並行的に用いることも法的に可能である（警察の犯罪捜査が国家刑罰権行使以外の目的を有することについて、田村二〇一五：三五以下参照）。

近年、個人一人一人の安全を確保することが、これまで以上に警察に求められてきている。ストーカー規制法の命令のような行政介入権限規定の整備も必要であるが、法律の運用においても、国民の求めるところに従い、人身への危害が生ずる可能性のある事案については、捜査権限をより積極的に行使して、事態の拡大を防止することが求められる。警察庁では、恋愛感情等のもつれに起因する暴力的事案、行方不明事案、児童・高齢者・障害者虐待事案等の人身の安全を早急に確保する必要の認められる事案について、「被害者等に危害が加えられる危険性・切迫性に応じて第一義的に検挙措置等による加害行為の防止を図る」という運用をとる方針を示している（二〇一三年一二月、警察庁生活安全局長及び刑事局長通達「人身安全関連事案に対処するための体制の確立について」）。この結果、暴行罪の適用など、実害がまだ大きくない段階で検挙することが激増している。重大な事態に至ることを防ぐという観点からの介入であるので、起訴されるかどうかは重視されておらず、実際にもその多くは起訴されていない。

なお、広くいえば、近時の警察の捜査は、被害者保護との関係だけでなく、他の面においても、刑事上の責任追及の手段としてのみではなく、責務を達成する上での手段として位置づけられるようになってきている。二〇〇三年以降の犯罪抑止において、過去の事件をどれだけ解決するかではなく、その後の事件をどれだけ減らすことができるかを志向する捜査が展開されてきたのも、これに当たる。

ストーカー事案対策

ストーカー事案（つきまとい等）については、個人の身体、自由及び名誉に対する危害の発生を防止し、あわせて国民の生活の安全と平穏に資することを目的として、二〇〇〇年にストーカー規制法（ストーカー行為等の規制等に関する法律）が制定された。処罰規定を設けただけでなく、警察機関の行政権限として、警告と禁止命令等（権限行使のための報告徴収や質問等を含む）の規定を設けたことに大きな特徴がある。法の制定段階では、過剰な介入を避けることが強調され、つきまとい等であっても、恋愛感情などの好意の感情とそれが満たされなかった怨恨の感情に基づく場合でなければ法の規制の対象外とされたほか、被害者の申立て又は告訴がなければ行政権限行使や刑事処罰の対象とならないこととされ、さらに権限濫用の禁止規定が置かれている。

つきまとい等の行為者のほとんどは、警察の警告を受ければその後の行為をしなくなっており、大きな抑止効果が発揮されている（具体的な数値については、二〇一四年の「ストーカー行為等の規制等の在り方に関する報告書」URL③六頁参照）。他方で、警告等を含めた介入を抑制しすぎたり、被害者の申出等がなされない段階で介入ができないうちに、死亡等の重大な結果に至った事案も少数であるが生じた。また、命令を受け、さらには命令違反で有罪とされても、なお継続する者も存在する。

二〇一三年の法改正では、介入の過少を問題視する観点から、警告をしなかったときには速やかにその理由を申出者に書面で通知（警告をしたときは警告の内容と日時を申出者に通知）しなければならないとする規定が設けられた。合わせて、広域的な事案に関して、権限主体を複数とする（申出者の住所地に加えて、申出者の居所やつきまとい等の行為地を管轄する公安委員会等も行うことができるようにする）改正が行われた。

二〇一六年の法改正では、積極的な介入を可能にする観点から、被害者の申出がなくとも職権で警告や命令を行うことができることとし、さらに警告をしないで直ちに命令をすることも可能にした（合わせて、緊急の必要がある場合に聴聞をしないで命令を行うことも可能とした）。刑事罰についても、非親告罪化している。

法の規定対象外を含めて、ストーカー事案として警察が対応した件数は、二〇一一年までの間は、概ね一万二千から一万六千件程度であったが、二〇一二年以降は概ね二万件から二万三千件程度に増加している。同年以降、「恋愛感情等のもつれに起因する暴力的事案」との位置づけを警察内で行い、被害者の意思決定を支援しつつ、ストーカー規制法以外の刑罰規定を含めて積極的に検挙をするという方針がとられ、さらに二〇一四年から人身安全関連事案に対処する態勢を警察として整備する方針がとられたことによって、行政的介入も刑事的介入も大幅に増加している（二〇一四年と一五年の平均と、二〇一〇年と一一年の平均を比べると、警告は三二七三件で二・五倍、禁止命令等は一四七件で三・一倍、ストーカー行為罪の検挙は六二三件で三・〇倍、刑法違反等の検挙も一八九五件で二・三倍になっている）。刑法犯等の内訳をみると、二〇一五年は、脅迫、住居侵入、傷害、暴行の順となっている（二〇一〇年は傷害、住居侵入、脅迫、器物損壊の順）。

一方、法の適用対象を恋愛感情等によって行った場合に限っていることに関しては、二回の改正でも改められていない。全体の数％は他の理由に基づくものであり、不明の場合を含めれば一割は法の適用を受けない。被害を受ける者にとって大きな苦痛があることに加え、少数ではあるが、殺人等に至った事例も存在する。このため、都道府県の条例において、ねたみ、そねみ、その他の悪意の感情等の目的で行われる場合を、処罰対象とする規定が設けられている。

配偶者暴力事案対策

配偶者暴力事案に関しては、配偶者暴力防止法（配偶者からの暴力の防止及び被害者の保護に関する法律）が、配偶者からの暴力に係る通報、相談、保護、自立支援等の体制を整備することにより、配偶者からの暴力の防止及び被害者の保護を図るために、二〇〇一年に制定された。主に、裁判所の保護命令と、都道府県等の配偶者暴力相談支援センターについて規定をしている。制定当初は配偶者（事実上の婚姻関係にあるものを含む）間に限られていたが、二〇〇四年の改正により、元の配偶者による行為も対象に加えられ、さらに、二〇一三年の改正により、「生活の本拠を共にする交際をする関係にある相手からの暴力」についても本法の各規定が準用されることになった（法の題名に「保護等」と「等」が加えられた）。保護命令は、他の裁判所の命令等とは異なり、行政機関の命令と同じく、違反は刑罰の対象とされ、警察による検挙が実効性確保に不可欠なものとなっている（そのため、警察が裁判所からの通知を受ける。二〇一五年の検挙は一〇六件）。

配偶者暴力防止法の保護命令の件数は大きな変化はない（概ね三千件前後）が、配偶者暴力相談支援センターにおける相談件数は二〇一五年度が一一万件余りで二〇〇六年度の概ね二倍、警察の相談等の件数は二〇一五年に六万三千件（法改正によって対象とされた同居交際者を含む）で二〇〇六年の約三・五倍に増加している。刑法等による検挙は、二〇一〇年の二三四六件が、二〇一五年の七九一四件と三・四倍になっている（同居交際者を除くと二・八倍）。ストーカー事案と同じく、「恋愛感情等のもつれに起因する暴力的事案」及び「人身安全関連事案」としての取組みがなされたことによって、近年、大きく増加している（ストーカー事案が二〇一五年にはやや減じたのに対し、配偶者暴力事案はさらに増加している点の違いがある）。刑法等による検挙は、二〇一五年は暴行が過半数を占め、次が傷害となっている（二〇一三年までは傷害が最多であった）。

児童虐待事案対策

児童虐待事案に関しては、児童虐待防止法（児童虐待の防止等に関する法律）が二〇〇〇年に制定され、児童に対する虐待の禁止、虐待を受けた児童の保護のための措置等が定められた。その後の改正で、当初はなかった強制立入り（臨検捜索）等の都道府県知事（児童相談所）の権限規定が追加されている。この法律の中で、「親権の行使に関する配慮等」として、「児童の親権を行う者は、児童虐待に係る暴行罪、傷害罪その他の犯罪について、当該児童の親権を行う者であることを理由として、その責めを免れることはない」とする規定が設けられ、児童虐待に該当する場合は、親権の行使であることが犯罪の成立阻却事由にならないことが明らかにされた。

同法の成立以前は、死亡に至る事案と性的虐待以外の検挙は極めて限られていた（一九九九年の児童虐待の検挙は一二〇件で、死亡児童は四五人であったのに対し、致死を除く傷害罪は二七件、暴行罪は一件であった。制定後の二〇〇一年は、全体で一八九件、致死を除く傷害罪が七四件、暴行罪が八件となっている）。その後、社会的に注目を浴びた虐待死事案を受けて、二〇〇六年に、「捜査を契機として、児童の死亡等事態が深刻化する前に児童を救出保護する」との方針が示された（警察庁生活安全局長及び刑事局長通達「児童の安全の確認及び安全の確保を最優先とした児童虐待への対応について」）。さらに、二〇一四年以降は、ストーカー事案等と同じく、人身安全関連事案の一つとして、対策の強化が図られ、検挙件数が急増している（児童虐待の検挙件数は、二〇〇六年の三四八件が、二〇一四年に七四〇件、二〇一六年に一〇八一件となった。同年の検挙のうち、致死を除く傷害罪が四四三件、暴行罪が三一六件となっている）。この間、児童相談所への通告も急増している（身体虐待に係る通告児童は、二〇〇六年に九六八人であったものが、二〇一六年に一万一一六五人となっている）。

三　今後の課題

刑罰法制及び被害防止法制の整備

人身に被害を与える犯罪の場合、人の尊厳を重んじるのであれば、重大な法益侵害であるとの評価がなされるべきことは当然である。「生命が失われたり、重大な障害が残ったりしたものでなければ、法益侵害の程度が軽い」とすることは、被害の実態を無視し、人の尊厳を軽視するものである。この意味で、性犯罪の刑罰強化は当然のことといえる。

また、生活の安全が脅かされる事態についても、それが被害者の生活に大きな影響を与えている(生活のレベルで実害を生じている)ことを正当に評価する刑罰規定が求められる。日本の刑罰法規は、「実害」を狭くとらえすぎていて、市民の生活が実際に受けている被害を直視せず、軽い刑罰を定める傾向がある。ストーカー行為について、二〇一六年の法改正で上限が懲役一年とされた(命令を受けていた場合は二年)が、それで十分といえるかには疑問が残る。市民の生活に関わる場面では、被害の実情を正当に反映する立法の展開が望まれる(「私事性的画像記録の提供等による被害の防止に関する法律」の制定は迅速に、被害の実態に即した刑罰規定(公表罪は長期三年)が設けられた例といえる。このほか、迷惑防止条例によるストーカー類似行為の規制など、都道府県条例による対応が法改正に先行し、あるいは補完する例も目立つ)。

被害防止に関しては、危害が発生する前の段階の意図的行為の規制が本来必要である。飲酒運転に対する制裁の強化(刑罰強化と政令による行政処分基準の厳格化)によって、飲酒運転による交通事故が激減したのは、事前規制の実効化の効果を端的に示すものである(酒気帯び運転は、以前は懲役三月以下又は罰金五万円以下、三〇日以内の運転免許の効力の停止処分の対象であったが、二回の法令改正を経て、刑罰は懲役三年以下又は罰金五〇万円以下に引き上げられ、運転免許取消処分の対象となった。飲酒死亡事故は、法改正前の二〇〇〇年の一二七六件が、一回目の改正法令施行後の二〇〇三年に七八〇件、二回目の法令改正施行後の二〇〇八年に三〇五件と、大きく減少している)。そのほかにも、前段階的な行為の処罰対象化は、警察の介入を早期化することを通じて、被害防止につながるものとなる。

しかし、個々人の被害防止を考えた場合、現行法制は十分ではない。行政権限は極めて限定されているし、犯罪に該当する事前行為に対する刑事上の手段を用いた介入も、刑事手続上の必要性がある範囲でしかできない。被害防止という将来に向けた作用は、行政法の手段が基本であるべきであり、児童虐待事案における児童相談所の権限など、警察以外の機関を含めて、被害防止に向けた権限法制の整備が望まれる。

また、命令(裁判所の保護命令を含む)による義務づけだけでは、加害行為を確実に防ぐことはできないし、刑罰としての拘束も被害が生ずる前は長期にわたることができない。裁判所から接近禁止の命令を受けていた者が相手方を殺害した事件や、ストーカー事案で執行猶予期間中に被害者を殺害して本人が自殺する事件が実際に起きている。被害者の安全の確保のためには、命令や保護観察の物理的な担保手段として、ＧＰＳを活用した電子監視についても、検討が求められている(安田二〇一六参照)。

被害者の意思の尊重と意思決定支援

従来、被害者の意思を尊重することが、被害者の意思を無視するような過剰な介入を防ぐ上で必要であるとの考えの下に、性犯罪やストーカー行為の処罰に被害者の告訴を要するとすることや、被害者の申出を行政機関の権限発動の要件とする立法がなされてきた。その一方で、被害者が精神的に自由な状態ではないとして、被害者の意思に委ねることを「被害者に責任を負わせるもの」とする批判も存在する。親告罪とすることが過大な負担を被害者に与えることを理由に、非親告罪化し、あるいは権限行使に申出を要件としない法改正も行われてきている。

告訴や申出を要件としない法の規定であっても、個人被害犯罪に関して、被害者の明示的な意思を無視して警察等が介入することが、本来的に適切といえるかの疑問はある(刑事的な介入によって本人が不利益を受けるおそれがある以上、他の面における必要性がある場合でなければ、介入をすることが適切とはいえない)。また、犯罪行為を警察官が現認している場合であればともかく、被害者の協力が得られなければ、実質的に十分な証拠の収集ができないことも多い。

一時的な措置を講ずることは別として、成人で意思能力のある被害者の事件に関しては、本人の意思を尊重することが適切であり、十分な情報の提供や安心できる空間の提供といった支援を充実させることが、本来の方向であると考える。警察が専門的な知見を基に被害者を支援するのは当然であるが、警察とは異なる立場から被害者を支援するものが存在することが極めて重要である。配偶者暴力の被害者に対しては配偶者暴力相談支援センターが存在するが、ストーカーや一般の性被害の場合にも、同様に、被害者を支援する組織があることが強く望まれる。被害者支援においては、市民にとって身近な地方自治体の役割発揮が期待される。

社会安全政策論的視座の必要性

犯罪被害の防止と被害者の支援の在り方を考える上では、多様な手法によって、コストを踏まえた全体最適を目指す、という社会安全政策論(田村二〇〇四参照)の発想が求められる。

一般の犯罪では、潜在的な犯罪者からみて、犯罪によって得られる予想利益を小さくし、摘発によって受ける予想不利益(摘発された場合の予想不利益と予想被摘発確率の積)を大きくし、犯罪をする上で摘発されなくとも必要となるコストを大きくする、といったことのいずれかができれば、行為に着手する可能性が減少する。性犯罪の前兆事案について行為者を特定して警告すること、本人から採取した資料によってＤＮＡ型情報を警察がデータベース化することは、本人の予想する被摘発確率を高め、犯罪減少につながる。近時の街頭犯罪や侵入犯罪などの一般的な犯罪の減少は、これらの措置と行為環境の改善(その場所での犯行の困難化)や、犯行ツール入手の困難化等があいまって、もたらされているといえる。

他方、密接な関係にある(あった)者の間の事案については、刑事事件として検挙するものを含めて、警察が関わることが、近年大幅に増加している。少数の例外を除けば、警察が介入した場合には、その後の重大な事案の発生に至る可能性は減少するし、さらに危険度が高いと判断された事案ではより多大な警察力が投入され、事案の発生を防止している。法的な権限の付与や新たな処罰規定の創設が限られている中で、社会的な関心と要請の高まりを反映して、この種の事案の被害防止のために警察力の配分を大幅に強化し、介入事案を増やしているのが現在の対応の特徴である(児童虐待の防止に関しては児童相談所の人的資源の大幅拡充を含む)。安全のためのコストとして、財政的コストを増やすことが主になっているといえるが、全体最適を考える上では、限界効用が高いものは何かを考えていくべきである。

また、限界効用の逓減を前提にすれば、最終的に重大な被害をゼロにすることはできないことを認識することも重要である。五年間で一〇件未満のストーカー被害殺人をゼロに近づけるには、膨大な人的資源の追加投入が必要である。現行の人的資源の大量投入は、一般の刑事事件の発生が大幅に減少した(それだけ余力を生じている)現在は可能だとしても、継続的には困難であることを前提に、制度的な対応と限界の設定を論議することが求められると考える。

結　語

犯罪被害者との間における警察の在り方は、被害給付を含む被害者への支援と、法執行を含めた被害防止のための警察の活動とを合わせた全体として、警察による給付行政(安全サービス等の提供)としてとらえることが必要となる。市民は、自らが給付を受け、かつそのためのコスト(財政的負担、権限行使対象者となった場合の権利自由の制限、各種の制度による一般的な自由度の減少）を負担する関係にある。給付行政として位置づけ、コスト負担に応じて給付の水準が決められることを前提にした論議が求められるのである。

参考文献

大久保恵美子（二〇〇一）『犯罪被害者支援の軌跡――犯罪被害者心のケア』少年写真新聞社
大谷實（二〇〇二）「犯罪被害者問題の三〇年」『警察学論集』五五巻三号
奥村正雄（二〇一五）「犯罪被害給付制度の現状と課題」『被害者学研究』二五号
川出敏裕（二〇一六）「犯罪被害給付制度の現状と課題」井田良ほか編『新時代の刑事法学 下巻』信山社
國松孝次（一九九五）「犯罪被害者の人権と警察」『警察学論集』四八巻一号
小西聖子（二〇〇六）『犯罪被害者の心の傷 増補新版』白水社
田村正博（一九九六）「警察の被害者対策の推進に寄せて」『警察学論集』四九巻四号
田村正博（一九九六）「警察の被害者対策の在り方について」『警察学論集』四九巻四号
田村正博（二〇〇四）「社会安全政策の手法と理論（1）」『警察政策研究』八号
田村正博（二〇一五）『全訂警察行政法解説 第二版』東京法令出版
宮澤浩一ほか（一九九一）「被害者救済の未来像」『警察学論集』四四巻一二号
安田貴彦（二〇一三）「警察における犯罪被害者政策の展開とその意義についての一考察」大沢秀介ほか編『社会の安全と法』立花書房
安田貴彦（二〇一六）「これからの犯罪被害者支援施策――第三次犯罪被害者等基本計画を中心に（下）」『警察学論集』六九巻一〇号

参考ウェブサイト

① https://www.npa.go.jp/higaisya/rikai/index_syuki.htm（「警察職員による被害者支援手記」。二〇一七年六月一七日閲覧）
② https://www.npa.go.jp/higaisya/higaisya24/H2703dairijiusyougaiyou.pdf（「犯罪被害者支援活動に従事する警察職員の代理受傷

に関する調査結果報告書」（概要版）。二〇一七年六月一七日閲覧）

③ https://www.npa.go.jp/syokai/soumu2/pdf/05-1.pdf（「ストーカー行為等の規制等の在り方に関する報告書」。二〇一七年六月一七日閲覧）

7　少年事件と犯罪被害者――少年法が犯罪被害者に与える加害と向き合う

後藤弘子

はじめに――犯罪被害者に二次被害を与える少年法

少年法は、「健全育成を期するのは非行のある少年に対してだけだと解釈されてきたおかげで、その非行少年によって被害を受ける立場にいる一般の少年のことは、まったく無視されてしまったのだ」と指摘したのは、かなり早い時期から少年事件被害者に寄り添い、少年事件被害者に関するランドマーク的な著作をものしてきたジャーナリストである黒沼克史であった(1)。

少年法は、非行をきっかけにして、少年が健全に育成されていないことを国家が発見し、親に代わって少年が将来犯罪者にならないようにするための支援を行うことを目的としている(2)。少年法第一条が「少年の健全な育成を期し、非行のある少年に対して性格の矯正及び環境の調整に関する保護処分を行う」と規定しているのは、少年法が「健全に育成されていないことの明らかな非行少年」に対して「特別な対応」をすることが「国家の責務」であることを明らかにする趣旨であり、彼が指摘するように、非行少年以外の一般の少年は、少なくとも少年法という枠組みの中では、「無視してよい存在」であった。なぜなら、一般の少年は、親等により健全に育成されており、少年法の枠組みに入ってこないからである。そもそも、少年法は、どのような少年をその枠組みに入れるのかの基準について規定しているのであって、そうでない少年に対する対応は少年法では「無視」されて当然であると反論することは可能である。

けれども、この説明では、彼の指摘に答えたことにはならない。彼が指摘したかったのは、「非行少年がいればそこに必ず被害者がいるはずだ。なぜそれを無視していい存在だと考えるのか。少年法が少年犯罪被害者を無視することで、加害を与えていることになぜ気が付かないのか」ということである。

もちろん、非行少年には、虞犯《ぐはん》少年も含まれており、虞犯少年の場合は、誰かに対する加害ではなく、自分に対する加害（自傷行為）やおとなからの加害を問題としていることから、非行イコール加害というわけでは必ずしもない、ということも可能であろう。

けれども、彼の指摘をそのようにずらすことは、少年法の存在自体が少年犯罪被害者に加害を与えているという事実を真摯に受け止めていないことを意味し、少年法が少年犯罪被害者の犠牲の上に非行少年の更生の仕組みを構築している事実を無視することになる。いまここで考えなければならないのは、非行少年の行為によって生み出された犯罪被害者に対して少年法が加害を与えることとどう向き合わなければならないのか、ということである。

犯罪被害者が受ける被害は、犯罪によって実際に受けた被害だけに止まらない。犯罪被害者になったことで、それまでは無縁だった少年司法制度にかかわることを強制される被害者はその制度からさまざまな形の影響を受けることになる。

少年司法制度がどのようなものなのか、犯罪被害者になって初めて知ることばかりである。自分たちに被害をもたらした非行少年がどのような制度の中で扱われるのか。なぜ成人とは異なる手続が用意されているのだろうか。少年司法制度は自分たちをどのような存在として位置づけ、自分たちはどのようにかかわっていくのだろうか。自分たちに被害者としての権利はあるのだろうか。少年司法制度は、自分たちを被害者として尊重してくれ、自分たちの知りたいことを教えてくれるのだろうか。どうして制度は自分たちの気持ちや立ち直る速度とは異なる速度で動いていくのだろうか。

少年司法やそれを成り立たせている少年法という制度に巻き込まれ、自分の被害回復の歩みとは異なる歩みや方向へ進むことを強制される。その影響のことを、ここでは「少年法による加害」と呼ぶ。もちろん少年法や少年司法の影響には肯定的なものも含まれる。しかし、ここで注目したいのは、「少年司法制度に自分の意思にかかわりなく否応なく巻き込まれ向き合わされる」という点であり、その点こそが、本稿で考えていきたい少年法による加害である。

黒沼の指摘を待つまでもなく、少年法は、当該事件の被害少年の存在を無視してきた。少年法において、非行は国家の介入の「きっかけ」や、少年が健全に育成されていないことの証拠にしか過ぎない。一方、犯罪被害者にとって、非行は「きっかけ」ではなく、被害そのものである。少年によって生じた被害は、場合によっては、被害者の命をも奪うものである。その非行は、被害者の人生だけではなく、被害者の家族の人生をも変えていく。にもかかわらず、「少年法は非行少年のためにある」と言い切る冷淡な態度は、少年司法に向き合わされる被害者に対して加害を与えるものとなる。犯罪被害者に加害を与える制度である少年司法制度をどうしてこの社会に持ち続けなければならないのだろうか。それが本稿で考えていきたい問いである。

少年犯罪の被害者は、犯罪被害をきっかけに自分たちに被害を与えた犯罪の加害者と向き合うことを強制されるだけではなく、犯罪被害者から見れば少年を守っているとしか見えない少年法や少年司法手続に巻き込まれ、一定の役割を果たすことを強制される。加害を受けることがわかっていてもその手続に参加することを強いられる。その圧倒的な理不尽さを少年法が持っていることを正面から認め、被害者に対する加害を少しでも少なくするためにはどうしたらよいのかを考えるのは、少年法にかかわるものの責務である。

少年法が犯罪被害者にどのような加害を与えてきたのかを知るには、少年事件被害者の言葉を聞くことが何よりも

重要となる。(3)

淳が私たち家族の前から姿を消してから、この五月二四日で二〇年という年月が経過したことになります。二〇年と聞けば長い年月のように思いますが、過ぎてしまえば、つかの間のようにも感じています。この二〇年の間に、犯罪被害者を取り巻く環境は大きく変わってきたと思います。二〇年前の事件当時は、私たち犯罪被害者・遺族には何の権利も支援もありませんでした。〔中略〕

確かに二〇年前と比較しますと、被害者を取り巻く状況は非常に改善したと思いますが、犯罪被害者等給付金支給法の見直しや医療費などを含めた経済補償の問題、加害者が自らの犯罪に関する出版をすることの規制や被害者のきょうだいたちの問題、これらに加え少年法の問題、そして損害賠償裁判が確定した後も賠償金が支払われずに一〇年経過したときの再提訴の問題など、犯罪被害者に関わる改善すべき問題はまだまだ残っています。(4)

毎年積み重ねられてきた少年犯罪被害者の土師《はせ》守さんの二〇年目のメッセージは、少年犯罪被害者に限定したものではないが、すべての犯罪被害者に共通の感覚である。とくに、少年法に正面から向き合わざるを得なかったがゆえに、「何の権利も支援もない」という感覚は、より強烈なものであったといえる。

土師守さんの本である『淳』の文庫版のあとがきに、やはり少年犯罪被害者の本村洋さんは、次のように書いている。

不幸にして少年事件に捲き込まれた被害者や遺族が、怒り、憎しみ、悲しみ、絶望……そういった言葉では言い表わす事の出来ない情状下で諸々の感情を心の奥底に捩じ込み、社会規範を守り、法を信頼する気持ちを取り戻す為に、少年法を通して「人権とは何か」、「少年の保護更正（ママ）とは何か」、「罪と罰とは何か」などを懸命に考え、社会に訴える声に聞く耳を持たない人間に司法に携わる資格などない。[5]

少年法改正の契機になり、実務にも大きな影響を与えた二つの少年事件の犯罪被害者のコメントには、時間差があるだけではなく、発表された媒体もその目的も異なる。しかし、両者に共通するのは、少年法が犯罪被害者を無視していたこと、そして、それでもいいのだと少年司法の関係者が思っていたこと、つまり、少年司法が少年犯罪被害者に加害を与え続けていることに対する怒りである。そして、それは、少年法が少年であることを理由として特別扱いをしていることに起因している。もちろん、彼らが犯罪被害者になった二〇年前と比べると、少年犯罪被害者に対する少年法の対応は大きく変化した。のちに見るように、犯罪被害者に対して少年法は自らの加害性を認識し、加害を少しでも減らす方法を模索し続けてきた。しかし、少年法の変化がどのようなものであっても、少年法が非行少年の健全育成や少年の更生を目指すものであるかぎり、犯罪被害者が、その制度に無理やり向き合わされるという加害をなくすことは残念ながらできない。

非行をきっかけに少年に教育的に介入するという少年法の考え方を少年犯罪被害者も否定はしていない。少年犯罪被害当事者の会は、一九九八年に法務大臣に手渡した「少年法の改正を求める要望書」の中でも、「「少年の健全育成」を否定しているわけでは」なく、「少年に罪の意識をしっかり認識させ、自分の罪の深さを正しく認めて反省をすることによって、初めて少年の健全育成はスタートする」としている。[6] 少年犯罪被害者は少年法改正という事態になって、その改正に自分たちの声が反映されていないことに気づき、苛立ち、そして、自ら声を上げるようになった。その被害者たちがずっと言い続けているのは、少年法に巻き込まれ無理やり向き合わされることによる加害の過酷さであり、その過酷さを誰も理解してくれないという絶望であった。[7]

少年犯罪被害者の「少年の健全育成」を否定しないという言説の裏には、被害を受けているという事実をせめて知ってほしい。そして、少年法による加害をなくしてほしいという被害者の願いが込められている。本稿では、なぜ少年法は犯罪被害者に対して加害を与え続けるのか、そして、その加害をできるだけ少なくするために、さらに何ができるかを検討していきたい。

なお、本稿では、少年法によって規定されている少年に対する手続のことを少年司法手続[8]と呼び、少年犯罪被害者については犯罪被害者等基本法における遺族を含むが、煩雑さを避けるために単に犯罪被害者[9]と呼ぶ。

一　非行少年とはどのような少年か

犯罪被害者にとっての少年司法を考える前に、非行少年がどのような少年かについて見てみることにしたい。

少年法において、非行少年には一四歳以上二〇歳未満の犯罪行為を行った少年である犯罪少年(三条一項一号)のほかに、刑法四一条で、是非善悪を判断し、それに従って自らの行動をコントロールする能力がないとされている年齢である一四歳未満の少年(触法少年、三条一項二号)や、犯罪は行ってはいないが、このままほうっておくと将来犯罪を行う可能性の高い虞犯少年(三条一項三号)も含まれ、家庭裁判所の審判の対象としている。

虞犯少年の場合は、被害者は少年自身であるという考え方を前提としており、非行に至る前の早い段階において、健全に育成されていない可能性のある非行少年を発見し、国が介入することで、犯罪少年への移行を防ぐことを目的としている。たとえば、家出をして、覚せい剤等の違法薬物を使用したような場合で、尿検査等を行って覚せい剤の使用として立件するよりも、違法薬物の使用のきっかけとなった成人男性との付き合いを優先したことをもって、少年に虞犯性があるとし、将来犯罪を行わないように指導するには、行為を虞犯として立件することで少年の問題性を解決する援助を行うのがふさわしいと判断される場合もある。[10]

このように虞犯少年が、犯罪少年同様に非行少年として扱われていることは、少年法の特徴をよく表している。

少年法は、必ずしも犯罪少年のように、相手に対して被害を与える行為類型のみを対象としているのではない。虞犯少年のように、自分に害を与える行為を行うこと（「自己の徳性を害する行為をする性癖のあること」など）が「少年が健全に育成されていない」という国の介入の根拠となる。そして、その自己加害には、他者からの被害がその前に生じていることは多くの家出少女についての聞き取りから明らかである。[11] 本来なら被害者の段階で救済のために介入するべき国が、それを見逃し適切に介入していなかったことが、のちの非行へとつながる。[12]

このことは、他人の権利を侵害した場合のみ国家は介入すべきであるという「侵害原理」からすれば、よけいなお世話であるといえる。[13] しかし、親等によって健全に育成されていない少年を国が早めに発見することで、犯罪被害の予防になるとすれば、その介入は国の重要な任務の一つであるといえる。少年を虞犯少年とすることで、国は遅まきながらその役割を果たそうとしているのである。[14]

この虞犯少年に関する少年法の考え方は、被害者がいる犯罪少年や触法少年の場合も基本的には同じである。被害者がいたとしても、被害者の存在はあくまでも「少年が健全に育成されなかったことを示すため」のものであり、被害者を被害者として尊重する制度にはなっていない。このあくまでも非行少年本位の制度に巻き込まれ、向き合わされるのが少年司法における犯罪被害者なのである。

二　少年司法における犯罪被害者

(1) 少年司法との出会い

犯罪被害者にとって、少年司法とのかかわりは、事件の発生から始まる。たとえば、本人の場合であれば、恐喝の被害にあって怖い思いをしたという気持ちや受けた恐喝の被害を誰に話せばよいか迷い、場合によっては、誰にも相談しないということもあり得る。[15] 誰にも被害を相談しない場合には、被害者が少年司法と出会うことはなくなる。ただ、非行少年自身が届けた場合や、ほかの非行との関係で非行が明らかになった場合など、被害者が届けなくても少年司法とかかわることもある。

生命にかかわるような被害の場合には、家族は警察からの電話で自分の子どもに何が起きたかを知る。被害を受けた場所が自宅の場合には、家族が被害の発見をする場合もある。[16] 警察から電話を受けた場合には、たとえば、病院に駆けつけたり、警察署に行ったりする。自分で発見した場合には、警察に電話し、警察が駆けつけて来る。

被害の発生を犯罪被害者が知ったとき、その被害をもたらした人が少年であるか成人であるか、はっきりせず、一定の捜査を行ったうえでしかわからないことが少なくない。さらには、誰が加害者であるかがわからないこともある。

警察は犯罪被害者に対して、被疑者が少年であったとしても、原則として少年の氏名、年齢等の情報を開示する。[17] 少年事件の場合、少年法六一条により、推知報道が禁止されている関係で、警察は報道機関に対しては、少年の氏名は公開しない。そのため、被害者のみ被疑者少年の特定情報を知ることができる。

犯罪被害者は、抱えきれない衝撃や処理しきれない出来事を誰かに助けてもらいたいと思う。警察や検察といった捜査機関は、犯罪被害者等基本法やそれに基づく犯罪被害者等基本計画や警察庁犯罪被害者支援基本計画等に基づいて情報の提供や直接支援を行う。[18]

犯罪被害者は、少年司法に、自分の抱えている問題を解決してくれることや自分を被害者として承認してくれること、そして、被害者として生きのびていくための支援が得られることを期待する。しかし、被害者としての承認に関しては、少年犯罪被害者の場合、審判が公開されないため、審判で何が行われたのかについての報道が極めて限定されること、また、審判の決定書も例外的にしか公開されないこと、非行少年の氏名など加害者を特定する情報の公開が禁じられていることで、犯罪被害者に関する情報と非行少年の情報が報道においてアンバランスとなる。

成人の刑事裁判であれば、その事件が耳目を集める事件であればあるほど、メディアが自ら傍聴し、それに基づいて記事を書くことが可能であるし、発生直後の報道量には及ばないとしても、被告人の氏名や、場合によっては、法廷におけるスケッチが紙面を飾り、常に注目を集めることで、犯罪被害者としての存在が確認され続けることになる。[19] 報道による長い時間をかけた犯罪被害者としての確認作業が欠けていることが、少年事件の犯罪被害者の公的承認を成人事件よりも弱いものにしている。

(2) 少年司法における犯罪被害者

少年事件が家庭裁判所に送致される前の犯罪被害者支援は成人と同様に行われる。[20] 捜査機関による犯罪被害者の支援や対応は、今では原則的に成人の被疑者による犯罪被害者と同じであることから、家庭裁判所での対応の違いがより極立つようになった。

家庭裁判所への送致後も、二〇〇〇年以降の四回の少年法改正を経て、犯罪被害者への情報提供や審判への参加が認められることになった。[21] 犯罪被害者は記録の閲覧・謄写を行うこと(少年法五条の二)、意見を聴取されること(九条の二)、一定の重大な事件の場合には審判を傍聴できること(二二条の四)、非行少年の氏名や決定の主文・内容など一定の事項の通知を受けること(三一条の二)、審判の状況の説明を受けること(二二条の六)がその内容である。[22]

ただし、ほぼすべての場合に、「少年の健全な育成に対する影響、事件の性質、調査又は審判の状況その他の事情」から、犯罪被害者に対する配慮[23]がなされないことがあるという条文になっている。しかし、実際はこの文言によって犯罪被害者の希望がかなえられなかったことは極めて例外的である。[24]

ただ、犯罪被害者にこれらの配慮が認められたからといって、犯罪被害者にとってこれらの配慮は必ずしも満足のいくものではない。

すべての記録が閲覧・謄写の対象となるわけではない。家庭裁判所が扱う記録には、主に捜査機関が収集した記録である法律記録と「家庭裁判所が専ら当該少年の保護の必要性を判断するために収集したもの及び家庭裁判所調査官が家庭裁判所による当該少年の保護の必要性の判断に資するよう作成し又は収集したもの」(五条の二)である要保護性に関する社会記録の二種類がある。犯罪被害者が閲覧・謄写できるのは、前者の法律記録のみで、後者は閲覧も謄写もできない。後者の社会記録は、非行少年の援助者である付添人でさえも閲覧はできるが謄写はできないほど、とりわけ慎重な扱いがされている。そこにある情報が極めてプライバシーに関連する情報であることから、取り扱いが慎重になされているほか、その情報が公開されたり、開示されることが予定されている場合には、そもそも家庭裁判所における情報の収集が極めて困難になり、それによって、適切な要保護性の判断が不可能になる恐れがあることがその制限の理由である。

このような制限に一定の合理性が認められるとしても、少年司法における「差別的な取り扱い」は当然犯罪被害者にとっては納得できないものになる。そして、このことは、自分たちに権利はなく、単なる配慮によるものでしかない自らの少年司法における地位を確認するものとなり、犯罪被害者に対する加害となる。

また、家庭裁判所に事件が送致されてから審判が終了するまでの期間も、結果が重大な事件であればあるほど長くはない。観護措置が取られ、身柄が少年鑑別所に収容されている場合には、原則として身柄の拘束は四週間で、例外的に非行事実を争う場合でも八週間しかない。たとえば審判傍聴できる種類の事件の犯罪被害者の場合、犯罪被害の直後に非行少年が逮捕されて、勾留を経て家庭裁判所に送られ、観護措置が取られたとして、審判の終了までの期間は二カ月に満たない。

犯罪被害者が死亡した事件では、四九日が終わるか終わらないかで家庭裁判所の結果が出てしまう。最近では、鑑定留置が検察段階で実施されて、さらに家庭裁判所で実施されることで一年後に審判が開かれた事件もあるが、そのようなケースは、まれである[25]。この時間的制約も非行が少年の現在の問題を表したものであるため、できる限り短期間で結論を導かなければ適切な介入ができないという少年法の考え方を前提としている。

さらに、少年事件は共犯事件が多いことから[26]、犯罪被害者は短期間で多くの資料を収集し、読み、審判に参加し、意見を述べるということを何回も行わなければならない。このように何人もの少年に対して向き合い続けることを強いられることも犯罪被害者にとっては十分に加害となりうるものである。

このように、犯罪被害者に対する配慮として行われていることも、少年司法の時間的制約等を前提とした場合には犯罪被害者に対する加害を助長することになりかねない。

三　少年法は犯罪被害者にとって役に立つのか

犯罪被害者にとって、犯罪被害者への配慮さえも少年司法は加害を与えるか助長するものであるとすれば、犯罪被害者から見れば少年法や少年司法は必要がないもので、極論をすれば廃止するべきだということもできる。では、少年司法は、それが死亡事件だとしても犯罪被害者にとって本当に害にしかならないものなのだろうか。

犯罪被害者が少年司法に望むのは、なぜこのような被害が生じたのかの理由を明らかにすること、非行少年が行った行為の責任を自覚し、その責任を果たすこと、そして、二度と自分のような被害者を出さないことにある[27]。では、そのために家庭裁判所における少年審判は役に立たないのだろうか。

(1) 自分の問題を認識させる機能

犯罪少年に対する少年司法手続が成人の刑事手続ともっとも異なる点は、事件を発見し、捜査した機関には、事件を終了させる裁量権が与えられていないことにある。成人に認められている警察限りの処分である微罪処分や検察による起訴猶予処分は認められていない。例外的に、触法少年の場合には、児童相談所が家庭裁判所に事件を送るかどうかを決める権限を持っているが、捜査機関にはそこで事件を終わらせる権限はない。

犯罪少年の事件に関しては、捜査を遂げた警察や検察は、「犯罪の嫌疑があるものと思料するとき」は、家庭裁判所に事件を送致しなければならない(四一条、四二条)。これを全件送致主義と呼んでいる。しかも、罰金以下の刑罰が法定刑として予定されている場合には、事件は警察から直接家庭裁判所に送られると規定されているため、検察にすら送られることはない。

少年法がこのような全件送致主義を採用しているのは、少年に対して健全育成のための支援を行うためには、非行事実のみに注目すべきではないと考えているからである。少年がなぜ非行を行ったのか、どこにどのような問題があるのかについての情報を収集し、社会科学の知見に基づいて分析し、問題解決のための援助策を提案することは、捜査機関ではできないと考えている。家庭裁判所に所属する社会調査の専門家である家庭裁判所調査官という専門職や、心理の専門家である少年鑑別所技官が科学的な知見に基づいて少年に関する情報の収集と分析を行う。さらに、付添人(多くの場合は弁護士)は、調査官と協力して、情報収集や少年の権利擁護の立場から情報収集と、少年が必要な責任を取り、再び非行を行わないための支援を行う。

裁判官が出席して行われる少年審判においては、関係者が集めた情報やそれに対する分析をもとにして、非行事実だけではなく、再非行可能性、矯正可能性、保護相当性を内容とする要保護性があるかどうかを判断することになる。

このように、少年司法では、非行事実に加えて、要保護性も審判の対象として重要な役割を果たす。このようにして収集し、分析し、提案された非行少年に対する介入策は、当然に少年院等での処遇にも重要な役割を果たす。

(2) 少年の責任の取り方

少年法は、少年に対して、刑罰ではなく、保護処分を課すことを少年の責任の取り方であると考えている。少年に対しては、少年司法のプロセスにおいて、非行の原因を明らかにするためにできる限りの情報を提供することが求められるだけではなく、調査官の調査等で明らかになった自分の抱えている問題に向き合うこと、自分自身を見つめ、自己変革をはかり、非行を行わない自分となるために必要なことはどのようなことかを考えることが求められている。

さらに、保護処分として少年院に収容された場合には、教育を目的とした処遇(矯正教育)が行われ、少年は毎日自分の問題や非行に向き合うこと、そして、自己変革を行うことが繰り返し求められる。その矯正教育の密度の濃さは、保護処分としての少年院での平均収容期間が一一カ月と設定されていることからもよくわかる[28]。保護処分としての少年院での平均収容期間が一一カ月と設定されているのは、集中的に自分を見つめ、非行を行わない自分になるために必要十分な時間としての長さであり、それが少年の責任の取り方だと少年法は考えているのである。

このような責任の取り方は、成人に対する刑事裁判とは大きく異なっている。成人の刑事責任の取り方である刑罰は、懲役であれば、刑務所に収監されること、そして刑務作業を行うこと(刑法一二条)、さらには改善指導を受けること(刑事収容施設法一〇三条)が求められる。改善指導を除いては、自己変革が求められず、また、受刑者は反省が十分でなくても、刑期が終了すれば社会に復帰する。少年院の場合には、自分の問題や行った非行への反省が十分でなければ、平均収容期間より長く少年院に収容されるだけではなく、単独室での内省を行うなど、なんとしても非行に向き合わせる努力がなされる。

また、第一次養育責任者である親は、少年を健全に育成できなかったことに対して責任を取る必要があるとしているのも少年法の特徴である。その責任は自分の生育歴を含む情報を可能な限り提供すること、審判に出席すること、裁判官や少年院の法務教官から指導を受けることで少年の非行や養育態度に向き合い、これまでの態度や考え方を反省し変革することが求められている。

加えて、少年法は少年非行の責任は地域社会にもあると考えている。非行少年は、それまでの人生のどこかの時点で家庭での児童虐待やネグレクトの被害や学校等でのいじめの被害を受けている。被害者の時点で、地域社会が発見し、適切な対応を行っていれば、その後に非行を行うことはなかった可能性は高い。地域社会の子どもの抱えている問題の発見の遅れや適切な対応をしなかったことの責任は、地域社会が社会に戻ってきた少年の立ち直りを援助し、非行を行わない環境を整備することで果たさなければならない。

このような迂遠な形での責任の取り方は、犯罪被害者にとっては、まどろっこしく、ある時点だけをとれば、責任を果たしたようには見えないであろう。少年院から帰ってきた少年は何もなかったように遊びまわっている。同じように遊びまわっていても、もしかしたら、内面は変化しているかもしれない。でもそれを客観的に測る指標はない。唯一あるのは、再非行を行ったかどうかである。

もちろん、どのような働きかけを行ったとしても、少年の内面が変わらない可能性も否定できない。ただ内面に焦点化した働きかけを続けることで、非行少年の内面に変化が生じる可能性もなくはない。神戸連続児童殺傷事件の加害少年が書いたといわれている『絶歌』において、彼の変化を十分に読み取ることはできないが[29]、少なくとも『絶歌』を出す直前の加害少年からの手紙を読んだ土師守さんが、「昨年までとは異なり、私たちが事件の真の原因を知りたいと望んでいたことに対して彼なりの考えをつづっていたと思います。それで全てがわかったということではありませんが、これ以上は難しいのではないかとも考えています。加害男性については、自分が犯した罪に生涯向き合い、反省の気持ちを持ち続けてほしいと思います」という感想を一度でも持ったという事実は、長い時間はかかるものの少年の「内面の変化の可能性」を少年法が引きだしうることを示している(30)。ただし、内面の変化がどのようなものであったとしても、それが行動の変容にストレートに結びつくとは限らないことはいうまでもない。

おわりに

少年法が犯罪被害者に対して「自分の意思にかかわりなく否応なく巻き込まれ向き合わされる」という被害を与えるものであることが確認された以上は、その被害を減らすことを考えなければならない。一つの方法として、少年司法の取り扱いを被害者のいない虞犯少年だけに限定するという方法がある。また、アメリカの多くの州で行われているように、一定の年齢や重大な結果が生じた事件については、法定検察官送致制度を導入するという方法で、少なくとも死亡事件については、少年法に被害者が向き合わないですむようにすることも考えられる。

ただ、そうすると、現在の少年司法制度が持っている自分の問題を認識させる機能や自分の行為や問題に向き合うことで責任をとるという機能が完全に無視されてしまうことになる。もちろん、これらの機能が、犯罪被害者が少年法に向き合うことにより被る被害をどの程度緩和するのかについて、それを明らかにするデータは今のところない。加えて、少年法による加害の程度も犯罪被害者ごとやその時期によって当然に異なるため、何をもって被害を緩和すると評価するのかもそう簡単ではない。

本稿では、少年法に向き合うことを少年法による加害と考えて検討を行ってきたが、当然犯罪被害者が被る二次・三次被害はこの被害に限定されるものではない。一方で、二次被害の程度が現行の非行少年に対する制度的対応により、将来非行少年が犯罪者になることを防止し、さらなる犯罪被害者を減らすことに役立つのであれば、その可能性を捨てさることも得策ではない。

今のところ、現在の制度を運営しながら、その中で、犯罪被害者に対する加害をとりあえず減らす方法を考えるというのが一つの選択肢として考えられる。

その一つに、非行少年に対して制度化されているのと同様な支援を犯罪被害者に対して行うという選択肢がある。つまり、非行少年に対して観護措置が取られた場合には、日本弁護士連合会の犯罪被害者法律援助制度を利用して、犯罪被害者に弁護士を代理人としてつける、さらに、臨床心理士とソーシャルワーカーが犯罪被害者の支援をする、という仕組みを構築することである。現在でも、犯罪被害者法律援助制度や被害者支援団体による臨床心理士による支援は行われているが、それがすべての被害者に対して行われうる制度の構築を図る必要がある。

もう一つは、家庭裁判所や少年院が、犯罪被害者に対して説明をする機会を持つ、というものである。家庭裁判所であれば、審判の開始前と開始後に犯罪被害者担当の家庭裁判所調査官が現在でも行っている必要な対応を充実させる、少年院であれば、少年に直接会わせるかどうかは別として、少年院での教育について少年院の法務教官が犯罪被害者を招いて説明するということは運用として考えられてよい。少年院に収容される少年が少なくなっている現在においては、少年院に犯罪被害者担当の専門官をおくことも可能かもしれない。

少年法に向き合うことを強制されることにより少年法による加害を受けている現在の犯罪被害者と、将来の犯罪被害者に対する一次被害や二次被害の防止とのバランスをどのようにとっていくのか。両者がともに、社会のさらなる犠牲者にならない制度を検討することがいま改めて求められている。

（1）　黒沼克史『少年法を問い直す』講談社現代新書、二〇〇〇年、三二―三三頁。
（2）　守山正・後藤弘子編著『ビギナーズ少年法 第二版補訂版』成文堂、二〇〇九年、七頁。なお少年法については、川出敏裕『少年法』有斐閣、二〇一五年など参照。

（3） 後藤弘子編著『犯罪被害者と少年法』（明石書店、二〇〇五年）は、犯罪被害者の声を聴いて、少年法が与えている加害を明らかにすることを目的として編んだ本である。

（4） 朝日新聞デジタル二〇一七年五月二四日。

（5） 本村洋「解説」土師守『淳』新潮文庫、二〇〇二年、二五四―二五五頁。

（6） 少年犯罪被害当事者の会「少年法の改正を求める要望書」一九九八年。詳しくは、黒沼克史『少年にわが子を殺された親たち』文春文庫、二〇〇三年、三〇六頁以下参照。

（7） 声を届けたいという犯罪被害者の思いがタイトルになった本として、少年犯罪被害当事者の会『話を、聞いてください』（サンマーク出版、二〇〇二年）がある。

（8） 少年司法とは、英語の juvenile justice の翻訳で、少年被疑者等の発見から家庭裁判所での手続を経て社会復帰に至るまでの手続を指す。少年法では、少年事件が家庭裁判所に送致されるまでを「少年の刑事事件」、家庭裁判所への送致後の手続を「少年の保護事件」としており、事件が検察官送致された後は再び「少年の刑事事件」と呼んでいる。本稿では、少年保護事件に焦点化するため、少年司法という言葉を使うこととする。

（9） 被害者については、犯罪被害者等基本法は、「犯罪被害者等」を「犯罪等により害を被った者及びその家族又は遺族」と定義している（二条二項）。ちなみに「犯罪等」は「犯罪及びこれに準ずる心身に有害な影響を及ぼす行為」（二条一項）としている。少年法は、記録の閲覧謄写や傍聴との関係で、「被害者又はその法定代理人若しくは被害者が死亡した場合若しくはその心身に重大な故障がある場合におけるその配偶者、直系の親族若しくは兄弟姉妹をいう」（五条の二第一項）とし、被害者という用語に遺族は含まれていない。ここでは、犯罪被害者等基本法の定義に従うが、わずらわしさを避けるために、犯罪被害者と「等」をつけない形で表記する。

（10） たとえば、東京高決平成七・二・七家月四七巻一一号九六頁など。

（11） たとえば、橘ジュン・KEN『漂流少女　夜の街に居場所を求めて』（太郎次郎社エディタス、二〇一〇年）、仁藤夢乃『難民高校生』（英治出版、二〇一三年）、上間陽子『裸足で逃げる』（太田出版、二〇一七年）などには、女子高校生が家出をするのは、家庭が安心安全の場所ではない、つまり性虐待等の被害の場のためであることが当事者によって語られている。

（12） 少し古いデータではあるが、少年院の収容少年の七割に虐待の被害経験があることがわかっている。法務総合研究所研究部報告『児童虐待に関する研究第一報告』二〇〇一年、一〇頁。

(13)　澤登俊雄『少年法入門　第六版』有斐閣、二〇一五年、二二頁以下。

(14)　ただ、虞犯少年の家庭裁判所受理件数は激減しており、特に、従来は多かった家出を理由とした介入は減少している。虞犯としての介入を伝統的な少年のための介入として評価するのではなく、「侵害原理」に基づき、早期の介入を権利の侵害としてみる見方が定着していることがうかがわれる。法務省法務総合研究所『平成二八年版　犯罪白書』一〇六頁。

(15)　いじめに関してではあるが、いじめられた経験のある児童・生徒のうち、四五・六％の児童・生徒が相談しなかったと回答している。東京都教職員研修センター『いじめ問題に関する研究報告書』二〇一四年、二四頁。

(16)　後藤・前掲『犯罪被害者と少年法』一一五頁。本村洋さんは、ご自分で妻子の被害を発見している。

(17)　少年の健全育成との関係で、親の氏名のみ開示されることもある。

(18)　犯罪被害者等基本計画は現在第三次計画が進行中である。https://www.npa.go.jp/hanzaihigai/pdf/info280401-dai3keikaku.pdf(二〇一七年八月一五日閲覧)。また、警察庁犯罪被害者支援基本計画は、第二次のものが二〇一六年に策定された。https://www.npa.go.jp/pdc/notification/kanbou/kyuukou/kyuukou20160401-1.pdf(二〇一七年八月一五日閲覧)。

(19)　少年事件ではないが、二〇一六年の津久井やまゆり園での事件において、警察が被害者の氏名を公表しなかったことで、被害者の存在が極めて希薄となったことが参考になる(朝日新聞社取材班『妄信　相模原障害者殺傷事件』朝日新聞出版、二〇一七年)。もっとも、少年事件においては、名前は警察が公表しないものの、そのほかの状況は公表され、それに基づいて、報道機関はすぐに名前を特定し、少年についての情報を収集し、匿名で公表するため、今回のように被害者の特定さえできなかった状況での報道とは状況は異なる。

(20)　警察・検察段階での被害者支援については、それぞれの犯罪被害者関連ＨＰに詳しい。

(21)　詳しくは後藤弘子「少年法一部改正法・少年院法・少年鑑別所法」『法学教室』四二二号、二〇一五年、六三頁以下参照。

(22)　最近の状況も含めた詳細については、河原俊也編著『ケースから読み解く少年事件──実務の技』(青林書院、二〇一七年)二二七頁以下参照。

(23)　これらの規定は被害者に対する「配慮」であって、被害者の権利ではないところに、少年法の加害性がよく表れている。

(24)　たとえば、審判傍聴について、二〇〇九年から三年間で二五〇件の傍聴の申出があったが、許可されなかったのは二七件に過ぎない。最高裁判所『平成二〇年改正少年法の運用の概況』(http://www.courts.go.jp/vcms_lf/240326gaikyou.pdf 二〇一七年八月一五日閲覧)。

(25) 二〇一四年に起こった佐世保女子高生殺人事件で、二回の鑑定留置が行われたことから、終局決定の審判は約一年後に開かれている。
(26) 法務省法務総合研究所『平成二八年版 犯罪白書』一〇三頁。
(27) 犯罪被害者が何を望むのかは、人によって、時期によって同じではない。ただ、多くの場合、犯罪前の状況に戻ってほしいと考えている。
(28) 二〇一五年に少年院法が改正されたが、基本的な処遇の内容は変わっていない。少年院の処遇については、広田照幸・古賀正義・伊藤茂樹編『現代日本の少年院教育――質的調査を通して』名古屋大学出版会、二〇一二年が詳しい。
(29) 元少年A『絶歌 神戸連続児童殺傷事件』太田出版、二〇一五年。たとえば、同書二七七頁以下に命日をどう過ごしてきたかについての記述がある。彼が苦悩している様子、そしてこれまで「信じ、支えてくれた人たち」を裏切りたくないという思いは伝わってくる。
(30) 土師守一八年目手記全文(朝日新聞デジタル二〇一五年五月二四日)。もっとも、『絶歌』の出版によって、彼のそのような気持ちはなくなり、二〇一六年の手記においては、矯正教育が失敗であったと表現するに至っている(朝日新聞デジタル二〇一六年五月二四日)。

8　性犯罪被害者と刑事司法——法・制度の改正へ向けて

杉田 聡

一　刑事司法における性犯罪

一一〇年ぶりの大幅改定

近年、性犯罪に関連する刑事訴訟法上の改定の努力が払われてきた。それに続いて二〇一七年六月、性犯罪に関する刑法規定が、実に一一〇年ぶりに大幅改定された(以下、改定後の刑法は「改定刑法」、それ以前の刑法は「改定前刑法」と略記)。これは、長年にわたる多くの関係者の努力のたまものである。長年政府の腰は重く、なぜもっと早くに対応できなかったのかと言いたくなる部分もあるが、全体としては高く評価できよう。だが、今回改定にいたらなかった大きな問題も数多く残した。次の機会には、それらの改定が強く望まれる。

保護法益としての「貞操」

さて問題なのは、法の規定・条文は変わっても(改定の子細は本文に譲る)、一一〇年間にわたってそれを支えてきた「精神」は、現時点で大きく変わったとは言えない点である。また、今後自動的に変わるとも思われない。それどころか、近年の関連判例を見る限り、この精神は今後もある程度の長きにわたって法曹界を支配する可能性があるように思われる。

改定刑法においても、性犯罪の保護法益は依然として「貞操」であり、女性の背後に立つ男性（夫）の財産権である。強姦罪（強姦は「強制性交」と言いかえられ、「肛門性交」「口腔性交」を含む「強制性交等罪」が新設された。従来の用語をにわかに改定刑法に合わせて変えることはできないため、このまま用いる。以下同じ）の場合はさらに夫の男系的な血統の維持である。

あい変わらず維持された刑法上の性犯罪条文の置かれ方が、それを示している。刑法は保護法益ごとに条文がまとめられている。前後を見れば分かる通り、性犯罪条項が守るべき法益は、女性の性的人格権ないし性的自由という個人的法益ではなく社会的法益であり、社会の道徳的秩序なのである。そしてそれは女性の「貞操」に具体化されている。今回の改定によって、この点への反省がどれだけなされたかは疑問である。強姦罪の保護法益を個人的法益と見る見方も広まりつつあるとはいえ、代表的な刑法注釈には、「些細な暴行・脅迫の前にたやすく屈する貞操の如きは本条（刑法一七七条）によって保護されるに値しない」と、記されている（団藤一九六五：二九八）。それを踏襲するかのような判例も、近年においてさえ決して少なくない。

構成要件としての「暴行・脅迫」

この基本的枠組みの下で、「暴行」ないし「脅迫」が加えられることが強姦罪の構成要件とされ、しかもそれは最高裁判例によって、被害者の「抗拒を著しく困難ならしめる程度の」ものとされている。この構成要件は、改定刑法においても維持された。後述するように、被害者は抵抗も逃走もできずに加害者の言いなりになる傾向があるが、それ故多くの強姦事犯が法の網にかからなくなる。いわばモデルケース的な事例だけを強姦と認定し、他は合意の上での性交と見なすわけである。

二〇一一年の最高裁逆転判決（以下「十一年判決」）で扱われた事件では、女性は、人通りの少ない暗がり（後述）で被告人に声をかけられ「殺すぞ」と脅されて凍りつき、抵抗も逃走もできないまま現場に連れて行かれて強姦された、と証言した。この場合、身体的暴力はなかったが、「殺すぞ」は明確な脅しだった。だが最高裁はそれさえ「抗拒を著しく困難ならしめる」ものとは認定せず、女性が逃げなかったし助けを求めなかったのは不自然であるとして、女性の供述の信用性を疑ってかかった。

法曹界の性交観

なぜ以上のような構成要件が設定されているのか。それは法曹界に特有の性交観に由来する。性交の際男性は一定の有形力を行使する、というのがそれである。

仮にこれが性交の常態であるとすれば、それと強姦を分ける必要が生じてくる。これが、強姦の構成要件として「抗拒を著しく困難にする程度の」暴行ないし脅迫があげられる理由である。むろんこの構成要件も性交観も旧態依然のものである。だがこのおかげで裁判官はモデルケース的な事例だけを強姦と認定し、他のほとんどすべてを不問に付すことができる。「疑わしきは被告人の利益に」は近代刑法の原則である。だが単に強姦の「疑いがある」のではなく、明確に強姦と言わなければならない事犯さえ、こうしていとも簡単に無罪となる。

だが性交に有形力が伴うというのが神話なら、「殺すぞ」は「抗拒を著しく困難にする程度の」脅迫と認定されるべきだし、そもそもこの構成要件自体が誤りである。

性犯罪＝親告罪がもたらす不正義

今回撤廃されたとはいえ、性犯罪が長きにわたって親告罪とされてきたのは大きな問題であった。性犯罪を親告罪扱いする力学は、妻もしくはその貞操を夫の財産扱いする発想に由来する。あるいは、仮に性犯罪を通じて侵害されるのが性的自由だったとしても、その通報・告訴を通じて被害者のプライバシーが暴かれる等の帰結を伴いやすいからこそ強姦罪は親告罪なのだ、とも言われてきた。それも確かであろう。だが、プライバシー暴露を抑える組織的な努力が満足にされないまま、親告罪規定が当然視されてきた。

これまでの多様な資料で見る限り性犯罪被害の通報率はせいぜい五％程度と判断されるが、告訴率ははるかに小さい。こうして強姦事犯のほとんどは告訴もされず、闇に葬られる。これが、性犯罪＝親告罪という規定がもたらしてきた不正義である。

「被害者を裁く」現行制度――捜査・公判での二次被害《セカンド・レイプ》

改定前刑法の下、被害者が警察に被害を通報し、また告訴にふみきることができたのなら幸いである。被害者の被害は、加害者を正当に罰することで回復される可能性が高いからである。

通報後になされた実況見分や検診等を通じて被害者は苦しみを背負うが、告訴後に待ち受ける捜査・公判において二次被害をこうむる可能性も高い。被害者の供述が被告側弁護士（時に裁判官）の不信の目にさらされ、被害の細部について詰問され、現在および過去の性行動その他が暴かれ、そして被害者が事件に関して虚偽の事実を捏造したかのように言いつのられるのは、公判の日常茶飯事である。

今日の刑事訴訟において被告人は無罪の推定を受けるとはいえ、性犯罪事犯では被害者が加害者であるかのように見なされて「裁かれ」る現実は、しばしば「セカンド・レイプ」と言われてきた。被害者はただでさえＰＴＳＤに苦しみ時に近しい人まで離れて孤立無援になりがちだが、さらに無慈悲な扱いを受けかねないのが現状である。

細部の矛盾・記憶の曖昧さを理由に供述を疑う不正義――年少者さえ裁かれる

他にも問題が多い。現在、性交同意年齢は一三歳とされている(後述)。それだけに未成年どころか年少者と言うべき児童にも苛酷な判決が下されている。一般に被害者が若ければ若いほど、証言に矛盾や曖昧さが入りこみやすい。だが、それを十分に考慮せずに無罪判決が下される事例が目立っている。

ある事件では、一五歳の少女がナイフで脅されて強姦された際、加害者がナイフをどちらの手で持っていたか、また強姦された際加害者にどちらの手首をどのくらいの力でつかまれていたかを、はっきり供述できないという事実その他をもって、少女の供述の信用性が疑われている(大弁連二〇一二：六〇)。事件にまきこまれて気が動転しているときに、そのような細かな事実を記憶している人がいたら、それこそ奇妙であろう。

教諭に胸をさわられた小学六年生の女児(強制わいせつ事犯)が、公判で被害を受けた時間と場所を特定できなかったために、その供述が疑われた事例もある(読売二〇一三：二四二)。被害者は知的障がいのある子どもだっただけに、時間・場所の特定まで求めることは苛酷だと思われるが、そうした社会通念上当然と思われる判断を裁判官はしなかった。だが当事者がかいま見せる異常から、ＰＴＳＤに陥っていると十分にうかがえるのではないか。

自由心証主義と経験則――強姦神話が合理化される

刑事訴訟法上の最大の問題は、自由心証主義が過度に強調され、「十一年判決」のような無謀な判決が合理化されていることである。同判決において最高裁判事は、「経験則」の名の下に、実際の法則あるいはそう呼びうる蓋然性の高い事実を簡単に一蹴し(しかも一蹴して良いと明言してさえいる)、自らの極めて狭い個人的な経験を経験則(＝法則)と称して恣意的な判断を行った。最高裁判事の経験則は「強姦神話」に満ちている。多くの研究者が長年にわたって強姦神話を問題化してきた。だが最高裁判事は自らの狭い経験を妄信し、研究の成果を見ようともしていない。これが最高裁のやることとは、とうてい思われない。

強姦神話もいろいろだが(杉田二〇一三：一七)、「十一年判決」において問題にすべきは、被害者は抵抗できる、あるいは助けを求められる、逃げられる、という神話である。だが現実には、ナイフ等による命に危険がおよぶ脅迫がない場合でも、それどころか明確な有形力が行使されない場合でも、被害者はしばしば逃げられないし助けも求められないのである(杉田二〇一三：二一以下)。また、強姦によって被害者の身体に被害の痕跡が残るという最高裁判事の思いこみも、大きな強姦神話である。

二　性犯罪被害者の心理と苦境

性への攻撃は人格の深部に達する

近年、犯罪等の被害者が、大きなトラウマ(心的外傷)を経験した後に、長期にわたって深刻な心理状態に陥ることが理解されるようになった。その状態はふつうＰＴＳＤ(心的外傷後ストレス障害)と呼ぶ。性犯罪では、他の暴力事件よりその発症率が高い。それは人格の中核にある特質の一つが性であり、性への攻撃は人格の深部に対する攻撃と自覚されるからであろう。

性犯罪被害者のＰＴＳＤは、私たちの想像を絶する。同被害者の救済に関わってきた中島幸子は、心理学者マズローの欲求段階説を用いつつ、性暴力は「生きることへの欲求」を破壊するが、その欲求はマズロー説で最も根底的とされる「生理的欲求」のさらに下に位置すると言う。性暴力は「生きる力の源を傷つけてしま〔う〕」、と(中島二〇一一：七、五)。確かに少なくない被害者が、家に閉じこもって身づくろいをする気も失うばかりか、食事さえとりたいと思わなくなるという深刻な事態について語っている。しかも、「自分が内側から侵され腐っていくような感覚」を持つという(中島二〇一一：一〇)。少なくない被害女性が自殺を考えるのは、当然であると私には思われる。

幸い自殺に至らなかったとしても、ＰＴＳＤの症状は時に激烈である。ある女性は、フラッシュバックや動悸・不眠・頭痛に悩まされた挙句に、「通勤電車内や職場で気絶し、救急車で運ばれたこともあ〔った〕」という(読売二〇一三：二・一六)。よく性犯罪被害者は一生苦しむと言われるが、一生しかも毎日苦しむのである。

性犯罪被害者が陥る経済的苦境

被害後も気丈に職場に通える人もいる。精神的打撃は大きくとも、被害を知られたくないという心理からむりに職場に出る被害者も多い。だが職場に行けなくなる人もいる。前記のように、職場に向かう気力が得られないまま、うつうつとして家に閉じこもる被害者も少なくない。職場に足を向けえても、それまでと同様に仕事ができるかどうかは別である。その時、被害者は職を失う危険性にさらされる。あるいは、被害の現場が職場であれば、そうでなくても加害者が同僚や上司であれば、やはり職場に行けなくなる。同僚が全体として加害者側に立つことにでもなれば、仕事は続けられないだろう。

その結果、被害者は時に経済的な苦境に陥る。後に新しい仕事を見つけるのは容易ではない。見つかったとしても、ＰＴＳＤがひどければ仕事が手につかない場合もあろう。近年、各種制度の改善を通じて、事件後の感染症検査や避妊のための費用は公費負担の対象となった。だがはるかに重要なのは、被害の結果しばしば被害者が陥りうる経済的苦境をいかに公的に支援するかである。

事件との関係で、居住地を変えざるをえなくなることも多いだろう。居住地あるいはその近くで事件に巻きこまれた場合は当然だが、そうでなくても被害事実が知られるのを恐れて転居する被害者は少なくない。だが、住宅を借り転居するための費用は大きい。おそらく数十万円に及ぶ出費を要しよう。これは誰もが気楽に出せる額ではない。Ｐ

ＴＳＤに陥った被害者が心療内科に通院するための経費も、大きな負担になる。

性犯罪被害者に欠ける支援

被害者が孤立無援の状態を避けられたなら、不幸中の幸いである。だが性犯罪被害者はしばしば孤立無援の状態に陥り、急性ストレス障害（ＡＳＤ）に典型的なパニックを経験し、的確な対処を逸してしまうことが多い。もし被害者に的確な救いの手を差し伸べられる人が周囲にいれば、事態はかなりよくなったであろう。知人や友人、恋人や家族がそうした人となればよいのだが、必ずしもそうはならない。家族は事実を隠したがり、また家族の気安さが災いして被害者を責める立場に立ってしまうこともある。それに手を差し伸べる人がいたとしても、被害者の長きにわたる苦しみを支えることは困難である。

支え手となりうる人たちが、被害者の元を去ってしまうこともある。それは、被害者を支えられないからでもあり、被害者と互いの理解が困難になるからでもある。恋人さえ去ってしまうことがある。その性的な接触が、いかに思いやりに満ちたものであっても被害を思い出させてしまい、被害者がそれを生理的に受け入れられなくなることも起こる。かつてカナダで作られた強姦を告発する映画「絶叫して死ぬ（Mourir à tue-tête）」（日本では「声なき叫び」と題されていた）においても、被害者が陥るその種の悲痛な現実が映像化されていた。この間、強姦被害を問題化した書籍等でも、しばしばこの点が指摘されてきた。

三　性犯罪被害の防止と課題（１）――支援施設の設置、支援・更生プログラムの制度化

では現在、私たちに何が求められるのか。

「総合支援施設《ワンストップ》」を各地に

被害者に何より必要なのは、被った事実とその苦しみ・気持ちを、そのまま受けとめてくれる支え手である。だが被害者の周囲にそうした人がいるとは限らない。いたとしても、重い被害事実をいつまでも背負ってくれるとは限らない。とすれば、重要なのは総合的な支援施設であろう。被害の直後から心理的・医療的・法的な支援をしてくれる——しかもできれば一カ所で——施設が、どうしてもほしい。二〇一〇年に大阪で作られたＳＡＣＨＩＣＯ以来、各地でその努力がなされている。

被害者に最も必要とされているのは、まず安心できる場所であり、かつ「あなたは決して悪くない」と言ってくれる支援者である。たとえ被害者が夜間に道を歩いたとしても、「露出した」服装をしていたとしても、男性の車に乗りこんだとしても、あるいは男性の部屋に入ったとしても、被害者は一切悪くない。これらが、被害者の「落ち度」としてあげつらわれる理由は全くない。悪いのは加害者以外の誰でもない。この最も基本的な事柄を被害者に伝え、被害者のつらい気持ちによりそい、その気持ちをそのまま受け入れてあげる人が、ぜひとも必要である。でもそうした人を得るのは思いのほか難しい。だから、前記の支援施設がどうしても必要である。

くわえて支援施設は、医師や弁護士との協力の下で、緊急避妊薬・性感染症治療薬等の処方や、法医学的な証拠の採集・保全を行うのみならず、被害を警察に通報するかどうか、事情聴取にどう対応するかについても（中には警察官による事情聴取等を行う体制をしいた施設もあるようである）、被害者を支援できるなら望ましい。

さらにもし被害者の事情が許すならば、支援者は世間が信じこんでいる強姦神話の呪縛を解いてもらいたい。被害者が逃げられる、助けを求められるというのは神話であって、実際にはいずれもできずに加害者の言いなりになることが少なくない。その事実を知っているだけで、被害者には大きな慰めになる。そしてこれは、被害の通報においても、その後の公判の過程においても、重要な知識となるはずである。

経済的支援の制度化

被害者がしばしば陥る経済的苦境を免れさせ、生活・就労上の支援ができる体制も整えなければならない。社会施設に私金を投じる伝統のない日本では、まず公的機関にこれを期待しなければならない。

また民事裁判で損害賠償が認められたとしても、賠償金が実際に払われるかどうかは分からない。そもそもその算定基準が低い。精神的被害があまりに軽く見積もられているからだが、被害者がＰＴＳＤに陥る現実をふまえた算定が不可欠である。もちろんある程度実情にみあった被害額が算定されても、加害者に支払い能力がなければ被害者は結局泣き寝入りするしかない。

とすれば、国家機関が被害者を支える制度の構築が不可欠である。現行制度では、要件が満たされた場合でも被害者に支払われるのはわずかな金額にすぎない。だが何としてもこの状況は改善しなければならない。

加害者更生プログラムと就労・生活支援

一方、加害者の処遇についても制度化が図られなければならない。この間、各種の更生プログラムが提案されてある程度実施されているが、重要なのは再犯を防ぐことである。だが監獄や少年院等の出所者について、どれだけの工夫がなされているかは、疑問である。受刑時に就労支援と生活支援がなされなければ、また出所後に加害者が周囲の人たちから孤立して生きざるをえなければ、加害者が再び犯罪へと舞い戻る可能性は大きい。

少ない財源の下、加害者更生の前に被害者支援に資金を回してほしいという要望があるのは事実であろう（国連二〇一一：一〇一）。だがやはり、性犯罪被害を減らすためには、加害者更生プログラムを後まわしにはできない。

性犯罪の動因論――性欲一辺倒も性欲無視も誤りである

以上に関連して、性犯罪の動機に関する議論が不可欠である。私は、性欲一辺倒で性犯罪を説明するのは誤りだとしても、性欲を無視するのはそれ以上の誤りだと考える。

この数十年、性犯罪の動機として性欲以外の側面が論じられてきた。代表的な研究の一つである心理学者グロスの*Men Who Rape* では、「パワーレイプ」「アンガーレイプ」という類型が提示された。私は同書をつぶさに検討したが、前者はある意味で強姦に常に伴う性格であり（ただし権力《パワー》実現・確認を目的としたものはほとんどない）、一方、後者の要素を持った強姦はあったとしても例外的な場合にすぎない点を、論証した（杉田二〇〇三：八五以下）。

なるほど性欲を切り離した結果、普通の紳士さえ強姦を犯しうるという新たな知見が得られたのは貴重だった。けれどもその認識が共有された今、いつまでも強姦と性欲とを切り離しておく合理性はない。男性の性欲（それを作るシステム）を理解することは、性犯罪の理解・防止に寄与する。

もちろん、男性に強い性欲が生じたとしても、強姦が合理化されるのではいささかもない。その点はいくら強調しても強調しすぎではない。だが男性の性欲を正確に理解しなければ、性犯罪をなくすことはできない。特に性的虐待をなくすことはできない。これを支配（権力《パワー》）欲と怒り《アンガー》だけで説明することは困難である。セクシュアル・ハラスメントの多くもそうである。

他の著名な心理学研究を含めて検証してきた結果、性犯罪動因論に関して私が重要だと考えるのは、原因概念を単純化しないということである。少なくとも素因、誘因、決定因、抑制解除要因そして触発要因（引き金）を分けて考えなければならないだろう（杉田二〇〇三：六一）。この点が真摯に論じられるよう望みたい。さもないと多くの強姦事犯で、それどころか一般に寝室で、女性に加えられる性的暴力の決定因あるいは触発要因となっているポルノ（今日では

ＡＶが多い）に対し、十分な問題意識が向けられないであろう。ポルノについては多様な意見があろうが、ポルノが強姦を性的《エロチック》に思わせて男性の性欲を喚起すると同時に、その方法まで教え（杉田一九九九）、またそれが各種の強姦神話をうむ（杉田二〇〇八）点は問題にし続けるべきだと、私は考える。

確かに女性の男性に対する性犯罪は、性欲より支配欲・怒り等と結びついている可能性がある。だが男性の女性に対する性犯罪さえ性欲を度外視して論ずることは、慎重にせねばならない。

四　性犯罪被害の防止と課題（２）——刑法・刑事訴訟法の改正

性犯罪防止のために、刑法および刑事訴訟法等に求められることは何か。

非親告罪化——プライバシー保護の責務と求められる性犯罪被害者保護法

今回、性犯罪の非親告罪化が実現した。私はこれを高く評価する。被害者にとって侵害された法益の回復は、加害者を罰し更生させる（少なくともその可能性に希望を託す）ことによってしばしば可能となるからである。またそれが今後に起こりうる他の人権侵害を食い止めるために不可欠の条件である。

そもそも性的な人権侵害は、国家（権力）の形成という根源的な契約に関わる問題である。この契約には、性犯罪によって侵された人権を回復するための必要にして十分な処置が、国家機関の使命として含まれる。その人権回復を個人の意思決定の問題に矮小化してしまうことは、国家形成の理念そのものの侵害につながる。人は人としての固有の人権を有すると同様に、侵された人権を回復することも人権に属する。だがその人権回復の端緒を、ＰＴＳＤで苦しみしばしば人間関係さえなくして自失している当事者に委ねるのは、国家機関としての使命の放棄である。

もちろん非親告罪化の結果、立件にあたって被害者を埒外に置くことなくそのプライバシー保護を徹底して図り、かつ被害者が置かれたPTSDその他の状況を十分に勘案することが、不可欠の要件である。国家機関は自らが市民に性暴力《セカンド・レイプ》を加えることがあってはならず、これを防ぐためにもプライバシー保護等が制度的に図られるべきである。この要請は、公判での被告人側弁護士や裁判官による尋問の場面でも最大限に考慮されなければならない。

暴かれうるプライバシーは多様だが、そこには被害事実と無関係の被害者のかつての性体験も入る。米国では、そうしたプライバシーをあげつらうことを禁ずる「性犯罪被害者保護法《レイプシールド》」が制定されている。日本でもそれに範をとった保護法の制定が不可欠である。

ところで性犯罪の非親告罪化に対して、通報の結果、加害者が逮捕され裁判にもちこまれるとなると通報自体をためらう人が出てくる、と言われることがある（中島二〇一一：四〇）。それは一面の真理を含んでいる。特に職場等の同僚・上司が加害者の場合には、人は多かれ少なかれ職場での自らの位置や今後に生じうる影響を考慮せざるをえないからである。

だが他面では、従来通報・告発率が低かったのは、被害者が陥るPTSDと、プライバシーを暴かれることへの恐れのためである。また、自らに「落ち度」があり被害事実自体が「恥」であると思わせる、世間に流布した偏見のためであろう。前者に対しては、前記のように法の制定等を通じて、特別な保護が被害者に与えられなければならない。後者の改善には時間を要するが、公判過程をも含むたえまない世論作りの努力が不可欠である。

保護法益は性的人格権

性犯罪の刑は軽すぎると私は判断する。改定前刑法では強姦罪は三年以上の有期懲役であり、強盗罪の法定刑（五年以上の有期懲役）より低いものであった。なるほど改定後は、三年以上から五年以上の有期懲役にあらためられた。

だがこれさえ依然として、被害者にもたらされるPTSDをあまりに軽く見積もった数字である。

そもそも守られるべき法益は、夫の財産権に収斂される「貞操」などではなく、個人にとって掛けがえのない性的な人格権である。性犯罪によって人格の根源的な核が侵害されるとすれば、右の刑罰は軽すぎる。改定後さえ強盗罪と均衡を欠いているのは明らかである。

なるほど、刑の引き上げによる犯罪抑止効果を疑問視する声もある。だが何より重要なのは正義の原則である。人格権の侵害という重い犯罪には重い罰が不可欠である。そして抑止効果を高めるために、性犯罪に関わる法および司法制度等の改革が同時に図られなければならない(後述)。

暴行・脅迫要件の撤廃

今回の改定では見送られたが、決定的に重要なのは、強姦罪の構成要件から「暴行・脅迫」要件を撤廃することである。あるべき構成要件は、「相手の意思を無視する」ことである。

前記のように、暴行・脅迫がなくても被害者が加害者の前に凍りつき抵抗はおろか逃走もできないという事態は、珍しいことではない。だが暴行・脅迫が強姦罪の構成要件とされているため、被害者が、性交に同意していなかったことを示す補強証拠を、提出しなければならなくなっている。しかし、それはふつう困難である。このようにして、公訴提起された数少ない強姦事犯さえしばしば無罪とされてきた。

同意・不同意は個人の内面に関わる。そして内面は、外面つまり発言や行動を通じて判断するしかない。だがこれには最初から大きな困難が伴う。性犯罪に関わる司法制度・運用の背後に、根強い性差別《セクシズム》があるからである。白人が黒人の能力を疑うことは、レイシズムの核である。同様に男性が女性の能力を疑うことが、いまだに根を張るセクシズムの核である。特に性がからむ女性の発言や行動には信頼が置けない、という男権制社会の偏見が、セクシズムと認識されないまま維持される傾向がある。つまり多くの場合、発言や行動で拒絶しても、女性の拒絶は合意を意味すると見なす俗言が利用されて、女性の意思は軽視されてしまうのである。そうなれば、同意の不在を被害者が証明することは、もはやできない。

だがセクシズムは不正である。正義の実現のためには、女性の証言に信頼を置かなければならない。男性の証言がそれ自体で――女性の場合に比べてはるかに――尊重されるのと同様に、女性の証言も信頼に値するものと見るところから出発しなければならない（今回の改定では暴力・脅迫要件は残ったが、「監護者であることに乗じて」なされる性犯罪についてこの要件を求めなかったことは評価できる）。

そして、女性が時にあたかも性交渉に合意したかのように、少なくとも加害者に見えてしまうのはなぜなのかが、社会的に認識されなければならない。例えば遅くまで男性と一緒に酒を飲む、男性とセックスに関する話をする、男性の車に乗りこむ、男性の部屋に入る等――これらは、被害を当然と世間に思わせる事情であると同時に、加害者が加害行為を合理化する理由になっている。なるほど男女が同じ職場・学校・サークルなどでともに活動する時、女性が相手を信頼して右のように行動できるならそれ自体健全であろう。けれども、相手を信頼しているわけではなかったとしても、状況の圧力下でこうした行動をあるていど取らざるをえないのが現実である。

それが女性の発言・行動の意味である。女性が、特定の男性・自らの好みのタイプの男性のいずれでもない、ふつうの男性とのセックスに、ましてや性交に合意しているなどということは、「乱交パーティ」の場合などをのぞけば、一般に可能性は小さいと判断できる。

女性のセクシュアリティと性交渉・性交――同意の存在を被告側が証明すべきである

ここで、女性のセクシュアリティについて論じなければならない。

総じて女性は、一般に男性によって性的客体とされる（これはその逆よりずっと頻度が高いであろう）のみならず、その体力・筋力のために、あるいは社会的に作られた男性固有の権力（杉田一九九九：二五―三二）のために、男性よりも弱い立場にあり、被害にあいやすく、それを通じて傷つきやすい（これらの特質はvulnerableという英単語がよく示す）。それゆえ女性は、安全であり安心できると自ら判断した、特定のあるいは自らの好みの男性以外との性交渉（特に性交）を、望まない傾向がある。本質主義的に見える議論はしたくないが、性被害を論ずる際は、女性のこのセクシュアリティをふまえる必要があろう。

あるいは、異性の身体や性に強い関心を抱くことは男性に比べてはるかに少ないという女性に見られる傾向（男性ヌードを満載した雑誌が女性に好まれるという事実はおそらくないだろう）を、あげるべきだろうか。さらに、そのセクシュアリティ（それには身体の構造も関わる）から、男性の身体を利用して性的快楽を得ようとする傾向は、女性にはほとんどないように思われる。

とすれば、なぜ女性が、不特定多数の男性の一人でしかない加害者の性的働きかけに同意するなどということがあるだろうか。にもかかわらず公判の過程で被告側から、被害者は性関係を持つことに同意したという主張が平然となされるのが常である。だがそれは、自らの欲望実現のためにジェンダー・バイアスを利用した自己合理化の弁にすぎまい。

それ故、被害者に同意の不在を論証させるのではなく、女性が同意していたと被告側が自ら論証すべきである。

「抗拒を著しく困難にする程度の」暴行・脅迫の認定

強姦罪の構成要件から「暴行・脅迫」を取り除くべきなら、それが「抗拒を著しく困難にする程度のもの」かどうかは問題ではなくなる。だが、仮にこの構成要件を取り除くことができないのなら（ただし「著しく」は全く不要である）、より厳密にその「程度」が検討されるべきである。

暴行・脅迫の程度に関する判断においては、「暴行・脅迫の様態、時間的・場所的状況、被告人および被害者の年齢、経歴、体力等諸般の事情」が考慮されるという（浅田他二〇一二：三八七）。だがそれらは、実際どれだけ考慮されているか。「十一年判決」は事件の「時間的・場所的状況」を配慮したが、その判断は間違っていた（現場を繁華街と裁判官は解したが、実際は人通りが少ない上に周囲に街灯も少なく暗い（杉田二〇一三：四〇―四一）。「殺すぞ」という一言で女性が無抵抗に陥ったのは当然である）。「被告人および被害者の年齢」は全く考慮されていない。女性が被告人よりも三〇歳も若かったというのにである（この年齢差が持つ意味は大きい。性犯罪の諸類型を論じたM・アミールの研究は、年齢差が危機対処能力に与える差異の大きさを指摘する（杉田二〇一三：一一〇））。そればかりか女性の「経歴」があげつらわれ、仕事がら危機対処能力があるとみなされ、裁判長は女性が若年であることを重視しないという無謀な姿勢を取るにいたった。また身長差はゆうに二〇センチあったのに、「体力」も全く考慮外におかれた。「諸般の事情」に入るであろう女性のいでたちも、無視された。女性はタイトスカート姿でピンヒールをはいていたのである。これでは素早く逃げることなどとてもできない。

補強証拠を要求する不正義

被害者に同意の不在を示す証拠を出す義務を課すべきではないという先の主張は、国連の勧告とも合致する。国連「女性の地位向上部」が作成した、女性に対する暴力防止のための『ハンドブック』（国連二〇一二）では性犯罪に関する多様な勧告がなされているが、それまでの世界各地での改革状況をふまえつつ、性犯罪に関わる公判において「裏付け証拠」（補強証拠）を女性に要求する悪しき慣習を撤廃するよう提言している（国連二〇一一：八四、同書が明示したのは英米法とイスラム法であるが、日本の法もここに含まれる。前二者では改正が進んでいる）。

なるほど時には女性が被害者を装い、虚偽の訴え・供述を行うこともあるだろう。だが、その種の例外的な状況はどんな犯罪の場合にも——男性の場合でさえ——生じうることである。それを制度設計の原則にしてはならない。実際他の犯罪に関しては、補強証拠の提出を被害者に求めることは一般にはないはずである。にもかかわらず性犯罪被害者に補強証拠を求めるとしたら、裁判官の質が問われるべきである。補強証拠なしには判断ができないのなら、何のための裁判官なのか。しかも何のために国家がその地位を保障してきたのか。裁判官は十分な知識の獲得に心がけると同時に、固有の判断能力《スキル》を切磋琢磨するのでなければならない（制度の問題は後述）。

通報・告発の遅れ、女性の性的経歴

『ハンドブック』は、司法関係者に「通報の遅れは、暴力被害を訴える女性の責任ではないこと」（国連二〇一一：八三）の確認を求め、また女性の性的経歴をとりあげることを禁止するよう勧告している（国連二〇一一：八四―八五）。だが「十一年判決」の対象事件では、女性の告発が遅れたのは被害がなかった証拠だと被告側弁護士が主張したが、告発の遅れは通報の遅れの場合と同様に「暴力被害を訴える女性の責任ではない」。女性が、告発にあたってどれだけ苦しんだかは想像に余りある。

また日本では、「女性の性的経歴」が公判において被告側弁護士によって問題にされることがある。「十一年判決」でもそれが補強意見においてあげつらわれた。その多数意見は、女性が風俗店で働いていた事実をもって危機対処能力を過剰に見積もったが、ひょっとするとその事実自体故に証言の信憑性が疑われたかもしれない。さもなければ、「十一年判決」の無謀さはにわかに信じられない。だが一般に被害者の性的経歴（経験）は被害事実とは関係がない。この点は性犯罪被害者保護法に関連して先にふれた。

強姦に限定しない

性犯罪被害を独特の被害たらしめる要因は、性への侵害は人格の最も私秘的な部分への侵害だという点である。性犯罪の暴力性がそこにあるとするなら、強姦と強制わいせつを区別することは困難である。

もちろん強姦の方が強制わいせつ（その実態も多様だが）よりもさらに深部への侵害を伴うという理解が一般的であろうが、重要なのは後者でさえ前者に匹敵する被害をもたらすという点である。「ノック事件」では被害者はジーンズの下に手をさしこまれただけだったが、受けた傷は相当に大きかったという。幼い時に痴漢被害にあった少女は、それ以来自分をただの「男の道具」のように感じるようになったという痛ましい思いを語っている（河原一九九九：一八二）。

欧米の近年の法体系が、両者を区別せず「性的侵害」概念で一括させているのは、強制わいせつさえ強姦と変わらない打撃を被害者に与えるという事実に基づいている。それは同時に、強姦罪の保護法益が妻の貞操、ひいては配偶者の男系的な血統維持という社会的法益とされてきた事実への批判からでもあろう。なおこの点では、改定刑法が強姦罪の構成要件たる「姦淫」を「性交、肛門性交又は口腔性交」とした点を評価するが、強制わいせつ（一七六条）にまで議論を広げるべきであった。

性交同意年齢の引き上げ

今回の刑法改定で実現しなかった問題でさらに深刻なのは、性交同意年齢の問題である。日本では性交同意年齢は一三歳である。だがこれはあまりに低すぎないか。なるほど性に関する知識の広がりは低年齢化している。とはいえ、今日の性教育の衰退状況下で、一三歳では性交・妊娠のメカニズムまで知る子どもはほとんどいないと判断される。しかも、その年齢の子どもが法的規範を知り、自律的意思を有し、危機対処能力を備えているわけでは毛頭ない。それどころか「モラトリアム期間」が長くなっているためか、一八歳になってもその種の能力は熟していないのが現実であろう。

これは抽象論ではない。私は一八―二〇歳の学生をいつも相手にしているが、彼らの危機対処能力のなさに唖然としたことが、これまで何度あったか知れない。まして十代前半の子どもの危機対処能力は、この年齢層と比べてさえ劣るだろう。実際、レイプ事件の様態を詳しく調べたM・アミールの研究からも、それは明らかである。加害者に対して全く何もできずに加害者に従った割合は、一四歳未満の層は、一五歳以上と比べて明らかに高い(Amir 1971: 166)。

医学的にも、一三歳を性交同意年齢とするのは無理がある。一一―一三歳は「体ができて」おらず、一五歳くらいまでは性交を避ける方がよいと産婦人科医は指摘する(小田他二〇〇三:八二)。膣が「完成(する)」のは一六―一八歳だからだというのである。社会的に見ても同様である。今日の性交同意年齢は、今日よりずっと早い時期に自立・結婚が求められた一〇〇年以上前(一八八二年)の旧刑法の規定をそのままひきついでいる。そして旧刑法のモデルは一八一〇年の仏刑法典であった。

性交同意年齢を、二〇〇年前の発想にあわせていまだに一三歳としている事実は、異常である。これだけ低い年齢では少女の性的人格権は守られない。なるほどこの規定も、日本の各種法律との整合性の下に成り立っているのであろう。だが、だからといってこの性交同意年齢をいつまでも維持しうるとは、私にはとうてい思われない。今回の改定でこの改定が見送られたのは、残念である。法が年少者の性的人格権を保護しえないとすれば、それは人権原則を憲法の基本においた国においてあるまじき失態ではないであろうか。

妻・男性も例外ではない

婚姻関係への合意は、形式的に性交応諾義務を課すと見なされる。とはいえ、実際の性交はもちろんセックスさえ、その時々の相手の意思を尊重して求めるべきものであろう。これは一般市民の良識に合致する。それ故、性交応諾義務を前提した「権利」行使のあり方によっては、配偶者間においても強姦罪が成り立つと言わなければならない。ただしこれまでの判例を見る限り、婚姻関係の実質的な破綻が強姦罪成立の要件とされる傾向がある。だが、破綻以前の関係において強姦罪の成立を認めなければ、ＤＶないしそれに近い例にしばしば伴う女性の意思に反した性的侵害は是正されないのではないか。

一方、今回の改定が性犯罪の被害者は女性に限らない点を認めたことは、評価できる。男性も、女性と異なる形においてであるとはいえ、やはり被害にあっているからである。そして強いられた屈辱が人を強く苦しめる点で、男性も女性も同じである。いやＰＴＳＤの発症という点では、男性被害者の苦しみは女性被害者のそれを上回るとさえ言える。そして男性の経験は、強姦と強制わいせつの区別がやはり不要であることを示している。

性犯罪被害者は圧倒的に女性に多い。だが女性だけを被害者とする改定前刑法の発想は、性犯罪によって失われる法益を妻の貞操つまり夫の財産権（血統）と見る旧来の発想と通底していたと見なしうる。もし失われる法益を個人の性的人格権あるいは性的自由と捉えるなら、性暴力を受けた男性をも被害者と見なければならない。改定刑法がこの点を認めたことは大きな前進である。この流れを推し進めることで、性犯罪によって失われる法益に関する異なる知見に達しうる可能性がある。

性的虐待の公訴時効と除斥期間

刑事訴訟法に関して一点記す。同法は多くの犯罪に公訴時効を認めているが、少なくとも性的虐待の場合にはこれを廃止すべきである。改定刑法では性的虐待は「監護者わいせつ及び監護者性交等」（一七九条）として強姦罪（強制性交等罪）と同様の刑罰が科されるが、そうなると公訴時効は一〇年である。だが幼い頃に被害にあった少女が時効発生以前に自らの意思で公訴を提起するのは、ほとんど不可能である。

民事訴訟での除斥期間についても同様である。釧路で起きた性的虐待事案では、地裁は除斥期間をすぎたと見なして訴えを一蹴したが、二〇一四年の札幌高裁判決はその開始時期を精神障害の発症時期とした。これは画期的な判決であった。

ただしこの判決をもっと先に進める必要がある。性的虐待の被害は甚大であって、幼少時の早くから精神障害が発症する可能性がある。そうした場合には、除斥期間が二〇年あっても、被害者が自分の置かれた状況を対象化するには残された時間はあまりに短い。したがって、被害者が成人に達する前に精神障害が発症した場合には、除斥期間の算定開始時期を本人が成人に達した時期に置くべきであろう。なるほど性的虐待に関する事実認定は困難を極める。しばしばそれは物証を欠くなかで行わなければならない。だが性的虐待がもたらす右記の特質に鑑みれば、被害者の訴えを最大限に汲み上げうるようにする法的整備は不可欠であろう。

裁判員裁判の改善

裁判員裁判の改善も求められる。三つあげる。

第一に、被害者が裁判員の前で、被害時やその後の状況等に関する「生の声」を求められる機会が増えているが、PTSDに陥った被害者にそれを求めるのは残酷である。公判を非公開で行った場合でも同様である。いかに善意からであろうと、法廷での供述は被害者の状況を十分に勘案しつつ求めるのでなければならない。

第二に、現在は致死・致傷を伴った性犯罪だけが裁判員裁判の対象とされるが、これを性犯罪一般に広げるべきである。それによって、市民の良識が性犯罪一般においても貫かれるべきである。なお、致傷を伴う性犯罪被害者の中に、法廷でプライバシーが暴かれる恐れから一般の性犯罪扱いにしてもらって裁判官裁判を受けようとする被害者がいるという事実も、考慮される必要がある（読売二〇一三：二三二）。前記のように、性犯罪被害者保護法の制定は急務である。

第三に、現状では被害者のプライバシーが多かれ少なかれ外部にもれる可能性があることを勘案すると、裁判員裁判・裁判官裁判のいずれを受けるかを、被害者が選択できるようにすべきである。もちろんいずれの場合でも、プライバシーは最大限に尊重されるべきだし、また裁判官裁判だからといって自動的にそれが尊重されるわけではないとしても、被害者保護の実をあげるために選択の可能性を残すべきである。

専門家の助言を受ける義務

裁判官が性犯罪に関わる機会は多くない。それだけに、また一般にジェンダー・バイアスや強姦神話が十分に自覚されていないため、性犯罪について正確な知識を持つ裁判官は少ないと判断される。それを如実に示したのが「十一年判決」であった。だが性犯罪についてまとまった知識を得ると同時に、事案となった性犯罪の問題点・真実を見ぬくための技能《スキル》が、みがかれなければならない。そのためにも専門家を招いた系統的な研修が不可欠である。同時に専門家に助言を求めることを裁判官に義務づけるべきである。「十一年判決」の多数意見にくみした最高裁判事のように、学者が集団的な検証の結果提示した法則的事実さえ知らずに狭い個人的な経験を「経験則」だと称するのは、言語道断である。自由心証主義は、偏見に満ちた判断を合理化するために使われてはならない。

参考文献

浅田和茂他編（二〇一二）『新基本法コンメンタール 刑法』日本評論社
大阪弁護士会人権擁護委員会・性暴力被害検討プロジェクトチーム（大弁連）（二〇一一）『シンポジウム「性犯罪の無罪判決を検

証する」』
小田洋美他（二〇〇三）『ガールズセックス』共同通信社
河原理子（一九九九）『犯罪被害者』平凡社新書
国際連合女性の地位向上部（国連）（二〇一一）『女性への暴力防止・法整備のための国連ハンドブック』原美奈子他訳、梨の木舎
杉田聡（一九九九）『男権主義的セクシュアリティ』青木書店
杉田聡（二〇〇三）『レイプの政治学』明石書店
杉田聡（二〇〇八）『AV神話』大月書店
杉田聡編著（二〇一三）『逃げられない性犯罪被害者』青弓社
団藤重光編（一九六五）『注釈刑法第四巻　各則第二』有斐閣
中島幸子（二〇一一）『性暴力』NPO法人レジリエンス
読売新聞大阪本社社会部（読売）（二〇一三）『性犯罪報道』中公文庫
Amir, Menachem (1971) *Patterns in Forcible Rape*, University of Chicago Press.

III

被害者論のあした

9 修復的司法——何が実現され、何が実現されなかったか

平山真理

修復的司法は傲慢か——本稿の目的

実話を基に描いたアメリカの死刑制度についての映画「Dead Man Walking」(一九九五年、アメリカ)[1]をご覧になった読者は多いだろう。筆者にはこの映画の中で強く心に残っているシーンがある。強姦殺人事件で死刑囚となった男性の教誨師となったシスター(修道女)が、被害者のためにも祈りたいと考え、殺害された女性の両親のもとを訪れる。この両親はシスターが被害者支援のみを行うべく方針を転換したと勘違いし、歓迎して家にあげるのだが、会話の途中でこのシスターがまだ死刑囚の支援を行っていることに気が付き、シスターを彼らの家から叩き出す。そのとき、この両親はシスターに「あなたは被害者と加害者の両方の味方になろうとしている。どちらかを選ぶしかない」と非難するのだ。また別の被害者遺族は、「私で何かお力になれることがあれば」と言うシスターに、「何と傲慢なことだ」と言い捨てる。

修復的司法は、一言で言えば、被害者と加害者の両方に思いを馳せ、両者に寄り添おうと試みるものである。それは一見「傲慢」だととられるかもしれない。本稿ではこの、見方によっては「傲慢」とも捉えられる修復的司法が何を目指そうとしているのかを論じる。それを論じる過程で、修復的司法の導入と実現のためにどのような議論がわが

国の研究者、実務家の間でこれまで行われてきたか、そのなかで何が「実現され」、何が「実現されなかったか」を考察する。

一　修復的司法とは何か

(1) その定義とモデル、刑事司法制度との関係

修復的司法とはRestorative Justiceの訳語である。これは修復的正義や恢復的司法と訳されることもあるが、ここでは修復的司法に統一する。ところで、「修復的司法とは何か？」という問いに明確な答えを出すことは難しい。修復的司法を定義するうえでは「これこそが修復的司法である、それ以外はダメ」という、all or nothing 的なアプローチではなく、柔軟な解釈――そしてこれこそが長所である――がとられることが多い。しかし修復的司法の定義を全く行うことなしには、そもそも修復的司法の意義も問題性も浮かび上がってこない。従ってここで修復的司法の定義化を試みてみよう。

修復的司法については二つの代表的なモデル論がある。一つ目は「純粋モデル」である。この純粋モデルにおいては、修復的司法は「当該犯罪に関係するすべての当事者が一堂に会し、犯罪後の問題とその将来へのかかわりにいかに対処するかを話し合うプロセスそのものである」とする(2)。このモデルでは、事件に利害関係を有する者の多くの参加が求められるために、会合が成立しにくいし、また参加者全員が納得する「合意」が得られにくい、という問題がある。

もう一つの定義は「最大化モデル」である。ここでは、「犯罪によって生じた害悪を修復することによって正義の実現を志向する一切の活動」と定義される(3)。このモデルによると、例えば必ずしも「被害者と加害者の対面」は必要

とされず、損害賠償命令や社会奉仕命令など多くのプログラムが修復的司法として含まれることになる。多くの試みが可能となる反面、「何でもかんでも修復的司法となってしまう」という懸念も向けられている。

(2) なぜ修復的司法なのか?――伝統的な刑事(少年)司法制度との違い

修復的司法とは犯罪の被害者と加害者、またそれをとりまく地域社会を積極的に手続に参加させながら、犯罪の事後問題の解決を図る一切のアプローチであり、いわば物の考え方である。「修復的司法の祖父[4]」とも呼ばれる、ハワード・ゼア博士(東メノナイト大学教授兼同大学の修復的司法・平和構築センター前所長)によると、従来のレンズ(伝統的な刑事司法制度)とは違ったレンズ(修復的レンズ)を通して被害者や加害者、犯罪についてみることが修復的司法である、ということになる。[5]この「修復的レンズ」のもとでは、犯罪を「法律違反」ではなく、まずは何より「被害者と加害者の間の問題」としてとらえ、「加害者の処罰」よりも「被害者の回復」を重視するために、加害者には謝罪や被害弁償に向けた自発的な責任を取らせることを目指す。つまり、刑事司法による加害者の処罰が「過去に向いている」のだとすれば、修復的司法は「未来志向型アプローチ」であると言える。

また、事件が刑事司法制度で処理され、起訴され、裁判になれば、その判決を決めるのは専門家(裁判官)である。刑罰権は国家に属するから、被害者がその決定過程や結果に口を出せる範囲は小さい。一方、修復的司法においては、被害者のニーズにまず耳が傾けられ、被害者による希望が(合法的かつ合理的な範囲で)加害者に対する処遇に反映されることになる。

犯罪が起これば、影響を受けるのは被害者・加害者だけではない。それぞれの家族や友人、地域社会の人々も様々な影響を受ける。そして、彼らは加害者の更生や被害者の回復を支える重要な役割を果たすことが期待されているのに、刑事裁判においてはほとんど出番がない。修復的司法では、これらの「関係当事者」をもできるだけ広く参加させ、犯罪の事後問題をともに話し合おうとするところにも大きな特徴がある。ノルウェーの有名な犯罪学者ニルズ・クリスティは、紛争処理は「財産」であり、近代司法においては国家がこれを当事者間から奪ってしまったのであり、この「財産」を我々の手に取り戻そうと主張した(6)。この根底にはまさに修復的司法の考え方がある。

(3)　修復的司法と刑事(少年)司法制度の関係

修復的司法は犯罪の事後問題を解決するなかで、事件の当事者——被害者と加害者——に大きなイニシアティヴを与えようとするものである。しかしそうは言っても、近代国家においては刑罰権は国家にある。刑事司法制度を完全に廃止し、修復的司法に一本化すること——これを「単一モデル」という——はラディカル過ぎて現実的ではない。では、修復的司法と通常の司法制度はお互いにどのような関係となるのか。両者が両立し、相互補完していくことを目指すものを「二元モデル」と表現できる。より修復的司法を積極的に活用しようとするのであれば、修復的司法をメインに据え、それがうまくいかなかった場合のバックアップとして刑事司法制度を位置づける「安全ネットモデル」もあり得よう。さらに「混合モデル」は、裁判の段階までは通常の手続によって処理し、矯正の段階で修復的司法アプローチを取り入れようとするものである。

諸外国の例をみると、例えばニュージーランドでは「一九八九年児童、若者及びその家族法」(以下「一九八九年法」)により、少年事件においては、事実関係に争いがなければ、「警察による警告に留まる軽微事件」または「被害者が死亡した事件」以外のすべてのケースを修復的司法プログラムによって処理している。そこでは加害少年、その家族、ソーシャルワーカー等が参加して「家族集団会議(Family Group Conference, FGC)」が開かれる。被害者は参加することもできるが必要的ではない。仲介役が参加者の対話を進行させる。家族や利害関係者が一堂に会し、起きてしまった犯罪について話し合い、何らかの合意を目指すのは先住民であるマオリ族による問題解決手法であった。近代の司法制度や教育制度にうまくなじめなかったマオリ族はニュージーランドやオーストラリアで高い犯罪率を占め、この問題に対応することも上記の法によって修復的司法が導入された大きな原因の一つである。FGCは加害少年に対する適切な処分、処遇計画、また被害者に対する賠償プランなどについて勧告するが、その勧告内容が実行不可能であるか、「一九八九年法」の目的に反するとみなされない限りは、少年裁判所はこれに効力を与えなければならない（「一九八九年法」三四条）。ニュージーランドは修復的司法を法律で規定して制度化している唯一の国であると言える。(7)

(4) 修復的司法には誰が参加し、どのような形態があるのか

それでは修復的司法はそれが実践されている国においては具体的にどのように行われているのだろうか。重要な参加者は当然ながら、事件の当事者である被害者と加害者である。しかしこの両者だけで「さあどうぞ、対話して下さい」と言われてもうまくいかないだろう。両者を介在する役割が肝要で、それはメディエーター（調停役）やファシリテーター（対話進行役）が担うこととなる。諸外国で実践されている修復的司法は、刑事司法制度の枠組み内で行われるもの、また全く独立のNPO団体によるものなど様々であるが、この対話進行役は特定の資格こそ必要としないものの、犯罪や被害というセンシティヴな問題を扱うわけであるから、特別の研修を受けていることが要求される。しかしNPO団体による修復的司法においては、心理学や法学の専門家というよりは一般市民がヴォランティアでこの役割を担っているケースが多い。諸外国では修復的司法が草の根運動として発展して来たケースが多いことが大きな原因の一つであろう。

修復的司法の形態として代表的なのは「被害者加害者対話（Victim Offender Mediation, VOM）」である。これと類似のものとして「被害者加害者和解プログラム」（Victim Offender Reconciliation Program, VORP）」もある。北米で一番最初に修復的司法アプローチが利用されたのは、一九七四年にカナダのオンタリオ州キッチュナーにおいてであり、そ

こではVORPが実施された。少年による器物損壊事件を担当していた保護観察官が「こうした少年たちが被害者に会うことができれば、それは素晴らしいことじゃないか」とふと漏らしたことがきっかけでVORPが実践されたのである。(8) VOMやVORPよりも多くの参加者を巻き込むかたちで行われるのがオーストラリアやニュージーランドで実施されているFGCである。また、カナダやオーストラリアの先住民アボリジニが問題解決手法として活用していたのは「サークル(Circle)」と呼ばれる手法である。これは被害者、加害者、その家族、また事件に利害関係を持つ者たちが車座になって座り、すべての参加者が平等な発言権を持つものである。参加者が話し合うときには「トーキング・ピース」と呼ばれる小さな物(鳥の羽や綺麗な石や貝殻など、参加者にとって特別の意味を持つ物が使われることが多い)が回される。その「トーキング・ピース」を手にしている間は誰にも遮られることなしに発言を続けることができる。こうしたアプローチはカナダにおいて「量刑サークル」として一部の州で活用されている。量刑を決める段階において判事は様々な利害関係者の意見を聞き、より適した量刑を決めるのである。

(5) 修復的司法に対する批判

一方で修復的司法に対してはどのような批判があるのだろうか？　筆者は欧米諸国やオーストラリアに修復的司法プログラムの調査に行った経験が何度かある。その際には、修復的司法に対する批判や懸念にとくに注意を払って調査してきた。しかしこのアプローチに対する大きな批判をあまり見つけることができなかった。これは修復的司法に対する批判は存在しない、という意味ではないであろう。修復的司法はこれらの「修復司法先進国」においてさえもいまだ「マイノリティ」であり、社会における認知度は低い。つまり修復的司法は批判されるほどの影響力を持ち得ていない、との悲観的見方も可能である。しかしここでは敢えていくつかの批判を検討したい。

批判のうち代表的なものは、被害者の負担への懸念である。修復的司法は参加者すべての自発的な参加を前提としているが、修復的司法がいわば「美談」のように喧伝されることで、参加しなければならないという一種のプレッシャーを被害者は感じるかもしれない。被害者が自分の受けた苦しみの原因を作った加害者に会おうと決心するのは大変なことである。また、参加することで更に傷つく被害者が出る危険性があることも否定できない。さらに、「加害者の更生の道具として利用されている」と懸念する被害者もいるかもしれない。諸外国の実践例をみると、対面後のアンケートでは被害者の大分が「満足した」と答えているものが多いが[9]、直接対面の影響を事前に完全に予測することは不可能である。これらの危険性を最小化するためには直接対面までの綿密な準備が何よりも大切となる。

また、「修復的司法は重大な事件には適さないのではないか?」とする懸念もある。確かに被害が重大であればある程、被害者は加害者と会うことを望まないであろうし、重大な事件を被害者と加害者の対面によって解決することに社会が納得しない場合も多い。上述のようにニュージーランドの制度でも死亡事件は対象から外している。諸外国の実践例を見ても、修復的司法の得意分野は財産犯罪等の比較的軽微な事件であり、また教育的効果を期待し易いことから可塑性が高いとされる少年事件においてよく利用されていると言える。一方、不得意分野はDV事例や性犯罪などである[10]。しかし、最初から一律に重大な事件を外す必要はあるのか、という疑問もある。被害が大きければ大きいほど、被害者は事件の処理に大きな関心を持ち、手続においてその声を反映させてほしいと望むであろう。加害者にとっても被害者に与えた傷を目の当たりにすることで、より責任を自覚し、深い反省の念を持つに至ることが期待される。繰り返すが修復的司法はあくまで被害者加害者の自発的な参加によって成り立つのであり、重大な事件においても(重大事件ではより綿密な準備が必要となることはもちろんであるが)、修復的司法を選択肢の一つとして置いておくことには意味があるのではないか。

別の角度からの批判は「修復的司法は逆に加害者への介入を強めてしまう」とするものである。従来であれば警察による「警告」、またわが国であれば「微罪処分」で済んでいたような軽微な犯罪についても、対面の意義を重視するのであれば修復的司法を適用する余地はある。修復的司法は加害者を甘やかしているどころか、「ネット・ワイドニング（介入の網を拡げてしまう）」になっているとする指摘には留意すべきである[11]。しかしこの点についての世界的な修復的司法研究者ジョン・ブレイスウェイトによる以下の反論は興味深い。すなわち、警察官や裁判官などの専門家以外がイニシアティヴをとることに修復的司法の意義を見出すのであれば、修復的司法を導入することで国家による公的なコントロールはむしろ弱められることが期待され（ネット・ナロウイング）、ネット・ワイドニングされているのはコミュニティによるコントロールである、とするのである[12]。

二　わが国における修復的司法への関心はいかに生まれたか——喝采と拒絶

わが国で修復的司法について最初に論文等で紹介されたのは、一九九九年頃であった[13]。当時の刑事司法における大きな動きの一つとしては、まず被害者問題への関心が高まったことが指摘できる。一九九五年三月の地下鉄サリン事件は被害者の窮状とそれに対する支援の欠如に社会が気づく大きな契機となった。また同年一月に起きた阪神・淡路大震災は、犯罪ではなく自然災害ではあるが、心に深い傷を負った人々は長期に渡って心身に不調を抱え得ることを日本社会に痛感させた。

また、当時は少年犯罪について大きな注目が集まった時期でもあった。一九九七年の神戸連続児童殺傷事件は、一九四九年に施行されて以来大幅に改正されることのなかった少年法を大きく改正する方向へ一気に推し進めた。またこの事件後、二〇〇〇年に相次いで起きた豊川主婦殺害事件、西鉄バスジャック事件、岡山金属バット母親殺害事件、大分一家六人殺害事件などにより、〝突然キレる少年たち〟や〝モンスターのような加害少年〟というイメージを多くの人が持つようになった。

マスコミにより連日報道される少年犯罪に対して社会が抱いた「恐怖感や嫌悪感」と、法学者や実務家を中心として支持された「厳罰が答えではないとする主張」のギャップの中で、「少年犯罪に対してもっと効果的なアプローチはないのか?」という模索が生じた。このような時代背景の中で、修復的司法はかなり大きな関心を——研究者、実務家の両方において——集めるものであった。修復的司法の研究者、実務家として著名なミネソタ大学のマーク・アンブライト教授(修復的司法と平和構築センター所長)が毎年開催している修復的司法の対話進行役養成トレーニングに、日本から修復的司法に関心を持つ研究者や弁護士が初めて参加したのは二〇〇一年九月であった。[14] この後、二〇〇三年には日弁連子どもの権利委員会が中心となってアンブライト教授を日本に招聘し、全国各地で講演会やワークショップが開催された。[15] また二〇〇二年には被害者学会の第一三回学術大会(於大阪市立大学)において、上述のブレイスウェイト教授(オーストラリア国立大学)が「被害者支援の展望——修復的司法の可能性」として基調講演を行った。[16] 修復的司法はまさに、第一次少年法改正(改正少年法は二〇〇一年四月より施行)により懸念された厳罰化に対するカウンターアプローチ——そしてそれは可能な限り被害者の視点を持ちつつ行われた——として誕生したと言える。

しかし、この流れの中で、期せずして、修復的司法に対しては「ある誤解」が抱かれることになったのではないか。この誤解とは、修復的司法を凶悪な、あるいは深刻な少年事件に対して適用することを目指しているのではないか、[17] というものであり、それに大きく反発した被害者もいた。また当時、少年法の第一次改正により被害者への配慮規定も導入され、被害者が希望すれば、裁判所が自らあるいは家裁調査官に命じて被害者意見を聴取できることになった(少年法九条の二)。その聴取の方法としては、審判廷外が一般的であったが、被害者の心身の状態や被害者と少年の安全に配慮すれば、裁判官の判断で、審判廷内で被害者が少年の前で直接意見を述べることも不可能ではなかった。このような直接対面の試みも一部の審判で行われ、とくに傷害致死事件において実施された事例がメディア等によって報じられた(朝日新聞(兵庫版)二〇〇二年五月二三日付記事)。この審判では、少年四人に暴行され死亡した当時一九歳の少年の父親が、加害少年に対し、「心からの反省ができてから、線香を上げにきてほしい」と語りかけ、加害少年は泣きながら頭を下げ、「すみませんでした」と繰り返したという。直接対面の取組みは、このケースにおいてはうまくいったと評価できるかもしれない。しかし社会に修復的司法の考え方が認知される前に、死亡事件における取組みがこのように報じられたことも、上で述べた「誤解」を助長したと言えるのではないか。

すでに修復的司法が活用されている諸外国においても、適用される事件の中心は財産犯罪を中心とする軽微な事件である。もちろん、凶悪な事件や、場合によっては死亡事件に対しても適用される可能性を修復的司法は全く排除するわけではない。しかし事件の被害が大きければ大きい程、そこに修復的司法を適用するには、慎重なうえにも慎重な準備や、また被害者の二次、三次被害を防止するためのサポートが絶対不可欠である。そのことの説明が充分ではなかったという批判は免れ得ないであろう。

こうして、わが国における修復的司法の実践や研究は、被害者からの反発――そのいく分かは誤解に基づくものであったとしても――を充分に解くことができないままスタートした、という問題があった。このことは、被害者への支援がいまだ充分に発展していなかった当時においてはとくに、「加害者の更生のために利用されたくない」という反発や懸念を被害者の中に根強く残してしまったと言える。

三　修復的司法の発展に向けて行われてきた取組み――実践と研究

わが国において二〇〇〇年初頭より始まった修復的司法への関心は、実践や研究の中でどのように発展していったのであろうか。ここではそのうち代表的なものについてみてみたい。

(1) NPO団体や弁護士会の取組み

①「被害者加害者対話の会」(http://www.taiwanokai.org/ 二〇一七年三月三一日閲覧)

わが国の修復的司法実践団体として最初に発足したのは、二〇〇一年六月に設立された千葉のNPO法人「被害者加害者対話の会」(以下「対話の会」)である。「対話の会」理事長(設立当時は副理事長)を務める山田由紀子弁護士は、一九九八年にニューヨーク大学ロースクールに留学中に修復的司法に接し、わが国における実現を目指した(18)。ここでは、犯罪の加害者、被害者やその関係者などで相手方との対話を希望する者が「対話の会」に申し込みを行う。対話進行役(会が主催する研修を終えた市民ヴォランティア)が相手方に参加の希望を確認し綿密な準備を行う。ケースが対話に適しており、参加者の安全について確信が得られれば、対話を行う。この対話は公民館やコミュニティセンター等、双方にとって安全が確保できる場所で開催される。参加者には費用は一切かからない。加害者が被害者の気持ちを知ること、また被害者にとっても加害者から直接謝罪の声を聞くこと、というプロセスに重点が置かれるが、加害者が被害者への「賠償」を行うことなど、何らかの「合意」が形成されれば、その合意が履行されるように「対話の会」のメンバーらがフォローアップを行う。司法制度とリンクさせ、加害者の処分に何らかのメリットや影響を及ぼすことを目指すというよりはむしろ、被害者と加害者の対話により、それぞれがその後の人生を少しでもよい方向に向けていくことに寄与することを希求した取組みであると言える。

「対話の会」理事長の山田由紀子によると(19)、二〇〇一年六月の発足から二〇一六年三月までで、対話の申し込みは七五件あり、この中には殺人・殺人未遂や傷害致死などの死亡事件もかなりあった、とのことである。このうち、罪種としては傷害が三三件と最も多く、性犯罪も三件あったという。対話が成立したのは三一件に及んだ、ということである。

②「被害者加害者対話支援センター」

千葉に遅れること三年、二〇〇四年にＮＰＯ法人「被害者加害者対話支援センター」(以下「対話支援センター」)が大阪に設立された。対話進行役として弁護士以外にも元裁判官や臨床心理士などが入ったことが特徴の一つであった。しかしながら、先に挙げた「対話の会」に比べ、対話成立数はのび悩み、数件に留まった。「対話支援センター」は二〇一〇年一〇月に解散したが、その理由の一つとして、「対話センター」の事務局長でもあった弁護士は「(被害者側に)罪を軽くするために利用されるという不安の声が強かった」と説明している(毎日新聞(大阪)二〇一四年四月二七日付朝刊一面)。ただ、この「対話支援センター」の対話進行役らが中心となって、いくつかのハンドブック的資料が作成、出版されたことは、ここで得られたノウハウが将来的に活用されるためにも大きな意味がある。これらには、例えば藤岡淳子ら「被害者加害者対話におけるメディエーターの役割と研修——メディエーター研修マニュアルの作成」(『研究助成論文集』四〇巻、二〇〇四年、二二四—二三〇頁)、またマーク・アンブライト著／藤岡淳子訳『被害者－加害者調停ハンドブック　修復的司法実践のために』(誠信書房、二〇〇七年)などがある。

また、この「対話支援センター」の中心メンバーらの修復的司法実践への挑戦は、後に述べる、わが国の刑事施設における修復的司法の実践に引き継がれることになる。

③「犯罪被害者・加害者対話センター」(http://www.hyogoben.or.jp/konnatoki/index-10.html 二〇一七年三月三一日閲覧)

兵庫県弁護士会は、二〇〇九年四月に「犯罪被害者・加害者対話センター」(以下「対話センター」)を開設した。被害者、加害者またその関係者等から対話の申し込みがあれば、「対話センター」が事案が対話に適したものか、また双方が対話に同意するかを確認し、対話の準備を行う。対話進行役は弁護士である手続進行委員が行う。対話の仲介料には一件につき八〇〇〇円(プラス消費税)がかかる。二〇一四年四月末の時点で、被害者側からの申し込みが六件あり、これまでに死亡事件を含む二件について対話が成立している[20]。

また、「対話センター」が行う取組みとして興味深いのは「謝罪文銀行」である。加害者が被害者に謝罪したいと考えても、とくに重大事件においては、被害者にとってはそれに耳を貸すことも難しい。このような場合に、加害者からの謝罪の手紙を一定の保管期間を設けて預かり、「対話センター」が被害者にコンタクトをとる。被害者が謝罪文を読む気持ちになるまでその手紙を預かる。謝罪文の内容によっては被害者に読ませることが適切ではないものもあるから、そのチェックは「対話センター」が行う。加害者が謝罪文銀行を利用するときは手数料二〇〇〇円(プラス消費税)を支払う。この取組みは、二〇〇五年八月に開催された司法福祉学会における講演のためミネソタ州から来日した修復的司法実践家の講演をヒントに導入された。[21]「対話センター」によると、開始した二〇〇九年には加害者八人が一一通の手紙を預け、これまでで二二人から計三六通を預かったが、実際に被害者に渡せた手紙は二通に留まっている、とのことであり、[22]被害者の心の扉がいかに重いかを物語っている。

裁判段階等、処分決定前であれば、執行猶予や少しでも軽い判決を求めて被告人が弁護人を通して被害者側に謝罪文等を渡そうとすることはよくあるが、この「謝罪文銀行」は大部分が処分決定後、場合によっては事件後長い年月が経ってから加害者が謝罪の気持ちを示したいと考えるために利用するものである。たとえ被害者に受け入れられなくても加害者が謝罪の気持ちを持ったこと自体にも意味は見出されよう。被害者がその受け取りを拒んだ場合でも、例えば「対話センター」の弁護士などにより、その謝罪文にコメントをするなど、加害者の謝罪の気持ちを肯定的に評価していく取組み等を発展させていくことが望まれる。

ＡＤＲや和解の斡旋は各県の弁護士会が行っているが、修復的司法に特化して被害者と加害者の間の関係に弁護士会として働きかけているケースは兵庫県弁護士会のみである。その大きな理由は、修復的司法を最初にわが国に紹介した研究者の一人でもあり、修復的司法研究を率いて来た前野育三がこの会に所属する弁護士であることが関係していると思われる。

四　刑事司法制度内で行われる「官」による取組み

(1) 警察庁による「修復的司法カンファレンス(少年対話会)」

わが国において、官による初の全国的な修復的司法の取組みは警察庁により実施された。この背景には、二〇〇三年一二月に内閣府が初めて策定した「青少年育成施策大綱」において以下のように修復的司法に言及があったことが大きく影響している。すなわち、「(前略)個々の事案の状況に応じ、加害者の処遇の過程等において、謝罪を含め被害者との関係改善に向けた加害者の取組を支援するほか、修復的司法活動の我が国への応用の可能性について検討する」と記されている。警察庁はこれを受けて、少年事件の取調べ段階における修復的司法の導入を検討した。この取組みでは、一四歳以上の少年で、刑事処分や保護観察などの対象とならない軽微な事件(万引き等の事例が多い)について、家庭裁判所に送致される前の段階で、加害者とその保護者、そして被害者の同意が得られたケースで被害者加害者の対面を実施することを検討し、これは「少年対話会」と名付けられた。審判に何らかの影響を及ぼすものというよりは、加害少年が被害者に直接対面することで再犯防止につながり、また被害者側にとっても加害者から直接謝罪の気持ちを聞くことの意義や、質問することで不安を解消できる効果を重視したものであった。警察庁はまず二〇〇五年八―一二月にモデル事業として、また二〇〇六年一〇―一二月に全国でパイロット・プログラムとして実践し、そこでは対象事件四〇九九件中五六件で実際に対話が行われたという(23)。こうして警察庁は二〇〇七年度から実施に乗り出すが、その後対話が成立するケースはゼロ件という状態が続き、この「対話会」制度は事実上運用されていない。

これはなぜであろうか？　対面することによる意義やそれに対する理解が進んでいないことは大きな原因であろう。実際に被害者からは「話したくない」や「時間がない」などの理由が寄せられることも多いようである(読売新聞二〇一〇年四月七日付記事二七面)。軽微な事件であれば、被害者は加害者の更生に協力するために参加させられるような気持ちになり、充分な理解が得られにくいのかもしれない。また、事件を家裁送致する限られた時間内に「対話会」を開かなければならないので、修復的司法にとって重要な「準備段階」が充分にとられていないことを指摘する意見もある。(24) さらに、加害少年にとっても、被害者と対面してもいずれにせよ家裁送致されるわけであるから、動機づけとして充分ではないのかもしれない。

(2) 島根あさひ社会復帰促進センターにおける修復的司法プログラム

小泉内閣のもとで進められた民営化の流れは多くの公共事業を対象としていたが、その流れの中で、二〇〇七年より刑事施設(刑務所)もその対象となった。実際には、刑事施設運営の中で民間に委託できる部分を任せ、また民間の経営技術やノウハウを利用していくPFI(プライヴェート・ファイナンシアル・イニシアティヴ)方式がとられた。こうしたPFI刑事施設は全国に四カ所設置され(山口県美祢・島根県あさひ・兵庫県播磨・栃木県氏家)、このうちとくに島根あさひ社会復帰促進センターでは、民間団体と協力して興味深い矯正教育が行われている。センターのホームページ(http://www.shimaneasahi-rpc.go.jp/torikumi/ 二〇一七年三月三一日閲覧)によると、島根あさひ社会復帰促進センターでは、矯正の三本柱として、回復共同体、認知行動療法、修復的司法を置いている。この修復的司法では、受刑者に対し、自ら犯した罪と向き合い、人としての絆と尊厳を回復させるための責任を果たすことが加害行為の償いであることを理解させることが目指されている。そしてその中では三つの責任(被害者への説明責任、再犯防止責任、謝罪・償いの責任)を自分なりにどう果たしていくかを考えさせるという。受刑者は実際に被害者とは対面せず、ロール・レタリング等を活用することで、「被害者の立場から見た」自己やその更生度合いを評価していくことになろう。

ところで、このような矯正段階における修復的司法プログラムは、矯正施設において従来から実施されていた被害者に対する贖罪教育、また「刑事収容施設及び被収容者等の処遇に関する法律」のもとで特別改善指導として位置づけられている「被害者の視点を取り入れた教育」(特定の受刑者に対して行われている)と何が違うかを差別化することが重要となろう。矯正段階で修復的司法を実施している諸外国においても、実際に受刑者と被害者を対面させることまでを行っているのはむしろ少数である。実刑判決を受けるような事件では被害者が大きな被害を受けているケースが多いし、またこのようなプログラムに参加したことを仮釈放の要件の「改悛の情」としてどの程度評価するべきかという問題も残る(早く出所したいので参加を希望する場合は「真の反省」と言えるのか、被害者は加害者の「更生」に利用されたと感じはしないか等)。

おわりに

以上、本稿では、修復的司法について考察し、さらにわが国における修復的司法の実務の現状を検討した。修復的司法がわが国で紹介され始めた一九九〇年代後半当時、被害者と加害者の両方に思いを馳せようとするこの司法アプローチは、「加害者の人権だけを主張する」のでもなく、「単なる厳罰化」でもない、いわば「第三の道」として大いに注目を集めた。しかし本稿でも見てきたように、それから二〇年が経った現在、修復的司法は当初期待されたほどには活動の場を得られたとは言えない。それどころか、本稿執筆時(二〇一七年八月現在)においては少年法の第五次改正が議論され、そこでは少年法の適用年齢を現行の二〇歳未満から一八歳未満に引き下げることが議論され、少年法が得意とする「教育的働きかけ」から多くの非行少年が漏れてしまうことが懸念されている。

わが国においては、修復的司法が「メイン・ストリーム」となることは――少年司法制度においてであれ刑事司法制度においてであれ――おそらくないであろう。修復的司法は今後も、「第三の道」として、そしておそらくは現状と同じようにマイノリティであり続けるであろう。しかしそれを悲観する必要はない。被害者と加害者が分断されている現在の刑事司法制度ではニーズを満たされないと感じる被害者、加害者にとって、選択肢を一つでも多く提供することだけでも充分に意味がある。

そして修復的司法の根底にある思想は、現行の刑事司法制度をどう改良していくかの可能性を大いに有している。修復的司法は「発言力のあるマイノリティ」として存在し続けていく必要がある。

では、冒頭に筆者が挙げた「修復的司法は傲慢か」という問いにどのように答えるべきか。修復的司法は傲慢であり得ることは否定できない。しかし、理想を掲げることは往々にして傲慢となり得る。排除や厳罰に傾きつつある社会では修復的司法は下火となり、低迷しよう。しかしその中でも、修復的司法は理想を唱え続けなければいけない。そしてそのことこそが修復的司法が果たさなければいけない役割であるからである。

(1) この映画は、カトリックの修道女Helen Prejean(ヘレン・プレジャン)が文通によって死刑囚と交流した経験から論じられる死刑廃止論である*Dead Man Walking: The Eyewitness Account of the Death Penalty that Sparked a National Debate* (Vintage 1994)を原作としている。

(2) Purist Model の訳である。Tony Marshall, "The Evolution of Restorative Justice in Britain", *European Journal of Criminal Policy and Research*, Vol. 4 Issue 4, December 1996.

(3) Maximalist Model の訳である。Gordon Bazomore and Lode Walgrave, *Restorative Juvenile Justice: Repairing the Harm of Youth Crime*, Willow Tree Press, 1999.

(4) ところで、なぜ修復的司法の「父」ではなく「祖父」なのか。ハワード・ゼア博士は二〇〇六年に来日したが、筆者はこの質問を直接聞いてみたことがある。ゼア博士は以下のように答えた。「父」だとどうしてもうるさく口出ししたくなるが、「祖父」はそれよりも一歩引いた関係でいられる。自分は修復的司法自身が発展し成長することを少し離れた距離から見守りたい、と。ゼア博士の二〇〇六年来日時の講演録としては、ハワード・ゼア/平山真理(訳)「近代における刑罰論と修復的司法――修復的司法と伝統的刑事司法制度の比較より見えてくるものとは」(『比較法学』四〇巻三号、二〇〇七年)を参照されたい。

(5) Howard Zehr, *Changing Lenses: A New Focus for Crime and Justice*, Herald Press, 1990.

(6) Nils Christie, "Conflicts as Property", *The British Journal of Criminology*, Vol. 17, 1977.

(7) ニュージーランドの修復的司法については、山川秀道「論文紹介――ジョージ・ムスラキス「ニュージーランドにおける修復的司法、土着の慣習、及び司法改革」」『広島法学』三九巻三号、二〇一六年、一九五―二〇六頁。

(8) ハワード・ゼア著／西村春夫・細井洋子・高橋則夫監訳『修復的司法とは何か――応報から関係修復へ』新泉社、二〇〇三年、一六一頁以下。

(9) 修復的司法による対面に対する被害者の満足度について、犯罪のタイプによって比較(家族内の暴力事件とそれ以外)し、また被害者についてもマオリ族とそれ以外の者で比較したニュージーランド法務省による詳細な研究として、Restorative Justice Victim Satisfaction Survey(二〇一六年九月)がある。報告書は https://www.justice.govt.nz/assets/Documents/Publications/20170303-RJ-Victim-Report.pdf よりダウンロードできる(最終閲覧日二〇一七年三月三一日)。

(10) とくにＤＶはもともと被害者と加害者の間の力関係の歪みが根底にあり、両者の関係を「修復する＝今回の被害の前の状態に戻す」ことには意味がなく、これらの事例に修復的司法を適用することには危惧感が示されることが多い。一方、性犯罪に対する修復的司法については、カナダの矯正局の連携で行われているCoSA「責任と支援のサークル」が有名である。平山真理「性犯罪と修復的司法」(『修復的正義の今日・明日　後期モダニティにおける新しい人間観の可能性』成文堂、二〇一〇年所収)。

(11) Kevin Minor and J. T. Morrison "A Theoretical Study and Critique of Restorative Justice" in Burt Galaway and Joe Hudson (eds.), *Restorative Justice: International Perspectives*, Criminal Justice Press, 1996.

(12) John Braithwaite, "Restorative Justice: Accessing Optimistic and Pessimistic Accounts", *Crime and Justice*, Vol. 25, 1999.

(13) 初期の代表的研究は、前野育三「修復的司法の可能性」(『法と政治』五〇巻一号、一九九九年)、高橋則夫「被害者関係的刑事司法と回復的司法」(『法律時報』七一巻一〇号、一九九九年)などがある。また、わが国で一番最初に出版された修復的司法についての翻訳書はジム・コンセディーン、ヘレン・ボーエン編／前野育三・高橋貞彦監訳『修復的司法――現代的課題と実践』(関西学院大学出版会、二〇〇一年)である。

(14) 二〇〇一年九月のこのトレーニングへの参加者は前野育三教授(関西学院大学)、後藤弘子教授(千葉大学)、辰野文理教授(国士舘大学)、山田由紀子弁護士(千葉弁護士会)、草場裕之弁護士(仙台弁護士会)等であり、その後のわが国の修復的司法研究、実践の中心的役割を以後担っていく。当時大学院生だった筆者がこのトレーニングに参加できたことに感謝したい。なお、同センターが提供するトレーニングはいくつか種類があり、より重大な事件の修復的司法の対話進行役養成のためのものもある。その参加レポートとして、伊藤冨士江「重大犯罪におけるリストラティヴ・ジャスティス——Center for Restorative Justice & Peacemaking の研修に参加して」『上智大学社会福祉研究』三二号、二〇〇八年、一—一五頁。

(15) 二〇〇三年一一月四日放送の「ニュース23」では、ミネソタ州からアンブライト教授と修復的司法コーディネータのキャサリン・マクロード氏が来日し、各地で講演会をしたことが報じられた。また、対話進行役養成トレーニングでも行われる、架空の事件を想定しての模擬被害者加害者対話の様子についても放送された。修復的司法についてわが国のTVメディアが報じた最初のケースの一つと言えよう。

(16) ジョン・ブレイスウェイト/平山真理訳「被害者支援の思想——修復的司法の展望」『被害者学研究』第一三号、二〇〇三年、三—二六頁。

(17) 「五〇年後に思い馳せ」(神戸新聞二〇〇〇年一一月二九日付)において、神戸連続児童殺傷事件の審判を担当した判事が、第一次改正少年法が成立したことに対する見解を述べる中で、加害少年である少年Aが少年院から無事社会に戻ってから更に五〇年以上経ったときに、と断った上で次のようなイメージに言及している。すなわち、少年A(その時点ではすでに古稀を超えている)が亡くなった被害女児や被害男児のそれぞれの兄らと共に、地域の子どもや若者たちも参加しながら、事件現場等地域を掃除し、その謝礼で花を買い、被害者宅へ届け、被害者らをしのぶ集まりを持つ、というものである。この発言の根底には修復的司法への期待があるように思われる。たとえ重大な事件であっても、被害者加害者の双方が納得し、望むのであれば、このような方向性もあり得るであろうし、その可能性までは筆者も否定しない。しかし、そこに至るまでにはまずは充分な被害者支援が必要であるし、その前提なしにこのような話が出てくることは、被害者にとっては修復的司法への反感を強めることにしか寄与しない危険性もある。

(18) 山田由紀子『少年非行と修復的司法』新科学出版社、二〇一六年。

(19) 「この弁護士に聞く⑰山田由紀子——被害者と加害者の対話から修復的司法を実現する」『季刊刑事弁護』八六号、二〇一六年、五頁。

（20）　同センターHP。
（21）　ミネソタ州では、矯正段階において「謝罪の手紙銀行」のプログラムが実践されているという。Russel Stricker／平山真理（訳）「ミネソタ州はいかにして刑事施設収容人口問題に対処してきたか」『龍谷大学矯正・保護研究センター研究年報』三号、二〇〇六年。
（22）　神戸新聞NEXT二〇一六年四月四日配信 http://www.kobe-np.co.jp/news/shakai/201604/0008956867.shtml（二〇一七年三月三一日閲覧）。
（23）　植木百合子「修復的カンファレンス（少年対話会）モデル・パイロット事業報告書の概要について」『警察学論集』六一巻四号、二〇〇八年。
（24）　高橋則夫「「少年対話会」の意義と限界——修復的司法の可能性」『早稲田大学社会安全政策研究所紀要』二号、二〇〇九年。

10　子どもの司法面接とケア

安田裕子

はじめに——子どもの司法面接とは

司法面接とは、「法的な判断のために使用することのできる精度の高い情報を、被面接者の心理的負担に配慮しつつ得るための面接法」と定義される。司法面接は、forensic interviews の訳である。司法面接の場で用いる情報収集のための面接法という観点からは、被疑者への接見、取調べ、大人の被害者や目撃者からの事情聴取、法廷での尋問なども司法面接の範疇に含まれ、諸外国ではこの方法が家事事件における子どもへの意向調査や被疑少年の取調べ、知的障がいをもつ被疑者の取調べにもいかされるようになっている（仲二〇一六）。もっとも、そもそも虐待被害にあった子どもから何が起きていたかを教わる面接技法を、司法面接という直訳で、日本の社会福祉実践現場、ならびに保健医療、教育などの関係領域に定着させることでよいのかという問いもあり（菱川二〇〇七b）、児童福祉と刑事捜査の事情聴取を十全に統合的に実施している欧米とは異なる日本において、刑事捜査的なイメージが強い司法面接という呼称を用いることにもさまざまな意見がある（笹川他二〇一一）。児童福祉のなかでは「（法的）被害（事実）確認面接」と呼ぶことが提案されてもいるが（笹川他二〇一一、阿部二〇一三）、近年では、司法面接という名称が定着しつつある（仲二〇一六）。ここでは、狭義の、子どもの被害者を対象とした司法面接について論じる。

司法面接は、アメリカ、イギリス、イスラエル、カナダ、スウェーデン、デンマーク、ドイツ、韓国など、世界各国の警察や子どもの権利擁護機関で用いられている(英国内務省・英国保健省二〇〇七)。犯罪、特に身体的・性的虐待の被害にあったり、事件を目撃した子どもから事情を聴取するために作成されたイギリスのガイドライン「よき実践のためのメモ」(Memorandum of Good Practice: MOGP)をはじめ、アメリカのワシントンDCにある国立小児保健・人間発達研究所(National Institute of Child Health and Human Development: NICHD)で開発されたNICHDプロトコル、カナダで使われているステップワイズ面接、ドイツの面接法である構造面接などさまざまな種類があるが、司法面接についての仲(二〇一六:三―四)は、①正確な情報をより多く引き出すこと、②子どもへの負担を最小限にすることを共通の目的とし、面接を行う手続き全体に関する特徴を次のようにまとめている。

- 第一は、記憶の変容や汚染が起きないように、また供述が変遷しないように、できるだけ早い時期に、原則として一度だけ面接を行う。
- 第二に、面接を繰り返さないですむように、録画・録音という客観的な方法で記録する。
- 第三に、面接は、子どもに圧力をかけたり、誘導・暗示を与えたりすることのないように、自由報告を主とする構造化された方法を用いる。
- 第四に、これも子どもが何度も面接を受けることを防ぐためであるが、複数の機関が連携して、一度で面接を行うか、面接の録画を共有できるようにする。複数の機関が連携することを多機関連携(multi-agency approach)あるいは多職種連携(multi-disciplinary approach)という。

面接法そのものについても特徴がある。その根幹は、できるだけ被面接者自身の言葉による自発的な報告(自由報告）を求めるということであり、自発的な報告を最大限引き出せるように面接法が構造化されている。それは、法的判断に役立つ正確な情報を得るために、誘導や暗示の影響を最小限にする、という目標による。面接者は、オープン質問を用いて子どもの自由報告を最大限に得ることが目指されている。すなわち司法面接は、①挨拶をはじめグラウンドルールの説明、ラポール（信頼関係）形成、出来事を思い出して話す練習などによる導入の段階、②自由報告と質問、③ブレイクと質問、④クロージング、という流れによって、ゆるやかに構造化されている。

なお、司法面接の手法にもとづいて面接をしたからといって、必ずしも新しい事実や事件の全貌・詳細が明らかになるとは限らない。また、司法面接を実施した面接者が子どもの叙述を査定するかたちでその信憑性に関する評価を述べたりはしない。子どもへの司法面接は、仮に司法の場で争ったとしても、面接の手順の適切さ、ビデオ記録が残っていること、MDT（multi disciplinary team 多機関・多職種専門家チーム）による合同調査と方針決定、子どもの出来事に対する記憶が影響を受ける可能性のことを指す情報混濁の解消など、面接法としての構造ゆえに子どもが打ち明けたことが無にならないように開発・研究がなされている（菱川二〇〇七ａ）。

一　子どもの虐待被害の発見と司法面接の必要性

司法面接が開発された背景

子どもの虐待を調査する面接法が開発された契機は一九八〇年代にさかのぼる。イギリス、アメリカ、イスラエルなどでは一九八〇年代から性的虐待の発覚が増加したものの、客観的な証拠が極めて少ないなかで加害者の裁判や被害児のケアは多くを子どもの証言に依存しており、子どもたちから誤った証言を引き出したことによる冤罪が社会問題にもなった（阿部二〇一三）。イギリスでは一九八六―一九八七年にクリーブランド市で起きた事件が、そしてアメリカでは一九八三年にカリフォルニア州で起きたマクマーチン事件が有名である。事件の詳細は他書を参照いただきたいが(British Medical Journal 1988, バトラー他二〇〇四)、イギリスのクリーブランド事件は、先にあげたMOGP(よき実践のためのメモ)がつくられるきっかけとなっている。また、クリーブランド事件では、福祉と医療がタッグを組み、司法とは対抗するかたちで調査・捜査を行ったことが批判され、よってMOGPの策定に際しては、イギリスの子ども法に、「ワーキング・トゥギャザー」という司法と福祉が情報を共有し連携して虐待に取り組むことを勧める指針が盛り込まれたことに留意したい(イギリス保健省・内務省・教育雇用省二〇〇二)。

子どもから適切な供述を得られないのは、聴取方法や記録の仕方に問題があるからである。仲(二〇一六：一二)は、自らがかかわった事案において、幼児の供述調書を分析し、鑑定書を書き、法廷で専門家証言を行った経験から、問題点を次のようにあげている。

- 子どもは事件が起きて裁判が終わるまで、まずは周囲の大人から、そして捜査官、検事により、繰り返し何度も面接を受けねばならない。
- 供述調書は問答式で記述されてはいるものの、捜査官が書き取ったものであり、本人の言葉が客観的に(録音のようなかたちで)記録されていない。

事件の深層を明らかにするべき面接において、面接者のバイアス(性的虐待はあったという可能性だけを追求し、性的虐待はなかった可能性を考慮しない)、質問や面接の繰り返し(性的虐待はあったというバイアスのもと、面接中に何度も、また複数回の面接を通して尋ねる)、被疑者に対するネガティブなステレオタイプの植えつけ(被疑者は悪い人物だという印象を子どもに与える)、誘導的な面接技法(「話してくれないと大変なことになる」という情動的な圧力、権威あるものとしての態度、

「他のみんなも言っているよ」といった子どもの仲間集団や周囲を利用した圧力）という問題があり（Ceci and Bruck 1995）、こういったことが子どもの暗示にかかりやすい傾向（後述）を高めることが認識され、子どもへの適切な面接法を確立することへの動機づけとなり、面接法の開発につながった（仲二〇一六：一九）。

日本における児童虐待の表面化と埋もれる性的虐待

日本では、二〇〇〇年に児童虐待防止法が施行されて以降、児童相談所への相談件数は年々増加し、全国の児童相談所で対応した児童虐待相談対応件数について、たとえば、一九九九年度に一万一六三一件、二〇〇〇年度に一万七七二五件であったものが、二〇一四年度には八万八九三一件、そして二〇一五年度には一〇万三二八六件となっている（URL①）。こうした児童相談所への虐待相談件数の増加とともに、認識すべきは警察で事件化される件数の少なさである。警察庁が発表した「児童虐待及び福祉犯の検挙状況（平成二六年一―一二月）」によると、二〇一四年の児童虐待の検挙件数は六九八件であり、前年より四九・五％増加したというが（URL②）、虐待相談件数と比べるとその落差は大きい。もっとも、必ずしも事件化されればよいというものでもない。被害を受けた子どもの精神状態や症状、処罰感情は、加害者が家族であればなお複雑である。ケアの観点からは、事件化されずとも相談にはつながっているという見方ができるだろうし、また、事実確認の観点からは、面接者に刑事事件にすることへの意気込みがあることは面接者の思い込みや面接が複数回に及ぶことにつながる可能性があり、結果、情報混濁を起こす条件となりうる（菱川二〇〇七b）といったことを、考慮に入れる必要がある。

しかしながら、警察が認知した犯罪件数と児童相談所における虐待相談件数とのこうした落差は、被害と加害の現状把握と対応が遅れていることを示す証左でもある。子どもからの聴き取りの困難さは、こういう検挙件数の少なさにも表れているともいえる（仲二〇一六）。とりわけ性的虐待について、その被害発見の難しさを看過することはできない。先にみた児童虐待及び福祉犯の検挙状況（平成二六年一―一二月）のうち、二〇一四年の児童虐待の検挙件数六九八件の内訳は、身体的虐待が五二六件、性的虐待一五〇件、怠慢又は拒否一一件、心理的虐待一一件となっている（URL②）。身体的虐待は外傷や骨折により、そしてネグレクトは低体重や虫歯など外傷的な指標によっても発見しやすく、またDV事案では子どもへの心理的虐待の存在が想定されやすいこと（仲二〇一六）、さらに心理的な虐待は、その件数にみるように検挙はしにくいのだろうが、実のところあらゆる虐待に潜んでいることが指摘されている。他方、性的虐待は、一対一で、また密室で行われることが多く、脅しや恐怖の植えつけ、段階的な接触、遊びや世話を装う、引け目や自責や恥の感覚を悪用するなど、加害者により巧妙な共犯関係にもちこまれることもしばしばであり（野坂二〇一七）、かつ医学的な証拠も少なく、その発見と子どもへの聴取の困難さが改めて認識されよう。しかし現実には、たとえば一九九八年度に性被害に関して日本で初めて行われた大規模な全国調査では、一八歳未満の女子の三九・九％、男子の一〇％、一三歳未満の女子の一五・六％、男子の五・七％が、性的被害を受けていることが明らかにされている（「子どもと家族の心と健康」調査委員会一九九九）。

性的な被害による影響は、加害者と被害者の関係、被害の回数、期間、内容などによって、さまざまに異なる体験となり、その回復過程も、周囲の人との関係や警察・司法などの介入の有無などによって大きく異なる（稲川二〇〇一）。したがって、被害にあった子どもの個別のありようをその子どもの目線からとらえ、過去―現在―未来にわたる長い時間軸のなかで、体験の様相や、回復とその支援を考えていく必要がある。本来、性的自立に伴う主体的な性関係は、身体的、精神的、社会的自立という発達課題の達成ののちに成り立つものであり、子どもに対するどのような性行為も発達的に不適切でありトラウマとなりうる（白川・瀧澤二〇〇五）。児童期の性的虐待を、大人になるまで打ち明けない割合が四割弱にのぼるという研究知見があるが（London et al. 2005）、誰にも話すことができないままに、したがって適切な対応や支援を受ける機会のないままに発達過程を経ることの、長期にわたる多方面におよぶマイナスの影響はあまりある。松本(二〇一三)は、児童期に性的虐待を受け、成人後にも発症している抑うつ症状やPTSD(Post-Traumatic Stress Disorder 心的外傷後ストレス障害)などの原因が、加害行為から二〇年以上を経て、過去の性的虐待に起因するとの診断が医師によってくだされたという事件に関して、消滅時効を争点に論じている。

二　日本での司法面接の導入と実施、その展開

日本において、児童福祉領域では初めての試みとして、二〇〇六年度に神奈川県中央児童相談所が、性的虐待の事例を中心に司法面接の実践を導入した(菱川二〇〇七b)。西欧諸国同様、子どもの供述をどのように聴き取ったかについて、その信頼性を巡り加害者側から反論される事例が起こる可能性が十分に予見されたこと、また、児童心理司が子どもの心理面でのケアを、そして児童福祉司がケースワークを担当するというそれぞれの機能を十分に果たすには、中立的に事実を聴き出すことを各担当者以外が担う方が適切であるという認識によった。その後、司法面接を用いた児童相談所は、二〇〇七年には全国一九六カ所のうち一二カ所(六・一%)に、二〇一〇年には全国二〇四カ所のうち六五カ所(三二・八%)に、そして二〇一一年には全国二〇六カ所のうち一六〇カ所(七七・六%)になっていることが報告されている(山本他二〇一五、URL③)。

なお、二〇〇八年に「犯罪から子どもを守る司法面接法の開発と訓練」プロジェクトを立ち上げ、北海道大学大学院文学研究科内に司法面接支援室を設置した仲(二〇一六)により、司法面接の研修が開始されている。初年度はMOGPを基盤に研修を行い、参加者のフィードバックを得て、その翌年度からはNICHDプロトコルを用いたという。当該研修の実施の観点からは、二〇一五年度末までに、計四〇〇〇人を超える専門家が研修に参加したことが報告されている。北海道児童相談所において性的虐待への対応に司法面接が導入されたのは、この研修がきっかけとなって

いる(阿部二〇一三)。二〇一五年一〇月に、厚生労働省、警察庁、最高検察庁が関係機関の連携を求める協同面接、すなわち三者による司法面接を提唱する通知が出されて以降は、関係機関が連携して事案にあたることも増えてきている(仲二〇一六)。

さて、性的虐待は他の虐待に比べ犯罪性が高く、被害児童への影響も大きいにもかかわらず、社会的には顕在化しにくい虐待であるのは先述した通りである。日本の児童相談所では、虐待相談に占める性的虐待の割合は三%程度とされるが、第三者には発覚しにくいため潜在的な被害はかなり多いと考えられている(阿部二〇一三)。菱川(二〇〇七b)は、児童期虐待を生き延び成人した人から、喉元まで言葉がこみ上げていても、目の前の大人が困りそうな表情を見せる気配を感じた子どものときの自分は被害を打ち明けるのをやめたのだと教わったことや、被害にあったときから五年や一〇年が過ぎても誰にも打ち明けないことを明らかにした調査結果を引き、どのような被害内容であろうと、子どもたちが打ち明けたところで何も困ることのない中立的な立場の面接者が技術的に正しい手法で被害を確認することが、児童虐待に対応する専門職に貢献するものとなる、と述べる。

性的虐待の影響は、さまざまなかたちで被害児童とその家族にあらわれ、援助を複雑困難なものにする。児童虐待の援助においては、加害者と被害者とを分断するような対立構図では、被害を受けた子どもの今後の人生を見据えた解決を探ることはいろんな意味で難しくなる。まずは援助者が、中立的な立場で被害を明確にとらえることが、性的虐待への対応の出発点となる(阿部二〇一三)。

三　子どもの認知能力・言語能力と司法面接

子どもの出来事を語る記憶

もっとも、虐待の被害について、子どもから話を聴くのは簡単なことではない。それは、日常的な生活場面で繰り返し被害を受けることによる複雑性のＰＴＳＤ症状を中心とするトラウマの影響によるところも大きいが、そもそも子どもが認知能力や言語能力などの発達途上にあるということは重要な点である。

事件の目撃や被害を受けた体験を思い出して報告するためには、エピソード記憶の発達が不可欠である。エピソード記憶とは、いつ、どこでといった特定の文脈に結びついた一度限りの出来事の記憶である。一般に、証拠的価値のある情報とは、特定の時間に特定の場所で事件があったこと、つまり、加害をしたとされる人と被害を受けたとされる人が特定の時間と場所を共有していた、ということが証明できる情報である。したがって、司法面接の目的は、特定の時間、場所で起きたエピソード記憶を得ることとなる（仲二〇一六）。

エピソード記憶の発達は、就学前から児童期を通して進む。エピソード記憶が報告できるようになるにはいくつもの能力が関わっており、それらは、言語、情報の理解、心の理論、自己―他者に関する知識、記憶である（Nelson 2000）。言語、情報源の理解、心の理論、自己―他者に関する知識が一定の度合いに達するのは四歳台であり、そのころに幼児は過去―未来の時間を行き来できるタイム・トラベラーになるという Nelson（2000）を受けて仲（二〇一六）は、司法面接では四歳が体験に関する情報を収集できるひとつの節目とすると述べる。もっとも断片的な情報を得る目的では、三歳台から司法面接を行う場合もある。

出来事の記憶やその報告において重要となる要素は、「いつ」「どこで」「誰が」「何を」「なぜ」「どのように」「どうした」などであるが、これらの要素に注意を払い、記憶し、報告するには、それぞれの要素の理解に加え、「どうやって覚えるか」という学習方略や、「どのように思い出すか、語るか」という想起や語りの方略の修得が必要である。尾山・仲(二〇一三)は、五、六歳児を対象に、幼児が自ら体験したポジティブな出来事とネガティブな出来事について何をどのように話すのかを検討した面接調査にて、五、六歳児は体験した感情的な出来事について話すことはできても、WH質問(「いつ」「どこで」「誰が」「何を」「なぜ」「どのように」「どうした」を問う質問)による大人の支援がないと出来事全体の情報を漏れなく報告できない可能性があること、加えて、認知能力に制約があるため、幼児は、出来事の「いつ」「なぜ」情報については手がかりを与えられても答えられない場合があることを明らかにした。そしてこのことを踏まえ、司法面接では、五、六歳の子どもからは、自発的な報告をできる限り聴取し、そのうえで必要に応じてWH質問を行うようにするというように、被面接者の認知能力に配慮して司法面接を行うことの重要性を指摘している。

子どもの被暗示性の特徴

こうした認知能力や言語能力の発達途上にある子どもから情報を得るうえで気をつけなければならないのは、誘導と被暗示性の問題である(仲二〇一六)。被暗示性とは、他者からの示唆や暗示、指示などを適度に受け入れ、あるいは従ってしまう傾向性のことである(コールマン二〇〇四)。幼児や児童は、情報の記銘(情報を記憶にとどめる過程)でも検索・想起(記憶にとどめた情報を思い出す過程)でも、認知能力が十分に発達しておらずソースモニタリング(情報源の監視)が不十分であるために、再認(ある対象について、過去に経験したこととして確認すること)の誤りや作話が多くなる。また、常に大人の庇護のもとで生活しているため大人の言うことは絶対だと信じていることが多く、したがって、大人の言葉に影響を受け記憶や報告が変わってしまうという被暗示性の高さがとらえられる(仲二〇一六)。すなわち、被暗示性の源泉には、認知的要因と対人的要因があることが報告されている(Gudjonsson 1984, 1987)。加えて仲(二〇一六)は、小学校二年生と五年生を対象に、より正確な情報が得られる聴き取り方、ならびに一度目の面接が二度目の聴取に及ぼす影響を、イメージを思い出させる群を含めた四条件で比較検討した自分たちが行った実験を紹介し、質問という外部情報のみならず、イメージという本人によって作り出された情報によっても記憶は汚染されうると論じている。

こうした特徴から司法面接場面をとらえれば、子どもは何度も聴かれることで、自分の答えが十分に信じてもらうに足らないのだと思い、何かもっと大人が満足する話をしなければと考え、思い出せない部分を推測したり別の情報源からの話を付け加えたりする。また、事態が深刻化し重大なことになるのを恐れ、いったん打ち明けた話をすべて撤回する、ということも生じうる(菱川二〇〇七b)。性的虐待の被害が打ち明けられるに際しては、①否認、②ためらいがち、③積極的、④撤回、⑤再度肯定、というプロセスをたどることがとらえられてもいる(Sorensen and Snow 1990)。

四　事実確認のための司法面接と心理的ケアのためのカウンセリング

被害を受けた子どもの保護と福祉の実現を基本理念としつつも、子どもの語りに向きあううえで、端的には、司法面接では客観的事実の収集を、そして治療的な面接では主観的な苦しみや不安の除去を目的とするという違いがある(藤川二〇一〇)。菱川(二〇〇七b)の、司法面接をする者の役割をレントゲン技師と表現するたとえはおもしろい。子どもに起こったことを、何も足さず、何も引かず、起きた通りに話してもらうことに特化した面接技法により、司法面接を行う者は、レントゲン技師が診断も治療もしないように、子どもの言っていることの真偽について結論を出さ

表1　司法面接とカウンセリングとの比較による特徴

項　目	司法面接(事実確認)	カウンセリング(ケア)
時　間	できるだけ初期に	被面接者の準備ができたときに
面接室	あたたかいが，簡素	あたたかく，心をなごませる
面接者	司法面接の訓練を受けた人	カウンセラー，臨床心理士
背景知識	認知・発達心理学，福祉，法	臨床心理学，福祉
関係性	あたたかいが，中立，たんたんと	親密で，時に濃厚，受容的
態度，表情	中立，たんたんと，姿勢を変えず	親密，受容，共感，感情表出
うなずき	しない	大きくうなずく
面接の方法	手続きが決まっている	自由度が高い
質問や言葉かけ	情報提供や誘導をしない，オープン質問を主体にプロトコルで決められた質問を用いる	言葉を代弁したり，話しかけたり，好ましい方に誘導も
扱う情報	事　実	主観的な体験
ファンタジー	扱わない	受け入れる，ふり，つもりも
道　具	使用しない	使用することもある
イメージ	イメージではなく，事実が重要	イメージも重要
面接回数	原則として1回	数回〜多数回
記録方法	面接をすべて録画，録音	面接終了後，筆記も可

出典：2016年6月「北大司法面接研修」資料.

ず、もちろん変化を起こすことなく、ただ子どもが思い出して話すことができるようにするのである。**表1**は、司法面接とカウンセリングの特徴の相違を対比的に明らかにしたものである。北海道大学大学院文学研究科内司法面接支援室の主催による北大司法面接研修を、二〇一六年六月に筆者が受講したときの資料から抜粋した。

司法面接は主として刑事事件の証拠としての意味をもつ。そして証拠的価値のある情報とは、加害をしたとされる人と被害を受けたとされる人が特定の時間と場所を共有していたということが証明される情報であることを、再度確認しておこう。「いつも殴られる」「いつも無視される」といった情報は、事件の背景の確認や心理的・福祉的なケアのためには重要だが、司法面接の第一の目的は外部情報により裏打ちされたエピソード記憶の聴取である(仲二〇一六)。もっとも、子どもの不安が強く司法面接に耐えられないときに無理をしすぎて、子どもを深く傷つけることがあってはならない(子どもの人権と法に関する委員会二〇〇八)。しかしだからといって、事実確認を志向する司法面接と心理的・福祉的ケアを志向するカウンセリングとが相いれないものだとするものでもない。双方の差異を明確にしつつ、事実確認とケアとを行おうとする視点と姿勢がまずもって重要であるだろう。

二〇〇八年より、福祉、司法、医療に携わる専門家や大学院生に対象を広げつつ司法面接研修を行ってきた仲は、研修を開始した当時、司法面接は被害を受けた子どもにとって負担が多いのではないか、より受容的・共感的なアプローチが必要なのではないか、という質問や意見を多く受けたという。そうした経過を経て、研修ではむしろ司法面接とカウンセリングを対比させ、いずれもがともに重要であるが異なるものであることを明確に強調するようになったと述べる。カウンセリングは未来に向けて回復を支援していく活動であり、一方、司法面接では過去に目を向け出来事を克明に思い出すことが求められる。いわば、カウンセリングと司法面接という目的も方向性も異なる面接を一人の面接者が同時に行うことは困難であり、こうした明確化はなお、多機関・多職種連携アプローチの重要性を際立たせる(仲二〇一六)。

司法面接の実施者は、一般的に、加害者とは別の性とする、治療者は担当しない、加害者と接触する者は担当しない、中立性を保つことが望ましい、とされている。司法面接の先進国では、面接の実施者は他の機関に所属し、司法面接を行うときにしか被害児童と接触しないことが実現されている(阿部二〇一三)。アメリカのオレゴン州ポートランド市にあるCARES Northwest《ケアーズ・ノースウエスト》(Child Abuse Response and Evaluation Services・北西部管轄)では、子どもの虐待評価の診察と面接を行う評価担当の医師と、司法面接担当のソーシャルワーカーとがペアになる、チーム組織が構成されている(菱川二〇〇七a)。ロサンゼルスのチャイルド・セクシャル・アビューズ・クライシス・センターやワシントンDCのチャイルド・アドヴォカシー・センターでも、児童虐待案件について、子どもへの司法面接は特別の訓練を受けた専門の面接者によって行われ、司法、医学、福祉などの領域の専門家と連携するシステムが構築されている(一場・木田二〇〇八)。日本では、面接者を他機関に委嘱したり、他の児童相談所の職員を派遣するシステムを取り入れるなど、面接者と被害児童の接触を極力限定することが目指されその実現の努力がなされている。しかしながら、一時保護所が併設された一児童相談所内で司法面接を行う場合、司法面接前後に当該児童とまったく顔をあわせないことは不可能という限界もある(阿部二〇一三)。

司法面接によって被害事実が明らかになると、そののちに、心理職が司法面接のデータも含めて子どもの心理状態をアセスメントし、「あなたが悪いのではない」ことをベースに受容的なかかわりをしながら精神的な安定を図るが、その時点で、──性的虐待の被害児童にはとりわけ──さまざまな症状が出ている。解離や抑うつ、睡眠障害、自傷行為などの精神的な症状はもとより、発達障害との見分けがつかないような多動傾向、性的問題行動、性的虐待の背景にあるネグレクト環境に起因すると思われる愛着障害など、症状は重複することが多く、治療に長期間を要することが少なくはない。症状が重い場合は心理職が単独で治療することは困難であり、精神科医療が必要となる。臨床症状として行動のアセスメントを他職種にフィードバックし、専門的な治療資源の活用と児童相談所の連携を支援計画に盛り込むことが、司法面接を実施するにあたり求められている(阿部二〇一三)。

おわりに──多機関・多職種連携への展望、被害への予防的視点

司法面接は、被害から回復までにいたる援助の過程において、初期にピンポイントで実施する特殊な面接法であるといえるが(田中二〇一三)、特定の日時に特定の場所で何があったのかを明らかにすることは、福祉的にも、司法的にも、医療的にも、心理臨床的にも重要なことであり、かつそこで得られた情報は共有可能なものである。よって多機関・多職種による連携が重要となるが、面接計画を立て一度で被害事実を聴取することにより、事件や出来事の記憶に汚染や変遷が生じたり精神的な二次被害を防ぐこともまた可能となる。

そうした多機関・多職種連携がいかに可能となるかという問いに対し、仲(二〇一六)は、ひとつの方法として、児童相談所、警察、検察が合同で司法面接の研修を行うことをあげている。まず、三者で必要な情報の検討も含めて面接計画を立て、面接者役とバックスタッフ役を順番にロールプレイし、どのような対応やアプローチをとるのかについて顔を突きあわせて討議するのである。こうした研修は、互いの専門性や役割、視点や動き方を理解するうえで、有用なものとなる。子どもを守るという目的を共有しながら、児童相談所、警察、検察がそれぞれに異なる役割やアプローチについての理解を深め、互いがどのように歩み寄れるか、互いのために何ができるかを考えることが、実りある連携の第一歩となるのだという。また、こうした研修を通じた異なる機関・異なる職種間の関係づくりは、今後、研修の場を離れたところで何かあったときに、すみやかな連絡と実働を可能にする基盤づくりにもなっていよう。さらには、児童相談所、警察、検察という三者の枠を越えた、医療や心理も含めたネットワークづくりの重要性が認識される。こうした多機関・多職種連携を実現してこそ、被害にあった子どもへの事実確認とケアの双方が可能となると考えられる。

また、地域社会において被害を発見する感度を高めていくことも重要なことである。田中(二〇一一)は、子どもの証言の信憑性に関する研究をもとに、日ごろからオープンな質問に触れる機会の多い子どもは豊かな情報を報告できる可能性が高いと述べ、翻って、身近な存在である私たち大人の、子どもに語りかけたり子どもから話を聴いたりするといった普段からの働きかけがいかに重要であるかということを、投げかけている。こうした大人側の意識化と、その認識をもとに日々子どもたちとはかるコミュニケーションの基盤は、被害などが疑われる場面での早期の発見と対応をも可能にしよう。虐待の予防の観点からも示唆的なことである。

最後に、実際にそうした場面に遭遇した場合、被害を受けたかもしれない子どもを目の前にして、具体的にどのような行動が必要かを述べておきたい。子どもが被害について初めて言葉にしたあとに、自発的に話すのでなければ、当該出来事について周囲の大人からは根ほり葉ほり聴かないことが重要である（田中二〇一三）。六歳以上の子どもが虐待の一部を示唆するような話をしたときは、簡潔に、「誰が、何を、いつ、どこで」を尋ねるに留めることが望ましい（菱川二〇〇七b）。そうした対応の必要性は、援助者とて同じである。菱川（二〇〇七b）は、現場で子どもから虐待の事実をはっきり打ち明けられた際には、周辺の関係者からの目撃情報などの情報収集を行い、子どもからの聴取りについては児童相談所通報後の対応に委ねるべきとする。田中（二〇一三）は、たとえば学校で養護教諭に、子どもから性的虐待被害の存在が疑われるような内容が話された場合、養護教諭は、その場で会話をそのままに逐語としてメモあるいは録音・録画しておき、疑いのままに児童相談所への連絡を行う必要性を述べる。こうしたリファー（適切な他の専門家に任せるべくつなぐこと）によってこそ、効果的な多機関・多職種連携が可能となる。児童虐待をくいとめることが望まれるも実のところ根絶への道は遠いかもしれないが、起こった被害をできるだけ早期に発見することで救われる子どもの人生があることを今一度認識し、適切な対応と支援につなげていくことが重要だろう。

参考文献

阿部弘美（二〇一三）「司法面接と心理支援」『子育て支援と心理臨床』七巻
イギリス保健省・内務省・教育雇用省（二〇〇二）『子ども保護のためのワーキング・トゥギャザー――児童虐待対応のイギリス政府ガイドライン』松本伊知朗・屋代通子訳、医学書院
一場順子・木田秋津（二〇〇八）「司法面接と諸専門領域にわたる多角的児童虐待の評価について」『自由と正義』五九巻一一号
稲川美也子（二〇〇一）「性暴力被害におけるＰＴＳＤ」『ＰＴＳＤ――人は傷つくとどうなるか』加藤進昌・樋口輝彦、不安・抑うつ臨床研究会編、日本評論社
英国内務省・英国保健省編（二〇〇七）『子どもの司法面接――ビデオ録画面接のためのガイドライン』仲真紀子・田中周子訳、誠信書房
尾山智子・仲真紀子（二〇一三）「幼児によるポジティブ、ネガティブな出来事の語り――親が出来事を選定した場合と子どもが

出来事を選定した場合」『発達心理学研究』二四巻一号
子どもの人権と法に関する委員会(二〇〇八)「パネルディスカッション「子どもの司法面接」(第四八回日本児童青年精神医学会総会特集(1) スローガン:児童青年精神医学・医療の広範な展開をめざして)」『児童青年精神医学とその近接領域』四九巻三号
コールマン、アンドリュー(二〇〇四)『心理学辞典』藤永保・仲真紀子監修、丸善出版
「子どもと家族の心と健康」調査委員会(一九九九)『「子どもと家族の心と健康」調査報告書』日本性科学情報センター
笹川宏樹・馬場優子・大前亜矢子(二〇一一)「奈良県児童相談所における被害確認面接の実施上の困難点と課題」『子どもの虐待とネグレクト』一三巻三号
白川美也子・瀧澤紫織(二〇〇五)「性被害に遭った」『児童心理』五九巻五号
田中晶子(二〇一一)「心理学における子どもの証言研究――大人と子どものより良いコミュニケーションをめざして」『子どもの虐待とネグレクト』一三巻三号
田中周子(二〇一三)「子どもの司法面接――子どもの最善の利益を守るために」『世界の児童と母性』七五巻
仲真紀子編著(二〇一六)『子どもへの司法面接――考え方・進め方とトレーニング』有斐閣
野坂祐子(二〇一七)「子どもの性暴力被害者への心理臨床現場でのかかわり方・治療」『第一六回日本トラウマティック・ストレス学会 プレコングレス3 臨床・支援現場における犯罪被害者への対応・治療』
バトラー、エドガー・W、フクライ、ヒロシ、ディミトリウス、ジョー＝エラン、クルース、リチャード(二〇〇四)『マクマーチン裁判の深層――全米史上最長の子ども性的虐待事件裁判』黒沢香・庭山英雄編訳、北大路書房
菱川愛(二〇〇七a)「児童虐待問題における司法面接とは何か?」『トラウマティック・ストレス』五巻一号
菱川愛(二〇〇七b)「司法面接」『小児科臨床』六〇巻四号
藤川洋子(二〇一〇)「虐待を聞く技術――子どもの司法面接とは?」『児童青年精神医学とその近接領域』五一巻三号
松本克美(二〇一三)「児童期の性的虐待に起因するPTSD等の発症についての損害賠償請求権の消滅時効・除斥期間」『立命館法学』三号
山本恒雄・渡邉直・青木栄治・渡辺裕子・妹尾洋之・稲葉史恵・大久保牧子・丸山恭子・和田一郎・中嶋佐智子(二〇一五)「児童相談所における性暴力被害児童への支援の在り方」『性的虐待事案に係る児童とその保護者への支援の在り方に関する研

究』（岡本正子（研究代表者）、平成二六年度総括・分担研究報告書 厚生労働省科学研究費補助金政策科学総合研究事業（政策科学推進研究事業））

British Medical Journal (1988) "Summary of the Cleveland Inquiry", *British Medical Journal*, Vol. 297.

Ceci, Stephen J. and Bruck, Maggie (1995) *Jeopardy in the Courtroom: A Scientific Analysis of Children's Testimony*, American Psychological Association.

Gudjonsson, Gisli H. (1984) "A New Scale of Interrogative Suggestibility", *Personality and Individual Differences*, Vol. 5.

Gudjonsson, Gisli H. (1987) "A Parallel Form of the Gudjonsson Suggestibility Scale", *British Journal of Clinical Psychology*, Vol. 26.

London, Kamala, Bruck, Maggie, Ceci, Stephen J. and Shuman, Daniel W. (2005) "Disclosure of Child Sexual Abuse: What Does the Research Tell Us about the Ways That Children Tell?", *Psychology, Public Policy, and Law*, Vol. 11.

Nelson, Katherine (2000) "Memory and Belief in Development", in Schacter, Daniel L. and Scarry, Elaine (eds.), *Memory, Brain, and Belief*, Harvard University Press.

Sorensen, Teena and Snow, Barbara (1990) "How Children Tell: The Process of Disclosure in Child Sexual Abuse", *Child Welfare*, Vol. 70.

参考ウェブサイト

① http://www.crc-japan.net/contents/situation/pdf/situation_graph01.pdf（二〇一七年八月一六日閲覧）

② https://memorva.jp/ranking/japan/npa_jidougyakutai_h26_2014.php（二〇一七年八月一六日閲覧）

③ http://www.mhlw.go.jp/file/05-Shingikai-12601000-Seisakutoukatsukan-Sanjikanshitsu_Shakaihoshoutantou/0000104093.pdf（二〇一七年八月二九日閲覧）

11 犯罪被害者遺族と刑罰——「遺族の回復」から見た死刑

坂上 香

変容していない痛みは転移する。(1)

リチャード・ロア

はじめに

殺人の遺族と刑罰、と聞いてこの国の多くの人が思い浮かべることは何だろう?

それは、死刑ではないか。永遠に奪われた命に対して遺族は最も厳しい刑を求める。日本の極刑は生命を奪う死刑である。だから遺族は死刑を望んで当然。そう考える人が多いのではないか。

実際、最近の世論調査でも死刑支持率は八割を越え、その根拠として「死刑を廃止すれば、被害を受けた人やその家族の気持ちがおさまらない」が五三・四%とトップだ。在任中に一一人の死刑執行を行った谷垣元法務大臣もまた、二〇一二年の就任会見で死刑制度について「被害者感情、国民感情からみて現在も十分に理由があるものとみる」と発言している。

同じく死刑存置の米国でも、こうした遺族の処罰感情を理由にした死刑存置論が根強い。二〇〇〇年以降、同国では死刑廃止への機運が高まっているが、それに対抗して存置派は「遺族の終止符のために死刑を」のスローガンを掲げている。

しかし、本当に死刑は遺族のためになるのだろうか。「終止符」になるのだろうか。

愛する人が殺されることは、それまでの価値観が壊されるようなことだと死別の専門家らは言う。そのため遺族は被害者なき「新たな日常“a new normal”」に適応する方法を学び直さねばならない（Armour 2002）。言い換えると、殺人という絶望を経験した遺族は、再建不可能とも思える日常を徐々に建て直しながら、生き続けるための希望を見出していく必要があるということだ。

このプロセスを「遺族の回復」と呼ぶことにする。ここでの回復とは、元と同じ状態に戻すことではない。被害者が蘇ることは不可能であるし、遺族自身も事件前と全く同じ状態に戻れるわけではない。だから「遺族の回復」が焦点を当てるべきは「取り戻せない命（被害者の死）」ではなく、「事件後の生（遺族）」であり、同時に、殺人という被害の受け止め方の「変容」だとも言える。

筆者は司法や心理の専門家ではない。犯罪をめぐる当事者や専門家の声を聞き、暴力から脱する方法を考えてきた映像制作者である。本稿では死刑制度を持つ日米を中心に、次のような問いを考えていきたい。そもそも犯罪被害者遺族とは誰を指すのか。「遺族の回復」とはどのようなプロセスであるのか。死刑という刑罰は「遺族の回復」とどう関わり、どう作用しているのか。

一　被害者遺族とは誰か？

(1) 被害者遺族の定義と呼称

殺人（ここでは生命に関わる犯罪全般を指す）の場合、直接の被害者はこの世に存在しない。そのため、遺族が被害者として扱われる。しかし通常、殺人の被害統計に現れるのは直接の被害者のみである。[2] 被害者遺族の範囲は曖昧で特定困難だからだ。

日本では、犯罪被害者遺族は「被害者が死亡した場合……におけるその配偶者、直系の親族、若しくは兄弟姉妹」(刑事訴訟法二九〇条の二)と極めて限定されている。米国でも、殺人被害者の家族を意味する family of homicide victim が一般的であるが、実際は州、連邦、軍、先住民族政府によってその呼称自体や対象とする範囲も異なる。[3]

被害者の家族といっても関係性は様々だ。長年疎遠だったり、不仲だったりと、かならずしも親密、良好であるとは言えない。恋人や同居人等、被害者と親しい人がより深刻な影響を受ける場合もある。未成年者には、親以外の養育者や養護施設等の職員が保護者的立場の可能性もある。つまり、親族に限定すると「遺された者」の被害が隠され、必要な助けを求めにくくし、支援を閉ざす危険性が高まる。

こうした問題から、血縁や法的な関係がない人々も「二次的(間接的)被害者」として遺族に含む見方がある。たとえば「国際被害者学ハンドブック」は、殺人事件の加害者家族も遺族に含む。親族が人を殺した衝撃に加え、加害者の家族も事件の遺族同様の体験をすることや、殺人は被害側と加害側が単純に分けられない場合が多いからだと説明する(Condry 2010: 221)。

欧米諸国では、被害者遺族を親族に限定しない、より包括的な呼称が使われていることに注目したい。「共被害者(co-victim)」、「殺人のサバイバー(生存者)」、「殺人で近親者に先立たれた人」、「殺人被害者の家族および友人」等である。

本稿では便宜上、殺された本人を被害者、その家族や生前の被害者と親密な関係にあった人々を被害者遺族もしくは遺族、そして犯罪被害者の総称を「被害者」と記す。

(2) 殺人による遺族への影響

殺人による死別が遺族にもたらす影響は、犯罪以外(病死や事故死等)とは異なる点が多い。殺人が他者による理不尽で、予測不可能な暴力行為であるからだ。遺族を一括りにはできないが、幾つかの研究を参考に(Armour 2002, Hertz et al. 2005, Malone 2007)主な特徴を挙げる。

①コントロール、安全感、人生の意味の喪失、②強い怒りと報復心、③加害者への恐怖心、④情緒不安定と日常生活における機能不全、⑤家族や周囲との不和、⑥殺人遺族という社会的烙印、⑦プライバシーの侵害、⑧刑事手続への関与、⑨諸機関による非当事者扱い、⑩トラウマ(心的外傷)やＰＴＳＤ(心的外傷後ストレス障害)、⑪「トラウマティック・グリーフ(外傷的な死別による複雑性悲嘆)」。

殺人の遺族とはトラウマ体験者だとも言える。被害者遺族四〇〇人を対象にした⑩に関する調査では、八〇％にトラウマが確認されている[(4)]。ＰＴＳＤの有病率に関しては二〇％台から七一％までと調査によって大きな開きがあるが(Amick-McMullen et al. 1991: 552, Freedy et al. 1994)、いずれも殺人以外の遺族や犯罪被害者との比較において突出している。

⑪のトラウマティック・グリーフは、通常の死別で体験するグリーフ(喪失に対する悲嘆)とは異なり、殺人の場合はトラウマ反応も同時に起こることを意味する。①―⑩に加え、個別の事情(被害者との関係性や遺族が元来抱えていた問題等)、経済的損失、周囲の無理解、社会的支援の欠落や不備等がその原因と考えられる。

(3) 刑事手続と被害者遺族

被害者遺族と刑事司法の関係や近年におけるその変化も特徴的である。被害者遺族は事件直後から刑事手続に巻き込まれる。しかも感情的に麻痺や混乱した状態で慣れない裁判が始まる。そもそも刑事司法は、検察官が起訴を独占し、裁判所が被告人の刑事責任の有無を判断するものであって、「被害者」が加害者を裁く制度ではない。遺族は「助けてくれるはず」という期待と現実のギャップに苦しむ。日米両国では、こうした刑事手続への関与が二次被害を招くという問題から、司法制度に対する社会的批判が高まった。

米国では八〇年代以降、日本では二〇〇〇年以降、被害者の権利を拡大するための法律の制定や法改正が次々と行われてきた。その結果、米国のみならず日本の刑事手続においても被害者遺族の位置はもはや周縁ではなくなったと言えるのではないか。ジョンソンによると、日本では検察と遺族の距離が過剰に接近したことで、遺族への反対尋問や口を挟むことが事実上できなくなり、「聖域化」しているという(ジョンソン、田鎖二〇一二:一五五)。

(4)「公認されない遺族」

被害者遺族に対する社会の扱いは決して平等ではない。誰もが知る著名事件の被害者遺族がいる一方、社会的に被害者遺族と認められない、または立場を明かすことが困難な人々も多い。彼らを「公認されない遺族」[5]と名付け、特徴を見ていく。

まず、血縁や法的関係がない者は被害者遺族として扱われにくい。(2)で挙げた例に加えて、セクシュアル・マイノリティのパートナーも「公認されない遺族」に当てはまる。病院や公的機関での面会を拒絶されたり、社会的支援から排除されることもある。差別を恐れて関係性を明かせない人も多い。

親族間の殺人も「公認されない遺族」にあたる。実は、日米の殺人のおよそ半分が親族間で起こっている。二〇一三年の警視庁の調べでは日本では殺人の五三・五%が親族間であり、遺族の多くが家族内に被害・加害の両者を抱えていることになる。にもかかわらず、彼らは加害者の家族として扱われる。未成年者にはとりわけ深刻で、養育の問題や精神的ネグレクト(放置)に加えて、犯罪者扱いされる等の差別を受け、その影響は長期に渡る(Steeves et al. 2011)。

死刑に反対する遺族も不公平な扱いを受けやすい。死刑が合法の社会には「死刑を望む遺族＝良い遺族」、「反対の遺族＝悪い遺族」とする見えない規範が存在するため、あらゆる関係性や場において不和や分断が生まれる。米国では、死刑に反対する遺族が検察から圧力をかけられたり、陳述の機会を拒まれたりするという問題も頻発している(King 2006)。

死刑は殺人であり、新たな遺族を生む。刑罰とはいえ人の命を奪うことに変わりはないからだ。しかし死刑囚の家族や友人が「遺族」と見られることはない。むしろ彼らの場合、家族や友人の死は「自業自得」と正当化されてしまう。その結果、計画的に殺され、恥を伴った社会的孤立を体験する(Sharp 2005)。

死刑に関わる人々もまた「公認されない遺族」と言える。米国では警察官、司法関係者、陪審員、刑務官、教誨師、刑務所長の他、処刑に立ち会う記者にも二次被害が確認されている(6)。執行に携わる刑務官への負担はとりわけ深刻で、処刑後に睡眠障害や悪夢等が起こる「死刑執行人のストレス」や、PTSD、うつ、依存症等が顕著である(Osofsky et al. 2005)。

この他、迷宮入り事件の遺族、事件の目撃者や死刑囚の支援者、冤罪の死刑囚やその関係者、前科のある被害者の遺族、風俗や暴力団等特定の職種に従事していた被害者の遺族、マイノリティ、貧困層等も、遺族と見なされにくい。遺族の認定の問題は社会資源の配分の問題とつながっているため実際は複雑であるが、いかに多くの人々が被害者遺族のカテゴリーから排除されているかを私たちは認識すべきだ。そうすれば遺族といっても死刑を求める人ばかりではないことがわかるはずだ。

では、冒頭の「死刑を望む遺族」のイメージはいかに生まれたのだろうか？

二　死刑を望む遺族像

(1) 市民の被害者化とメガ事件

被害者遺族のイメージはメディアに作られていると言ってもいい。一般市民にとって犯罪に関する主な情報源はマスメディアだ。報道の中心は重犯罪、特に殺人で、しかも死刑が求刑されるような「特異」な事件である。そもそも日米共に殺人事件で死刑の対象になるのは一、二%程度でしかなく、そこからさらにメディアによって選択されるから現実を反映しているとは言い難い。

犯罪を扱うのはニュースだけではない。テレビではバラエティや情報系も多く、加害者は「不可解」で残忍なモンスターとして描かれることが多い。加えて連続ドラマや雑誌や車内広告等にも連続殺人犯といった極端に凶悪な犯罪者像が氾濫している。この類似する犯罪者像をシャワーのように日々浴びることで、社会的脅威としての絶対的他者像が定着していく(坂上二〇〇八)。

注目すべきは近年の被害者報道だ。メディアは遺族の中でも落ち度がなく、純粋で同情を買うタイプの人を選び「遺族の理想化」を行う(Surette 2007)。さらにメディアへの露出が過度で頻繁な「メガ事件」を作りあげ、視聴者が感情面で遺族に重ね合わせることを可能にする「ヴァーチャルな被害者の存在」を生み出す(Peelo 2006)。

メガ事件の報道は、事件直後、容疑者の逮捕時、公判中や判決時等に集中砲火的になされる。そして新たな事件が起こると、メディアは新たな遺族が死刑を求める様子を映し出す。その時点で視聴者側は瞬時に過去のメガ事件を比較の対象として思い起こし、恐怖心が蘇る。こうしたメディア機能は「瞬間的再生機能」とも呼ばれ、報道に触れる度に視聴者の恐怖心は増幅する(Massumi 1993)。

二〇一二年に死刑が確定した光市殺人事件は、死刑を強く求める遺族の声が過剰に報道された典型的なメガ事件である。国内の被害者権利運動の高まりと、社会の厳罰的な雰囲気が合致する中で事件当時一八歳を迎えたばかりの少年に死刑が科されたが、まさに「ヴァーチャルな被害者の存在」と「瞬間的再生機能」が生んだ死刑判決だと言える。

(2) 終止符としての死刑言説

遺族が事件に終止符を打つために死刑が不可欠であるとする「終止符言説」が米国で生まれたのは三〇年前である。死刑と終止符のキーワードで一九八九年の新聞紙上に一件登場したのを初めに、翌年は二件、二〇〇一年には五〇〇件を超え、短期間で急激に広まった(Zimring 2003: 58)。

同国では抑止力、経済面、効果のいずれの面からも、死刑の有効性を説得できなくなっている。死刑に抑止力があると信じる市民はもはや三割程度しかいない。経済面でも司法手続等に膨大な費用がかかることが報道で明らかになっており、死刑の効果についても疑問視する声が強い。

残るは応報としての死刑である。ただし「復讐心を満たすための死刑」とあからさまな表現にするよりも「遺族の癒しのため」と抑制された表現の方が市民には受け入れやすい。そこで編み出されたのが終止符言説だった。死刑を推進する政治家と遺族を中心とする被害者権利運動が死刑肯定の根拠としてこの言説を積極的に使い、それをメディアが報道し、市民が受容するという構図である。そしてまさにこの終止符言説が、米国の被害者陳述制度、司法手続の迅速化、そして(3)で述べる遺族の死刑執行への立会いを実現させたと言える(Madeira 2012, Johnson 2016)。

(3) 遺族と死刑執行への立会い

米国で遺族による死刑執行への立会いが許可されるようになったのは九〇年代半ば以降である。被害者遺族の一人が「終止符のための執行立会い権」を求めて運動を展開し、たちまち広まった。二〇〇一年に行われたオクラホマシティー連邦ビル爆破事件の主犯に対する死刑執行では、限定的ではあるが公開処刑も行われた。当時の司法長官によるメディア戦略で、結果的に三〇〇名近くの「被害者」が有線テレビを通して死刑執行を目撃した。

では、処刑への立会いは、遺族に「終止符」をもたらしているのだろうか。

「終止符を打てた」と口にした遺族はわずか二・五%に過ぎない(Vollum and Longmire 2007)。何らかの癒しになったと解釈できる発言で三割。そもそも処刑への立会いを希望する遺族はごく一部であるし、調査対象は執行直後の記者会見や短い取材記事に限られている。「終止符」が何を意味するのかも実は不明瞭である。加えて、被害者遺族の多くが死刑で終止符を打てるとは思っていないこともわかっている。前述の連邦ビル爆破事件でも、八割以上が終止符を期待せずに死刑に立ち会っていたのである(Berns 2009)。奪われた命に見合う罰は存在しないこと、遺族の回復には終わりがないことを身をもって知っているのは遺族自身であるということの表れだろう。

立会いによる否定的な体験も少なくない。米国では処刑時に死刑囚が最後の言葉を述べるが、期待した謝罪が聞けず、死刑囚から暴言を浴びせられてさらに傷つく遺族もいる。イートンらは処刑を目撃する行為自体が報復的及び暴力的な衝動の発散であるとし、遺族の中には死刑が「あっけなかった」と落胆したり、被害者と同じ苦しみを与えるべきだったと不満を抱いたり、処刑前より激しい衝動に駆られたり、憎悪の対象を失って心身共に不調をきたす人がいることを明らかにしている(Eaton and Christensen 2014)。長期的な影響に至っては、未だわからないことが多い。

そして多くの場合、死刑囚の家族も事件の遺族と同じ空間で執行を見届けることを忘れてはならない。両者に対する施設側の扱いは大きく異なる。事件の遺族には事前準備からアフターケアまでと手厚いが、死刑囚の家族には配慮がなされない。死刑囚である息子の処刑を控えたある母親は言う。

〔前略〕長期に渡る病気のせいではない。突然の交通事故でもない。健康なあなたの息子がベッドにくくりつけられ、致死薬を身体に注入されるのを見るということ。そして、あなたにはそれを止めることができないということ。(7)

ここで見てきたメディアを介した遺族像は、ある一面のみを切り出して提示されているため、その全体像を映し出さない。「公認されない遺族」はたいていメディアの遺族像に当てはまらないことから、その存在自体が隠れている。遺族を広く捉え、回復のプロセスの全体を見た上で、今どの段階にいるのかという視点を持たなければ、本当の意味で被害者遺族を支えることにならないのだと思う。

三　回復のプロセスとしての遺族

(1) 回復モデルにおける遺族

ここでは遺族を回復のプロセスとして見ていく。

遺族であるということは、喪失体験と共に生きることを学ぶことであり、そのプロセス自体だと言うことができる(Loge 2006)。大切な人の命が奪われた事実は変わらないが、体験の意味は変化する。しかし、その意味の生成をめぐって遺族は苦労する。明確な「終止符」があるわけではない。全てにおいて個人差がある。「回復とは回復し続けること」(上岡、大嶋二〇一〇)という依存症者にとっての定義がしっくりくる。

図1と**図2**(後掲)は、九・一一のテロによる「被害者」を想定して発案されたものであるが、(8) 犯罪の遺族にも当てはまる。図1の回復モデルは、レジリエンス(喪失に対して適応する力)を身につけながら、殺人による喪失後の新しい

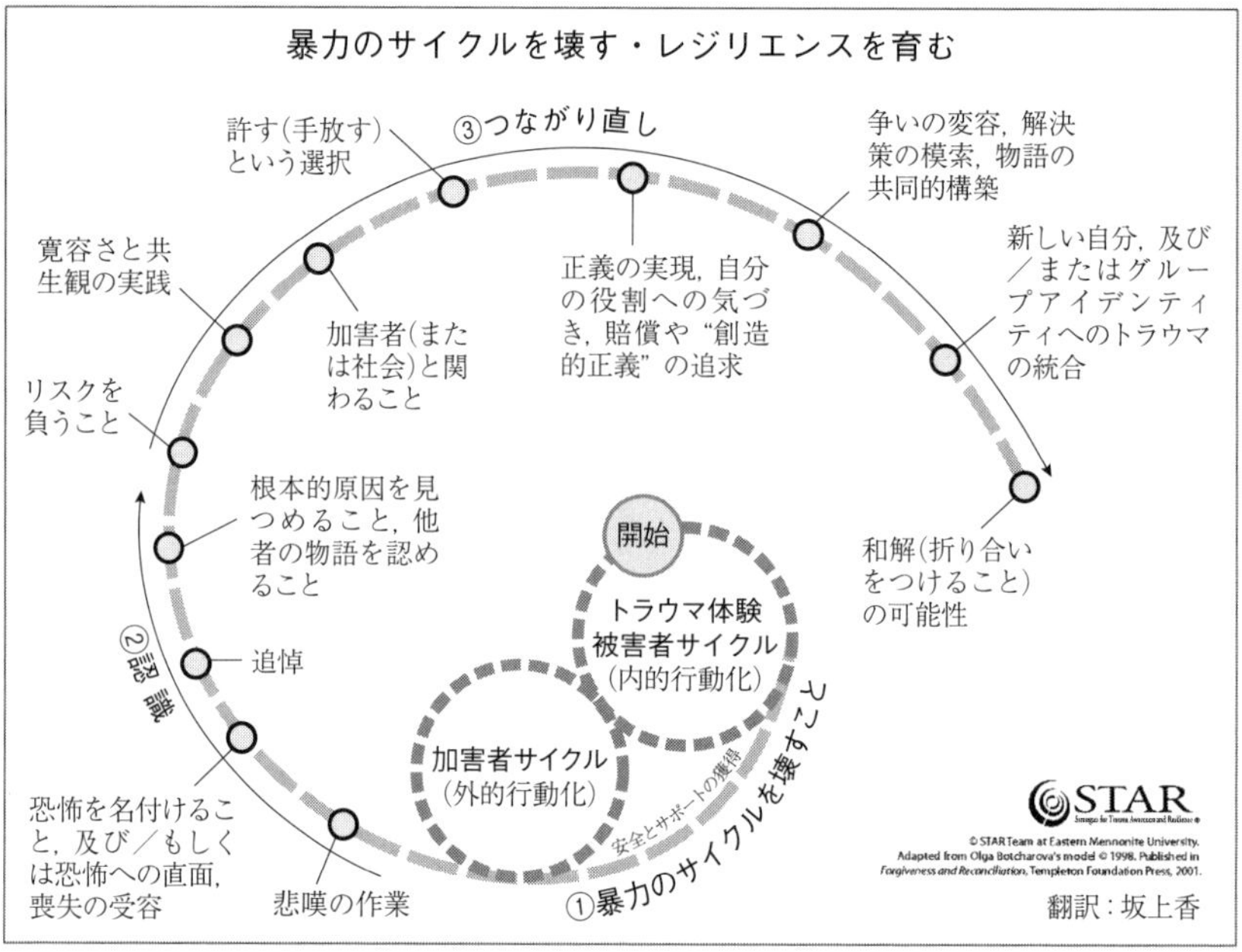

注：図1，図2の使用及び翻訳は，STAR(Strategies for Trauma Awareness and Resilience) program at Eastern Mennonite University より許可を得ている．著作権に関してはそれぞれの図に記載．

図1　回復モデル

日常に適応していく遺族のプロセスを表している。

図の外回りに記されているように、回復には三段階ある。①暴力のサイクルを壊すこと→②認識→③つながり直し。①を早期に脱出して②や③に進む遺族もいるが、通常は各段階に時間がかかる。何年経っても③まで至れず①か②で留まったままの人もいる。あることで前段階に戻ってしまうこともある。②に移行しても①に舞い戻ってしまう人もいる。

①のトラウマ体験を起点とする被害者／加害者サイクルは、合わせて「暴力サイクル」と呼ばれる。被害者サイクルは内的行動化が特徴で、暴力が自らに向かう。加害者サイクルは外的行動化とあるように他者に向かう。遺族の回復に、加害や暴力の表現はふさわしくないと感じるかもしれないが、トラウマ体験は様々な症状を引き起こ

し、無意識のうちに自他を傷つけてしまう。被害者遺族は日常生活における安全や安心を得て、両サイクルから徐々に脱していくことが求められるが、後に図2を使って説明する。

②の「認識」は、家族やコミュニティ、社会的支援を得て、事実を受け入れ、悲嘆し、徐々に自らを開いていく段階である。「善悪」の単純化された見方を脱し、加害者を人間と見なすことを可能にする過程であり、怒りや憎しみといった感情を変容させる力を秘めている。

たとえば遺族に共通して見られる「なぜ私がこんな目にあうのか?」の問いは、加害者に対する憎しみや怒りを維持・増幅させる。ヨーダーはそれを「なぜ加害者はそのような行為に至ったのか?」に変える必要があると言う。異なる声に耳を傾け、問題の核心に目を向けることを促すからだ。

③の「つながり直し」は、事件を境に分断された遺族が人生の事件後(新たな現実)を構築し始める段階であり、再び社会につながり、参加していく段階である。事件を忘れたり、「終止符」を打つことを意味しているのではない。

③は他者と出会うリスクを負うところから始まる。精神科医のジュディス・ハーマンも、「被害者」が徐々に自らを開き、加害者もこの社会の一員であるということを受け入れていくことが重要だと言う(ハーマン一九九六)。様々な方法や段階があり、遺族自らがイニシャチブを取らねばならない時もあれば、偶然そのチャンスが訪れることもある。

大学生の息子を殺された遺族アン・ハインズの体験がその例だ。彼女は息子ポールを殺した加害者に長年死刑を望んでいた。朝目が覚めると加害者を想像し「今日こそ死んでほしい」と願うことが日課だった。その彼女が憎しみから脱したのは、次の体験がきっかけだった。

光が走るような体験をしたのは、被害者支援団体から依頼を受け、ある刑務所に話をしに行った時のことです。他の人〔被害者〕のスピーチを聞きながら、受刑者を観察していました。私が話す順番は最後で、立ち上がろうとした瞬間、赤毛の若い男性の存在に気づきました。私の息子ポールとそっくりで、思わず固まりました。その若者は懇願するような目つきで私を見ました。助けのない、寂しい、痛みでいっぱいの眼差しでした。私は彼を見て思ったのです。もし、それがポールだったらと。

〔中略〕私は息子に語るつもりで話し始めました。話し終わると、立場が入れ替わるようなことが起きました。受刑者は総立ちでした。その最前列にいた、背の高い男性が涙をたらしながら言ったのです。「あなたは私の母親とそっくりです」。彼が言おうとしたのは、私が彼らに対して向けた共感と関心のことだと思います。この体験は私を大きく変えました。そういうつもりでそこに行ったわけではなかったのです。そのような反応を期待していたわけではなかったのです(Zehr 2001: 140)。

これは、「被害者」の語りによって受刑者らを罪に向き合わせようとする「被害者影響パネル」で、修復的司法[9]の一つの試みである。物理的な修復が不可能な殺人の場合は不適切だと思われがちだが、対話を通して事件や加害者を理解することは遺族の回復につながると実証されている。

実際、米国では刑事手続が終了した遺族の七割が、事件に関して理解できないままだと答えている(Armour and Umbreit 2012)。遺族の「知りたい」と思うニーズが従来の司法の枠組みでは満たされないからだ。裁判は刑罰を与える場に過ぎず、加害者が心を割って話せる環境ではない。だからこそ、修復的司法や弁護士による被害者遺族アウトリーチ[10]等が意味を持つ。遺族が別の形で加害者の弁護士や加害者と直接対話する機会が持てれば、遺族の回復はより促進されるからである(Armour and Umbreit 2012)。

こうした取組みは③内の創造的正義にあたる。既存の枠組みとは異なる方法で正義を目指すことを意味し、筆者も海外を中心に多くの事例を見てきた。被害体験を本やアートで表現したり、被害者の名前をつけた基金を設立する等の非直接的な方法から、加害者の親との交流や加害者との修復的対話、加害少女の社会復帰支援といった直接的な交流まで幅広い。

身体的ワークの効果も広く認められている。ヨガ、マッサージ、鍼等は緊張した身体を緩め、脳の働きを活性化させ、心と身体を統合させる。特に運動、音楽、ダンス、演劇等は主体性や連帯感を生むという（ヴァン・デア・コーク二〇一六）。表現が反応を呼び、その反応が変化や成長を促していくのだろう。日本の被害者遺族の支援領域ではまだそれほど実践されていないようだが、他国ではすでに多様な表現方法の実践が積み重ねられている。

図1の③が和解の可能性で終わっていることに着目したい。和解はある地点で明確に起こるのではなく、それ自体がプロセスである。その先にも様々な困難が待ち受けているかもしれない。遺族のニーズはその時々で変わることや、長期に渡る多面的な支援が必要なことをこの図は示唆している。

(2) 暴力のサイクルにおける遺族

被害者サイクル

図1の①にある二つの円（被害者と加害者のサイクル）をさらに詳しくしたものが図2の暴力のサイクルだ。右側の被害者サイクルは基本的に自らに向かう内的行動で、左側の加害者サイクルは他者に向けた外的行動と分けて考えるとわかりやすい。

まず、殺人というトラウマ体験を起点に、被害者サイクルが始まる。様々な身体的・心理的症状が現れる。呆然とした状態や、事件自体を否定する状態を経験し、被害者を救えなかった自分を責め続けるかもしれない。図2の順番で起こるわけではなく、これにも個人差がある。被害者サイクルから脱出して図1の②へ飛躍する被害者遺族もいるが、大抵は加害者サイクルへと移行する。

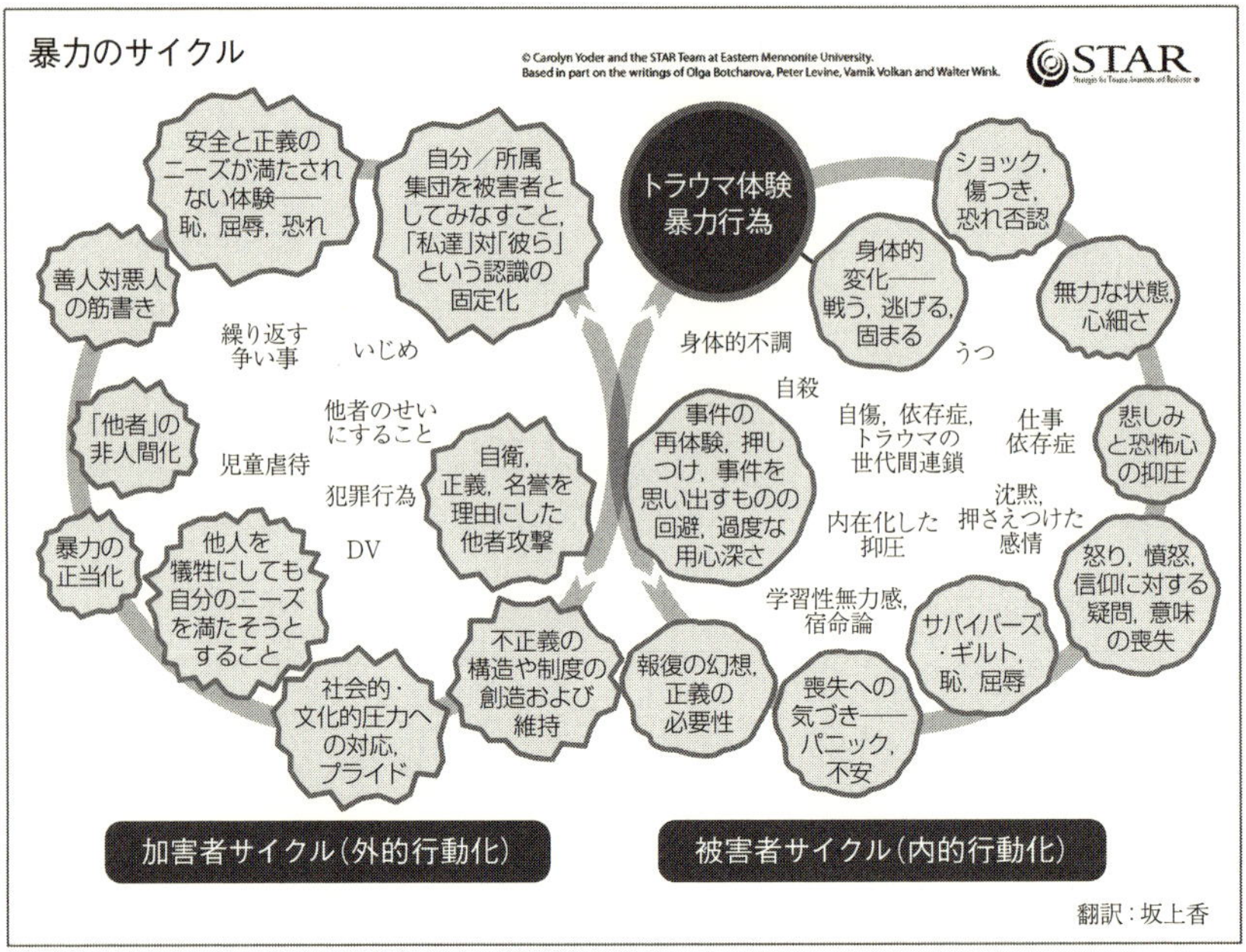

図2　暴力のサイクル

子どもたちは、成人より複雑で混乱した精神状態に陥りやすい。たとえば両親間の事件遺族は、子どもを守るべき存在の親が殺人を犯し家庭を壊すという矛盾の中で、親を正当化するために自分のせいにしたり、死んだ親を助けられなかったと自責の念に駆られたりする。自分だけが生き延びたことに罪悪感を感じるサバイバーズギルトもその一つだ。また、子どもだからと事実が隠され、メディアや周囲から望ましくない方法で知ることも彼らを苦しめる。思春期には、怒り、無力感、孤立感等から、危険な行動や非行といった加害者サイクルへの移行も見られる。

加害者サイクル

愛する人を奪われた時、人は何らかの理由や説明を探そうとする。そして、敵・味方的思考や他罰的欲求に基づいた暴力の正当化に陥る。たとえば次のような思考である。加害者は被害者と同じ苦しみを味わうべきだ。加害者に人権はない。加害者の家族や支援者だって加害者側なのだから、社会的制裁を加えられるのは当然だ。

興味深いのは、米国で被害者遺族の立場から死刑廃止を訴える当事者団体ＭＶＦＨＲ[11]のメンバーらでさえ、事件直後は報復心に駆られ、加害者に死や死刑を望んでいたという点である。その状態を抜け出したタイミングや方法は各々だが、早期段階からの自助グループや治療、信仰、家族や仲間との関係等を通して、否定的な気持ちも含めて聴き入れられる機会を得たことが重要だと筆者は感じた。

一方、日本の犯罪被害者支援の現場では、加害者サイクルがないことにされていると感じる。加害性に触れることが被害者を貶めると誤解している専門家が少なくないためだ。不快な感情や他罰的欲求自体は自然である。ただ、それらの感情は安全な場で表出され、加害者サイクルから抜け出す必要性があること、そしてそのための幾つかの選択肢を知ることは、遺族が加害者サイクルから脱出し、その先へ進む後押しになるはずである。

実は、加害者の多くも過去の「被害者」である[12]。暴力のサイクルから抜け出せなかった結果として殺人を犯したとも考えられる。だからこそ加害者サイクル段階における「被害者」への対応が鍵ではないかと思う。

(3) 死刑と暴力のサイクル

死刑は「遺族の回復」とどう関わっているのか。まずは図2の暴力のサイクルを見てみる。

死刑は、刑罰として人を殺すことを肯定する。加害者サイクルにある「他人を犠牲にしても自分のニーズを満たそうとすること」や「自衛、正義、名誉を理由にした他者攻撃」の実現であり、事件直後の混乱した状態で提示されれば飛びつきたくなる気持ちは当然とも言える。

通常、遺族の加害者に対する憎しみ、被害者の死を食い止められなかった無念さや自罰意識といった感情は時と共に薄らぐ。しかしながら死刑は、逆にこうした不快な感情を掻き立て、遺族を事件や刑罰に固執させる傾向があるという(Eaton and Christensen 2014)。

ただし、死刑を望む遺族も気持ちが揺れないわけではない。公判段階では死刑を望んでいたが、判決確定後に処罰感情が変化することもある[13]。また、公では毅然と見えても実は強い葛藤を抱えていたり、気持ちの揺れを周囲には明かせなかったり、周囲に合わせて死刑に反対だと言い出せずにいたりもする。死刑は遺族の葛藤を深め、暴力サイクルからの脱出を困難にさせる。

死刑執行を行う刑務官はどうか。その職務自体がトラウマ体験である。執行を遂行するためには死刑囚の人間性を否定し彼らの死を正当化する必要があるが(Osofsky et al. 2005)、それはまさに加害者サイクルの「『他者』の非人間化」であり、彼らの日常に組み込まれている。

死刑囚の家族は死刑によって遺族になる。家族の命を奪われることに加え、日常においても様々な問題が生じる。たとえば死刑囚の父を持つ大山寛人は小学生の時に母親の死(被害)と父親の殺人(加害)を同時に体験したが、社会的支援や介入は一切なかった。中学生で行き場を失い、ホームレス状態だったこともある。学校の保護者らによって排除されたり、就職活動や職場で差別を受けたり、縁談を断られたりと、あらゆる場で「社会的制裁」を加えられてきた(大山二〇一三)。彼が非行に走ったり、自殺を試みたりしてきたのは、こうした支援の不在と社会的暴力の結果だと言えるのではないか。

死刑囚の家族は、執行以前から遺族のプロセスを体験する。米国では執行直前まで執行停止の可能性が残されているため、死刑囚やその家族は諦めと助かりたいという両極端な気持ちの間を行き来する。それ自体が精神的拷問である。一方「行刑密行主義」と批判される日本では、死刑執行の日程や詳細について死刑囚本人や家族に事前に知らされることはない。違法な執行手続に対する不服申立の制度もなく、徹底的に他者との交流を禁じられている死刑囚は、執行前にすでに社会的に抹殺されているが(Johnson 2005)、その家族らもまた、社会的死を科せられていると言える。

こうして見ると、死刑はそれ自体が暴力であると同時に、遺族の日常にまでその暴力の影響は及び、さらに遺族を暴力のサイクルに閉じ込める働きをしていることがわかる。

(4)「遺族の回復」と死刑

死刑を図1の回復モデルに照らし合わせてみる。①の段階における死刑は前述のように暴力のサイクルを維持する作用をしている。②認識↓③つながり直し段階ではどうか。

通常、日米に関わらず死刑が確定するまでには数年から数十年、執行まではさらに年月がかかる。その中で遺族は刑事手続と喪の板挟みになる。刑が確定するまで哀しみの感情を封じ込め、②を先送りにしたため涙を流したのは事件から一〇年以上経ってからだったという遺族もいる。死刑確定後も事件直後の心理状態に戻ったり、①と②を行き来したりする遺族もいる。言い換えると、死刑は悲嘆反応の進行を遅らせ、喪失に適応しようとする前向きな動きを妨げる。

③の段階への移行はさらに難しい。死刑は遺族と加害者をより遠ざけ、両者の対立を固定化し、トラウマを維持させ、和解への可能性を断つからである。全ての過程において③が求める要素の正反対を担う。そのような状態で死刑執行に立ち会い、直後に記者会見で「終止符を打てた」と語ったとしても、実際は暴力のサイクルに留まり続け、癒えない傷が様々な症状として心身に現れているはずである。

死刑は「遺族の回復」を妨げる。終止符論は根拠なき幻想に過ぎない。

結びにかえて――死刑のない社会に注目する

今後、私たちは死刑を持たない社会の有り様とその被害者支援に注目すべきだろう。

たとえば日米の被害者支援の有り様は「権利型」と呼ばれ、刑罰や司法に解決を求め「被害者」の権利拡大に力を注ぐ。その一方、欧州のモデルは「ニーズ型」と呼ばれ、遺族の「痛みの緩和」を最優先にした包括的な支援形態をとる。ニーズ型では、日米の焦点である遺族の司法参加や権利は二次的、三次的要素でしかなく(Kay 2006)、むしろ生物学的ニーズ、精神的ニーズ、社会的ニーズ、スピリチュアルなニーズの充足に力点を置いている(Mastrocinque et al. 2015)。

また米国では、死刑を持つ州と持たない州の被害者遺族を対象に、極刑が与える影響をインタビューした貴重な比較研究がある。興味深いことに、死刑か終身刑かに関係なく、両州の刑事司法制度は共に「極刑が終止符をもたらす」という前提に立っており、それが遺族の利益にはつながっていないことを明らかにしている(Armour and Umbreit 2012)。

さらに興味深いことに、死刑存置のテキサス州の遺族は、総じて怒りや報復心が強く、刑事司法に対しては不公平感や無力感、絶望感を強く抱いている。一方、終身刑のミネソタ州では、遺族の否定的な感情やストレスは弱く、司法に対する満足度は高い。アーマーらはその理由として、終身刑の場合は手続きが順調に進み、見通しが立ちやすく、結審まで二年以内で終わるため、遺族が早い段階から回復に集中できることを挙げている(Armour and Umbreit 2012)。

遺族にとって殺人による痛みは消えない。そのことは遺族ら自身が誰よりも痛感している。その消えるはずのない痛みを消したことにして、新たな暴力と遺族を生み出すのが死刑である。その傷は未来にも連鎖する。終止符言説は明らかにまちがった処方箋であり、よって死刑を望む遺族像は虚構であると言える。だからこそ私たちは次のように問いを変える必要がある。

痛みと共に回復し続けるためには、何が必要なのだろうか？

（1）ニューメキシコの司祭で Center for Action and Contemplation の代表でもある Richard Rohr による発言 “Pain that is not transformed is transferred.” が Yoder（2005: 30）に引用されている。

（2）米国では殺人一件につき、平均六人から一〇人が深刻な影響を受けると言われ、年間七万人から一三万人程度にあたる。さらに、人口の九％から一〇％が家族もしくは親しい友人を殺人で失っている。日本ではこのような調査は見当たらないが、単純に米国の割合を当てはめてみると毎年六〇〇〇人から一万人を超える遺族が誕生していることになり、累積すると相当な数になる。

（3）The National Center for Victims of Crime https://victimsofcrime.org（二〇一七年四月一日閲覧）。

（4）英国政府の報告書より。Casey（2011）.

（5）社会的に容認されていない関係性での喪失を意味する「非公認の悲嘆（disenfranchised grief）」は Doka（1989）による造語であるが、それをヒントに、社会的に認められない遺族を「公認されない遺族」と筆者が名付けた。

（6）近年存置州が立て続けに執行停止や廃止に至っている米国では、執行に関する情報が広く公開されていること、執行に関わった刑務所長や刑務官らが執行の理不尽さを具体的に語り、死刑廃止を求めている。

（7）ネットマガジン Vice の記事 “The Hope and Sorrow of Visiting my Son on Death Row” Feb 17, 2017 で Marilyn Shankle-Grant が Maurice Chammah に語った内容。https://www.vice.com/en_us/article/the-hope-and-sorrow-of-visiting-my-son-on-death-row（二〇一七年二月一七日閲覧）

（8）ＳＴＡＲ（Strategies for Trauma Awareness and Resilience）Program と Carolyn Yoder によって考案されたモデル。

（9）犯罪を人の関係性の侵害と捉え、被害者、加害者、コミュニティの三者が関与して、回復を目指すアプローチ。

（10）Defence-Initiated Victim Outreach と呼ばれるプログラムで、特に死刑事件に適用。加害者の弁護士と被害者遺族が希望すれば被害者アウトリーチスペシャリストが両者のコミュニケーションを仲介する。

(11) MVFHRとは米国ボストンを拠点とするMurder Victims' Families for Human Rights(人権のための殺人被害者遺族の会)の略。事件の遺族と死刑囚の家族がメンバーとして死刑廃止を訴える。筆者が演出したNHK BS-I「ジャーニー・オブ・ホープ死刑囚の家族と被害者遺族の二週間」(一九九六年)の取材で、彼らの多くもかつては死刑を望み、自らの手で殺したいと思っていた時期があったことを知った。

(12) 幼少期の被虐待体験と暴力の関係性については数多くの研究があり、被害者の多くは加害者にはならないという研究結果がある一方、成人における暴力の最大の原因は幼少期の被虐待体験であるという結果も数多くある。Lisak and Beszterczey(2007)は四三人の死刑囚のライフヒストリー調査を行い、彼らの共通点として幼少期からの被虐待体験(家庭及び地域での暴力の被害)とそれに伴うトラウマやPTSD、アルコールや薬物の乱用を挙げている。中でもネグレクトは全員、身体的暴力(性暴力も含む)は九七・三%が体験している。

(13) 二〇一〇年の公判では死刑を求める発言をした宮崎の遺族が、一四年から加害者との面会を通じて気持ちに変化が起こった。そして公判から七年後に「生きて償ってほしい」と刑の減軽を求める上申書を提出し、死刑囚はそれを基に再審請求をしている。http://www.sankei.com/west/news/170403/wst1704030030-n1.html(二〇一七年五月六日閲覧)。保険金殺人事件遺族で『弟を殺した彼、と僕。』の著者である原田正治も死刑を長年望んでいたが、加害者との交流から減刑を望むようになり、法務省に働きかけた。

参考文献

入江杏(二〇一三)『悲しみを生きる力に――被害者遺族からあなたへ』岩波ジュニア新書

ウォーデン、J・W(二〇一一)『悲嘆カウンセリング』山本力監訳、上地雄一郎、桑原晴子、濱崎碧訳、誠信書房

ヴァン・デア・コーク、ベッセル(二〇一六)『身体はトラウマを記録する』柴田裕之訳、紀伊國屋書店

大山寛人(二〇一三)『僕の父は母を殺した』朝日新聞出版

上岡陽江、大嶋栄子(二〇一〇)『その後の不自由――「嵐」のあとを生きる人たち』医学書院

河野義行(二〇〇八)『命あるかぎり――松本サリン事件を超えて』第三文明社

坂上香(一九九九)『癒しと和解への旅』岩波書店

坂上香(二〇〇一)「「死刑制度」は本当に必要ですか」『現代』三五巻一〇号、一九二―二〇一頁

坂上香（二〇〇四）「被害者の視点から　「被害者」の声を聴くということ――死刑に関する「語り」をめぐって」『現代思想』三二巻三号、七二―八三頁

坂上香（二〇〇八）「死刑とメディアと陪審員」『現代思想』三六巻一三号、一二七―一四一頁

坂上香（二〇一二）『ライファーズ――罪に向きあう』みすず書房

白井明美（二〇〇八）「遺族のメンタルヘルスと対応」『犯罪被害者のメンタルヘルス』小西聖子編著、誠信書房、一二二―一四三頁

ジョンソン、デイビッド・T、田鎖麻衣子（二〇一二）『孤立する日本の死刑』現代人文社

高橋シズヱ（二〇〇八）『ここにいること――地下鉄サリン事件の遺族として』岩波書店

地下鉄サリン事件被害者の会（一九九八）『それでも生きていく――地下鉄サリン事件被害者手記集』サンマーク出版

ハーマン、ジュディス・L（一九九六）『心的外傷と回復』中井久夫訳、みすず書房

原田正治（二〇〇四）『弟を殺した彼、と僕。』ポプラ社

松本麗華（二〇一五）『止まった時計――麻原彰晃の三女・アーチャリーの手記』講談社

Amick-McMullen, A., Kilpatrick, D. and Resnick, H. (1991) "Homicide as a Risk Factor for PTSD among Surviving Family Members", *Behavior Modification*, 15(4): 545–559.

Armour, Marilyn P. (2002) "Experiences of Covictims of Homicide: Implications for Research and Practice", *Trauma, Violence & Abuse*, Sage Publications, 3(2): 109–124.

Armour, Marilyn P. and Umbreit, M. S. (2006) "Exploring 'Closure' and the Ultimate Penal Sanction for Survivors of Homicide Victims", *Federal Sentencing Report*, 19(2): 105–112.

Armour, Marilyn P. and Umbreit, Mark (2012) "Assessing the Impact of the Ultimate Penal Sanction on Homicide Survivors: A Two State Comparison", *Marquette Law Review*, 96(1): 1–131.

Berns, Nancy (2009) "Contesting the Victim Card: Closure Discourse and Emotion in Death Penalty Rhetoric", *The Sociological Quarterly*, 50: 383–406.

Casey, Louise (2011) "Review into the Needs of Families Bereaved by Homicide". https://www.justice.gov.uk/downloads/news/press-releases/victims-com/review-needs-of-families-bereaved-by-homicide.pdf（二〇一七年四月六日閲覧）。

Condry, Rachel (2010) "Secondary Victims and Secondary Victimization", in Shoham, Shlomo Giora, Knepper, Paul and Kett, Martin (eds.), *International Handbook of Victimology*, CRC Press, 219–251.

Doka, Kenneth J. (ed.) (1989) *Disenfranchised Grief: Recognizing Hidden Sorrow*, Lexington Books.

Eaton, Judy and Christensen, Tony (2014) "Closure and its Myths: Victims' Families, the Death Penalty, and the Closure Argument", *International Review of Victimology*, 20 (3): 327–343.

Freedy, J., Resnick, H., Kilpatrick, D., Dansky, B. and Tidwell, R. (1994) "The Psychological Adjustment of Recent Crime Victims in the Criminal Justice System", *Journal of Interpersonal Violence*, 9 (4): 450–468.

Hertz, Marci, Prothrow-Stith, Deborah and Chery, C. (2005) "Homicide Survivors: Research and Practice Implications", *American Journal of Preventive Medicine*, 29 (5): 288–295.

Johnson, David T. (2005) "The Death Penalty in Japan: Secrecy, Silence, and Salience", in Sarat, Austin and Boulanger, Christian (eds.), *The Cultural Lives of Capital Punishment: Comparatice Perspectives*, Stanford University Press, 251–273.

Johnson, David T. (2016) "Does Capital Punishment Bring Closure to the Victims?", Šimonović, Ivan (ed.), *Death Penalty and the Victims*, United Nations: 75–84.

Kay, Judith W. (2006) "Is Restitution Possible for Murder? – Surviving Family Members Speak", in Acker, James R. and Karp, David, R. (eds.), *Wounds that Do not Bind*, Carolina Academic Press, 323–347.

King, Rachel (2006) "The Impact of Capital Punishment on Families of Defendants and Murder Victims' Family Members", *Judicature*, 89 (5): 292–296.

Lisak, David and Beszterczey, Sara (2007) "The Cycle of Violence: The Life Histories of 43 Death Row Inmates", *Psychology of Men & Masculinity*, 8 (2): 118–128.

Loge, Peter (2006) "The Process of Healing and the Trial as Product: Incompatibility, Courts, and Murder Victim Family Members", in Acker, James R. and Karp, David R. (eds.), *Wounds that Do not Bind*, Carolina Academic Press, 411–429.

Madeira, Jody L. (2012) *Killing McVeigh: The Death Penalty and the Myth of Closure*, New York University Press.

Malone, Lesley (2007) "In the Aftermath: Listening to People Bereaved by Homicide", *Probation Journal: The Journal of Community and Criminal Justice*, 54 (4): 383–393.

Massumi, Brian (1993) *The Politics of Everyday Fear*, University of Minnesota Press.

Mastrocinque, J. M., Metzger, J. W., Madeira, J., Lang, K., Pruss, H., Navratil, P. K., Sandys, M. and Cerulli, C. (2015) "I'm Still Left Here with the Pain: Exploring the Health Consequences of Homicide on Families and Friends", *Homicide Studies*, 19 (4): 326–349.

Osofsky, Michael J., Bandura, Albert and Zimbardo, Phillip G. (2005) "The Role of Moral of Disengagement in the Execution Process", *Law and Human Behavior*, 29 (4): 371–393.

Peelo, Moira (2006) "Framing Homicide Narratives in Newspapers: Mediated Witness and the Construction of Virtual Victimhood", *Crime, Media, Culture*, 2 (2): 159–175.

Rando, Therese A. (1993) *Treatment of Complicated Mourning*, Research Press.

Sharp, Susan F. (2005) *Hidden Victims: The Effects of the Death Penalty on Families of the Accused*, Rutgers University Press.

Steeves, Richard H., Parker, Barbara, Laughon, Kathryn, Knopp, Andrea and Thompson, Mary E. (2011) "Adolescents' Experiences with Uxoricide", *Journal of American Psychiatric Nurses Association*, 17 (2): 115–123.

Strang, Heather (2002) *Repair or Revenge: Victims and Restorative Justice*, Clarendon Press.

Surette, Ray (2007) *Media, Crime, and Criminal Justice: Images, Realities and Policies*, University of Central Florida.

Vollum, Scott and Longmire, Dennis R. (2007) "Covictims of Capital Murder: Statements of Victims' Family Members and Friends Made at the Time of Execution", *Violence and Victims*, 22 (5): 601–619.

Yoder, Carolyn (2005) *The Little Book of Trauma Healing: When Violence Strikes and Community Security is Threatened*, Good Books.

Zehr, Howard (2001) *Transcending: Reflections of Crime Victims*, Good Books.

Zimring, Franklin (2003) *The Contradictions of American Capital Punishment*, Oxford University Press.

12　司法臨床における被害者と加害者

廣井亮一

はじめに

山口県光市で起きた元少年の母子殺害事件(1)の差し戻し控訴審における、被害者遺族と加害者少年の次のようなやり取りに刑事裁判の特徴がよく表われている。

ご遺族の夫は、「君が心の底から真実を話しているように思えない」「君の言葉は全く心に入ってこない」と意見陳述した。それに対する被告人質問で加害者少年は、「〔法廷では〕モンスターのような僕を見ている。生身の僕を見てもらいたい」と訴えた(朝日新聞二〇〇七年九月二一日付)。

このような法廷における被害者遺族と加害者少年を見ると、被害者遺族は血を吐くような苦しみが加害者少年に伝わらず、加害者少年はモンスターのような自分が浮かび上がり生身の自分の思いが被害者に分かってもらえないと、双方共あえいでいるようだ。そのため被害者遺族は、法廷で厳罰を訴えることでしか加害者少年に怒りや憎しみをぶつけることができない。結局、元少年は差し戻し控訴審判決で死刑とされ、二〇一二年二月に最高裁判所は被告人の上告を棄却して、死刑判決が確定した。

しかし、果たしてご遺族の苦しみはこの裁判で癒されるのだろうか。否、むしろ持って行きどころのない口惜しさ、加害者への憎しみはさらに深まるばかりだといって過言ではない。

西鉄高速バスジャック事件で母親を少年に殺害された塚本猪一郎さんは次のように語った（NHKスペシャル「〝バスジャック〟遭遇――被害者と家族の三六五日」二〇〇一年五月六日放映）。「少年が死刑にされても、私の心はけっして癒されることはない。私が立ち直れるのは、少年が、本当に悪かった一生罪を償います、門前払いされてもすみませんでしたと言って、私があんたの気持ちは分かった、もういいと言えたときに、被害者としてようやく事件は終わることができるし、少年も立ち直ることができる。被害者が立ち直れるのは、少年が本当の意味で更生してくれることだ」。

現行の刑事罰についてはさまざまな意見があり、今後も罪と罰の論議は続けなければならない。その一つとして塚本さんの言葉は、刑事罰のレベルを超えて加害者に峻烈な「贖罪」を訴えているのである。

本稿では、刑事裁判の問題を指摘したうえで、司法臨床の観点から刑事司法における被害者と加害者について、「贖罪」をもとにしながら考えてみたい。

一　刑事裁判における加害者と被害者

(1)　刑事裁判における加害者――正義の女神テミスの目隠し

すでに二十数年前の事件になるが、宮崎勤による連続幼女殺人事件の判決理由をもとに、刑事裁判の場における人間理解に関して、芹沢俊介は次のような論評をしている（朝日新聞一九九七年四月一七日付）。「法の言葉は犯罪解釈の一定の型に収斂していくのみで、時代精神や社会構造と犯罪との影響関係に踏み込んでいこうとする意欲をまったくといっていいほど欠いていた」「犯罪史的、存在論的な二つの仮説が交差する地点に浮かび上がってくるものこそがこの事件の本質を告げるはずだ」としたうえで、「宮崎勤君の声を聞きたい、彼の姿を見るより彼の声を聞きたい」と述べている。すなわち、裁判の過程で宮崎勤という人間の実体が見失われてしまったのではないか、と指摘しているのである。

連続幼女殺人事件や光市母子殺害事件の裁判で着目すべきは、一連の司法手続の中でなぜ生身の人間が削ぎ落とされるのかということである。

刑事事件ではないが、筆者の家裁調査官時代の少年事件の経験では、供述調書や司法警察員、検察官の意見からイメージされる少年像と実際に向き合ってみる少年はかなり違っていた。処分の決まる家庭裁判所で少年が良い子の面を見せても、そのような態度はすぐに分かる。違うのは、犯罪事実をもとに描き出された少年と総体としての生身の少年のギャップである。少年事件では、そのギャップをもとに「なぜ、この子がこのような凶悪な事件を起こしたのか」という疑問を探り、少年が更生するための方策を見極める。そのために、一連の司法過程で削ぎ落とされた少年の生身の部分をすくい上げる作業から出発する。

一方、刑事裁判は刑事訴訟法にもとづいて、検察官が被告人の犯罪行為を非難して刑罰を与えることを主張し、それに対して弁護人は冤罪の防止はもとより行き過ぎた刑罰が科せられないように応戦する。そうした双方のやり取りをもとに裁判官が有罪か無罪かを判断し、有罪であれば刑罰を下す。いずれにしても刑事裁判の争点は、被告人の犯罪行為に焦点化して、有罪無罪と刑罰を決定することである。このような刑事裁判におけるいわゆる行為主義は、保安処分的な人権の侵害を防止するという法の原則に沿うものである。

ところがその結果、犯罪行為をなした加害者の「人」としての総体、さまざまな他者との関係及びそれに伴う感情や意味づけなど、人間学的な「生身の人間」が削ぎ落とされてしまうことになる。加害者を司法の俎上に載せ、裁きの対象にするためには、加害者を法的部分に還元して「被告人」にしなければならないからである。

正義の女神テミスの目隠しに象徴されるように、刑事裁判では加害者の生身の人間を視野に入れることはしない。刑事裁判で裁判官、検察官、弁護人が見ているのは、法で構成された「被告人」としての一面に過ぎない。法曹三者が見ている諸部分を継ぎ足しても、総体としての「人」にはならない。つまり、刑事裁判の場における「被告人」は法によって切り取られた一部分であり、総体としての生身の加害者という「人」ではないのである。

(2)　刑事裁判の犯罪動機

加害者が「人を殺してみたかった」という動機を供述したと報道されることがある。家裁調査官の実務経験からすれば、それは捜査機関が事件を構成するための動機であることが多いように思われる。たとえそのように供述したとしても、その加害者はそもそも犯罪の真の動機を分かっていない。執拗に動機を追及されれば「人を殺してみたかった」と供述せざるを得ない。あるいは「たまたま周囲に誰もいないときに被害者がいたからだ」と表面的、常識的な動機を供述することになる。いずれにしてもこのようにして犯罪動機は法の言葉にすり替えられる。

刑事裁判においてこのような犯罪動機になることについて、弁護士の辻（二〇一二：第二部七章）は、「行為と結果に関する事実を解明すれば、犯罪行為に対する責任非難としての刑罰を決めることは可能であり、真の動機は必ずしも必要とされない」「たとえ表面的な動機であっても、一応の論理的関係があって、説明のつく動機が存在しているのであれば、刑事裁判としてはそれで十分に判決を下すことができるようになる。動機の追及、解明は、裁判では必ずしも必要でなくなる」からだと指摘している。

このような刑事裁判における犯罪動機では、冒頭の光市事件の被害者遺族の意見陳述のようになるのは当然である。ある殺人事件の被害者の母も次のように述べた。「犯人は、娘を殺した理由について、誰でもよかった、と話していると検事から聞きました。でも、そんな話では、なぜ娘だったのか、どうして娘がこんなことにならなければならなかったのか、全くわかりません。被告人は何も説明していることになりません。自暴自棄になって、誰でもいいから殺した。この理由で、私たちは納得できるでしょうか」と裁判員裁判で訴えた。

このような被害者側の訴えは、加害者を罰して刑務所に送ったり死刑にしたりする前に、「なぜ、おまえはかけがえのない家族を殺したのか」「最愛の家族がなぜおまえに殺されたのか」ということを裁判で明らかにしてほしいと叫んでいるのである。その意味でも刑事裁判は被害者と加害者という「人」を忘れている。

加害者に対して世間は、凶悪な犯罪や非行、悲惨な児童虐待、酷いいじめなどが起きるたびに、そのような加害者には厳しい罰を下して社会から排除してしまえ、と声高になる。現代の社会風潮は、メディアによる限られた情報に不安感、恐怖心を煽られて、加害者をあたかもモンスターのようにとらえ、ネットで少年の実名や顔写真をばらまいたり「暴露本」などを出したりして、ヒステリックになった自分と社会の熱を冷ますことを繰り返している。このようなことは被害者に寄与しているのではなく、被害者の憎悪と悲しみを増大させているのではないだろうか。

(3) 心理臨床による犯罪動機――目隠しを外したテミス

家裁調査官として少年の殺人事件の調査をしたり、臨床心理士として殺人事件の犯罪者の精神鑑定を実施している経験からすれば、殺人という犯罪行為の動機は、常識的、合理的に理解できる部分の水面下に「真の動機」が潜んでいることが多い。刑事裁判においては、情状心理鑑定で加害者の真の動機が鮮明に浮かび上がる。

刑事精神鑑定には、責任能力鑑定、訴訟能力鑑定、心身喪失者等医療観察法にもとづく鑑定、情状心理鑑定、などがある。従来そのほとんどが責任能力の鑑定であった。

責任能力鑑定とは、刑法三九条にもとづくもので、被疑者／被告人（以下、被告人）の精神障害などの生物学的要素の有無、さらにその症状として被告人の弁識能力（事物の理非善悪を弁識する能力）と制御能力（その弁識に従って行動する能力)の状態など心理学的要素を鑑定するものである(高田二〇一二、高岡二〇一〇)。その結果を裁判官等が参照して、責任能力がないと判断すれば心神喪失とされ、その者に刑罰を科すことはできない。責任能力が大幅に損なわれていたならば心神耗弱とされ、その者の刑は減軽される。

一方、情状心理鑑定とは、刑法二五条(執行猶予)、同法六六条(酌量減軽)に関するものであり、「訴因事実以外の情状を対象とし、裁判所が刑の量定、すなわち被告人に対する処遇方法を決定するために必要な智識の提供を目的とする鑑定である」(兼頭一九七七)。すなわち情状心理鑑定の目的は、被告人が事件を起こすまでの生育歴、家族歴、友人関係、などの諸環境などをとらえ、生活体としての生身の人間である被告人を理解し、なぜ事件を起こしたのかという真の犯罪動機を解明し、そしてどのように処遇すれば加害者は更生できるのかを見極めることによって、刑の量定につなげるためのものである。

まさに情状心理鑑定は、刑事裁判で切り捨てられやすい、加害者の感情や気持ちの揺れ動きなど複雑な心理状態を把握し、加害者がどのような経験を経て現在に至っているのか、などさまざまな関係性からとらえていくのである。

責任能力鑑定と情状心理鑑定には、人間理解の方法に基本的な違いがある。責任能力鑑定が生物学的要素、心理学的要素といった被告人個人の内的側面、個人の資質に焦点をあてるのに対して、情状心理鑑定は被告人を取り巻く人間関係などの諸環境、家族・社会における個人に視点を拡げて、その関係性のなかで被告人を理解する。

責任能力鑑定は精神内界論(intra-psychic)に依拠し、問題を被告人に内在化するのに対して、情状心理鑑定は対人関係論(inter-personal)に依拠し、被告人を取り巻く関係性の歪みの表れとして問題を理解することが特徴である(廣井二〇一二b)。

個人の精神内界に焦点をあてた犯罪理解によれば、犯罪という問題性を被告人に内在させ「問題＝被告人」と定義することによって、犯罪の原因は被告人にあると見なされる。その結果、犯罪の責任が被告人個人に帰せられ、刑罰の論議に集約される。このような、原因が結果を一義的に規定する（原因→結果）という認識論を直線的因果論と称し、犯罪事実の認定や被告人の有責性を明らかにするための司法判断の根幹をなすものである（廣井二〇一三：第一一章）。

それに対して、被告人を取り巻く関係性に視点を移すことによって、被告人が起こした犯罪行為という問題性は、被告人の生育歴にさかのぼった親子関係、およびそこから派生する時間的経過に伴う被告人の人間関係の歪みやその時々の家族・社会における生活空間の負因に移行する。その結果、被告人個人のみが責任を負い、罰せられるべきであると見なされた問題から、被告人の再犯防止と更生のために、被告人を取り巻く人間関係や諸環境を修復するという臨床的アプローチに方向性が転換するのである。まさにテミスが目隠しを外さなければ理解し得ないことである。

(4) 事例による検討

以下の事例は、ある殺人事件の裁判員裁判における検察官の論告と弁護側による臨床心理士の情状心理鑑定の犯罪動機を対比したものである（廣井二〇一三、廣井二〇一四a）（事例は公判や報道で明らかにされていることをもとに再構成したものである）。

事件：男性会社員（二〇歳代）による職場の女性上司（三〇歳代）の殺人事件

供述調書では、「殺す相手は誰でもよかった」と供述している被告人が、職場に事前に刃物を持ち込み、熱心に指導をした女性上司を殺害対象に選び、しかも助命を乞う被害者を十数回にわたりめった刺しにして殺害したものである。

弁護人によれば被告人は、「殺す相手は誰でもよかった」が、熱心に指導をした女性上司を殺害対象にしたことについて、「たまたま二人きりとなり、人を殺せるチャンスがあった」からだと述べているということである。そうであれば、なぜ被告人は事前に刃物を準備して女性上司を殺害したのか。さらに、殺す相手は誰でもよいのであれば、なぜ夜間に老人や子どもを狙わなかったのか。犯罪動機が矛盾して不可解だとして、弁護人が情状心理鑑定を臨床心理士でもある筆者に依頼したものである。

①検察官の論告における犯罪動機

犯行動機：被告人は人生に挫折して自暴自棄となり、自らの人生を破滅させるために、誰でも良いから人を殺そうと考え、たまたま二人きりとなり、人を殺せるチャンスがあったという理由で、被害者を殺害した。

更生の可能性：•「誰でもよいから人を殺そう」と考えた理由を語らない。•後悔を語らない。•謝罪をしない。•「今後人を殺さない」と言わない。よって、被告人に反省の態度が見られない。再び同じ犯罪を起こす強い危惧感・不安がある。被告人の更生の可能性は乏しい。

求刑＝無期懲役：この検察官の論告では、犯罪動機が矛盾することについて言及せずに、「誰でもよいから人を殺そう」と考えた理由を語らないから反省していない、としている。このように、検察官は被告人の供述をそのまま引用して動機が矛盾することを悪情状として量刑理由にしているのである。

②臨床心理士の情状心理鑑定による犯罪動機

被告人は事件後、両親との面会と情状心理鑑定のための臨床心理士との接見を一切拒んだため、臨床心理士は両親や職場同僚との面接を数回にわたり実施した。その結果、次のことが明らかになった。

被告人の母親は、出産直後の被告人に、母親の不安を悪性投影（夫や姑に対する嫌悪感や問題を乳幼児に映し見ること）していた。その後も母親は三人兄弟のなかで被告人だけに虐待ともいえる極端なネグレクトをしてきたことを明らかにした。

すなわち、被告人は最早期の母子関係において、自己の全存在を認めて抱えてもらうという関係性の原点を獲得することができなかった。この最早期の母子関係の欠損が、他者(対象)との関係特定性(つながり)を不全にして、人間関係における基本的信頼感(自他肯定感)を被告人から奪ってしまったのである。

その後の被告人は学校で友人関係ができず、就職後もことごとく対人関係に失敗し、本件直前には初めて親しくなった女性に見捨てられるように関係を切られ、激しい孤独感と絶望に陥った。そうした時期に、被害者の女性上司が被告人の人間関係の拙さを指摘して叱咤して関わっていたことが、元職場同僚との面接で明らかになった。

以上をもとに、臨床心理士は本件の犯罪動機と態様を次のようにまとめた。

すなわち、被告人が述べた「殺す相手は誰でもよかった」という無差別的な殺意は、被告人の「殺す相手を特定できない」という、最早期の母子関係に起因する、他者との関係(否定的な関係も)を形成して維持できない状態を示している。これがタテの軸である。そして、本件直前に初めての女性とのつながりを一方的に完全に断たれ、同時期に女性上司による叱咤の指導が行われたことが、自分を見捨て虐待した母親の姿を浮かび上がらせた。これがヨコの軸である。

このように、被告人が生きてきた時間(二十数年間の生活歴)のタテ軸と、本件時に被告人を取り巻いていた空間(人間関係や諸環境)のヨコ軸を交差させることによって、「殺す相手は誰でもよかった」という被告人が、なぜ熱心に指導した身近な女性上司に激しい怒りを示してめった刺しにしたのかという殺害動機と態様が了解できるのである。

以上のような情状心理鑑定の結果をもとに、弁護人は被告人の量刑を争点にして、次のように情状酌量を陳述した。「本件には被告人の生育歴、家族関係における問題など、被告人には如何ともしがたい原因がある。また、被害者の落ち度ではないが、本件時の被害者である女性上司のかかわり方が被告人を殺害実行に駆り立てる引き金になっており、被告人の犯行動機に酌量の余地を与えるものである」。

③判決(無期懲役)の要旨

本件は誰が被害者になってもおかしくない無差別的な殺人事件であって、理不尽極まりない犯行である。被告人は、犯行に際して、背後から首を切りつけた上、被害者から助命を求められてもためらうことなく十数回にわたってめった刺しにしており、態様は際だって卑劣で残虐である。被告人は、遺族らに対する謝罪、反省や後悔の言葉を口にしていない。

情状心理鑑定で示されている犯行の動機としての、被告人の生育歴と母子関係、女性関係の体験から派生する怒りを被害者に対して行動化したことなどが、本件犯行の実行に影響を与えた可能性は否定できない。しかし、被告人は殺人のための包丁を購入し、誰でもよいから人を殺そうとしていたというのであるから、本件被害者を殊更に殺害の対象としたものではないことは明らかである。

よって、本件において量刑上考慮しなければならない程度の影響を及ぼしていない。

この事例からすれば、辻(二〇一二)が指摘するように、たとえ検察官の述べる表面的な動機でも一応の論理的関係があり、説明のつく動機であれば、刑事裁判としてはそれで十分に判決を下すことができ、不合理な動機の追及や解明は必要でなくなる。結局、刑事裁判においては行為と結果によって刑罰の大枠を決めるという量刑が争点であり、それ以上に動機や被告人の心理状態を解明することは、不要であるとされるのである。

(5)　司法臨床によるアプローチ

ここまで述べてきた臨床心理士の関与は、刑事裁判における司法臨床のアプローチの一例である。

司法臨床とは、司法的機能と心理臨床的機能の交差領域に浮かび上がる問題解決機能によって、犯罪・非行や虐待、離婚問題などを適切に解決することである。

その実践の場としては、両者の機能を制度的に併せ持つわが国の家庭裁判所があげられる。少年事件、家事事件の調査および審判で展開される家裁調査官の活動にその実際が見られる。また、司法関連機関としての保護観察所、少年院、刑務所などと、児童相談所、学校、病院、その他多領域の機関との協働によって実現する問題解決の方法である。

近年のわが国では家族や学校、職場での問題や紛争を法で取り込み対処しようとする動向が著しくなっている。そうした法化社会においてカウンセラーなど対人援助に携わる者は、司法臨床の方法を獲得する必要性に迫られるであろう。離婚問題や子どもの奪い合いで対立する当事者双方への関与の仕方、児童・高齢者虐待やＤＶを阻止するための法的権力の介入と福祉・臨床ケアの方法、非行や犯罪に伴う「罰」による更生・治療的展開などは喫緊の課題である。

たとえば、現代の社会問題になっているストーカー犯罪でも、規制法で禁止、阻止してもストーカー行為を繰り返し、法による罰を強化すればするほど怨恨の感情を募らせ、過激な攻撃行動を起こす者がいる。そのようなストーカーの攻撃性に対する法的対応と同時に怨恨の感情への臨床的アプローチをしなければ被害者を守ることはできない。法の機能をどのように臨床的機能に展開できるか、また臨床による関与が法の解決機能を活性化させる触媒に成り得るか、ということが重要になる。

このように、今後、地方裁判所においても犯罪者の更生や隣人トラブルなどの実質的解決を目指すことが期待される。その展開の一つとして、刑事司法の領域では、訴訟構造にもとづいた今までの司法モデルから、犯罪者の再犯防止と治療に主眼を置いた「治療的司法モデル」(指宿二〇一二)の研究と実践が進んでいる。

二〇〇九年に始まった裁判員裁判では、一般市民である裁判員が刑事裁判に臨む姿勢で法曹三者と違うことは、自らの人生観、死生観など丸ごとの「人」として裁判に臨み、被害者と加害者の「人」を見ているということである。

その意味でも、刑事裁判で「人」を解き明かすことは重要である。
それでは以下、司法臨床の観点から「贖罪」について考える。

二　贖罪をめぐって

西鉄高速バスジャック事件で母親を殺された被害者遺族の塚本さんは、加害少年を厳罰に処したり死刑にしたりしても許すことはできない、一生罪を償ってほしい、と訴えている。塚本さんが加害少年に突きつけているのは、まさに「贖罪」に他ならない。

贖罪とは、罪の償いを無限に続けるようなものである。たとえば、大きな岩を山頂に運ぶという罰を受けたシーシュポスが、神々の言う通りに岩を山頂に運んでもその瞬間に岩は転がり落ちてしまうという「シーシュポスの神話」、石を積んでも塔を作っても鬼がそれを壊し続けるという「賽の河原」、のような罪の償いである。まさに贖罪とは神々の領域に属することである。

そうであれば、刑事裁判で成し得る「贖罪」とは何か。冒頭で引用した塚本さんの言葉は、刑事裁判における重要な意味を示唆している。その三点(①、②、③)を明示する。

> 少年が死刑にされても、私の心はけっして癒されることはない。私が立ち直れるのは、①少年が、本当に悪かった一生罪を償います、門前払いされてもすみませんでしたと言って、私があんたの気持ちは分かった、もういいと言えたときに、被害者としてようやく事件は終わることができるし、②少年も立ち直ることができる。③被害者が立ち直れるのは、少年が本当の意味で更生してくれることだ。

以下、この三点にしたがって被害者と加害者の「贖罪」について考えてみたい。

(1) 贖罪の出発点――①「罪の真の理由」の解明

そもそも加害者は自分が犯した「罪の真の理由」を知らない。それゆえ加害者は罪を償うという気持ちにはならない。罪の真の理由とは、加害者が生きてきた帰着としての犯罪の意味である。ところが刑事裁判では表面的な犯行動機をなぞり、加害者はその結果としての犯罪を「反省」する。それでは真に罪を償うという気持ちなど伝わらない。そのため被害者は、裁判の犯行動機に納得せず、「なぜ、おまえはかけがえのない家族を殺したのか」と問い続ける。加害者に厳罰が下されても「なぜ罪を償わないのか」と慟哭することになる。被害者にとっては「事件」は終わらない。被害者にとって「事件」が終局するためには、加害者が罪の真の理由を知らなければならない。青島(二〇一二:第一部四章)は、加害者の贖罪の出発点とは、自分の行為に向きあい、行った行為の意味を知るための模索から始まると述べている。

加害者の行為(犯罪)の意味を知るための模索においては、加害者が犯罪に至るまでの生きてきた道筋、来し方をたどることが必要になる。その理解の方法がライフストーリー・インタビューである。ライフストーリー・インタビューとはその人の「物語」を聴くことである。単に人の生涯の事実を時間軸にそって羅列するのではなく、その人が生きられた経験がどのように人生に編み込まれて意味づけられてきたのかについて、語り手と聴き手の相互関係の中で紡ぎだしていくものである。

ライフストーリー・インタビューのためには、「心理的な深さ」(感情や気持ちの揺れ動きなど複雑な心理状態の一端を把握すること)、「時間的な経緯」(個々の人たちがどのような経験を経て、現在の考えを抱くに至っているかを知ること)、「関係性」(その人を取り巻く家族関係、友人関係などで、どのような関わり合いをしてきたのか)、という三要因が必要であるとされている(野口二〇〇九：終章)。まさに刑事裁判で切り捨てられかねない部分である。凶悪事件を起こしたモンスターとしての加害者でなく、それに至るまでの生きられた「人間」としての加害者の理解が必要になる。

そして、加害者の贖罪のためには、被害者のライフストーリーが重要な意味を持つ。被害者の物語と加害者の物語が対立や憎しみを生み出すとき、その解決はいかにして可能なのかについて、小田(二〇〇九：第一章)は次のように述べている。「一人ひとりが肉親を亡くした時のことを語ってゆく。その個人的な経験の語りを聴くことで、互いのステレオタイプな他者像(「パレスチナ人＝テロリスト」「イスラエル人＝侵略者」)がゆらぎ、互いを〝人間として〟みるプロセスが動きはじめる」。

つまり、刑事裁判の俎上の「加害者」と「被害者」ではなく、生身の人と人との体感が交錯しなければならない。それを通して、「互いの物語(ライフストーリー)を聴いた後では、それが具体的な名前と顔を持ち、自分たちと変わらぬ感情のある〈他者〉へ」(野口二〇〇九：終章)と変わる。このように、刑事裁判の司法過程において、加害者と被害者の〝総体としての生身の人間〟を蘇らせることが重要なのである。

(2) 贖罪の中間点――②加害者の更生

加害者が「罪の真の理由」を知り、罪を償うという気持ちに導くためには、加害者の語りを「徹底傾聴」することが必要になる(廣井二〇一四b)。ところが、犯罪者や非行少年の語りが傾聴されることはほとんどない。

加害者が罪を犯し、法によって犯罪者や非行少年となるや否や、彼らへの関与の前提は罪に対する応報(罰)が基調になる。少年といえども例外ではなく、悪さをすれば親の体罰や教師の叱責にさらされ、罪を犯せば犯罪少年として取り調べられる。昨今のメディアや一般市民の目線も、犯罪者、非行少年に対する厳罰や非難に終始して、加害者の思いや語りなど傾聴されることはない。

加害者を取り巻くそうした状況で、筆者は非行少年の立ち直りを援助する役割を担う家裁調査官として、その後、臨床心理士として犯罪者の更生の手立てを見極めるために、加害者の語りに真剣に耳を傾けてきた。すると、彼らは一様に堰を切るように自らの思いや抑えていた感情を吐き出すのである。警察、検察で供述できなかったこと、供述しなかったことが語られるのである。その内容は、司法の俎上に載せるために切り捨てられた、加害者の生身の感情と共に吐露される。

加害者はしっかりと自分に向き合い、自らの話を受け止めてもらったことがほとんどなく、一切を否定されているといっても過言ではない。もっとも彼らなりのものの見方の偏りがあり、屁理屈や不合理な言い訳などが語られる。しかしそれを否定したり修正したり、もちろん肯定したりするのではなく、最後まで徹底傾聴するのである。

犯罪や非行は悪い行為であるため、私たちは彼らの行為をすぐに否定したり、考え方の間違いを正そうとしたりする。そうした関わりは加害者の口や殻を閉ざしてしまう。結局、彼らは吐き出すことができなかった感情や思いをさらに屈折させて、攻撃行動に転化してしまう。他人との関係をいっさい断ち切ってしまうことにもなりかねない。

あらためて解説するまでもなく、「傾聴」とはカウンセリングなど心理臨床の基本であり、すべての治療法にも通じる共感的なコミュニケーションの方法である。「共感」とは、クライアントの感情や思いを批判や非難せず、また同感、同意、同情することでもなく、評価せずに「受容」することである。いわば丸ごとのクライアントをそのまま受けとめるのである。

徹底傾聴による受容的関わりに徹すると、今まで他者との関係を拒絶して自らの偏った思いに固執していた加害者が少しずつ変化していく。ある非行少年は、犯罪の原因は自分が悪いのではなく被害者のせいであると言い続けていたが、その言い訳や不合理な語りを徹底傾聴し続けたことで、少年の言い訳が徐々によどみ、最後の最後に自分にも非があったこと、自らの責任を徐々に語りはじめた。このように、「逆説的であるが、人をありのままに受容する態度は、その人を自由にして、変わる方向へ導く」(ミラー、ロルニック二〇〇七：四八)のである。

ここで傾聴をあえて「徹底傾聴」と表現したのは、犯罪や非行という善悪など法に関わる問題は、法的基準によって否定され裁かれる行為であり、ともすれば彼らの語りが十分に受け止められないからである。そうした法の枠組みにおける臨床的介入として、加害者の語りをあえて徹底的に傾聴することが「司法臨床」の要点でもある。

さらに、私たちは、法による罰を強化することが、犯罪や非行の抑制と犯罪者や非行少年の矯正につながると思い込んでいるところがある。しかし、加害者臨床の実践経験からすれば、犯罪・非行性の根深い者には、罰を背後効果とした圧力は逆効果になりかねないということに留意すべきである。「心理学的抵抗理論によれば、人は個人的な自由を侵害されたと感じると、「問題」行動に心惹かれ、その行動を行なう頻度が上がる」(ミラー、ロルニック二〇〇七：二二三)のである。法的圧力・罰・社会的圧力(非難)などによって、強制的に問題行動を抑え込もうとすればするほど、その問題行動を増幅させてしまいかねないという逆説を招くのである。

(3) 贖罪の到達点――③「加害者」「被害者」の終結

以上のような贖罪のプロセスと到達点を青島(二〇一二：第一部四章)は次のようにまとめている。「自らの成育歴を振り返り、自分の思考パターンや行動パターンがどのようにして形成されていったのかを知ることも重要である。事件に至った背景とその行為が引き起こした結果を知り、行為の意味を理解し、その行為が引き起こした結果を自らの人生のなかで引き受ける覚悟を作っていくこと、さらに、再犯しない新しい生き方を模索していくこと」。そして、「他人を信じてもいいと感じることで、ようやく事件を反省していく」。

おまえが悪い、おまえのせいだ、反省しろ、と追及するのではなく、加害者が生まれた時点まで寄り添いながら遡ると、加害者の贖罪の芽が徐々に育っていく。このようにして、加害者が本当に更生したときに、つまり加害者が「加害者」でなくなったときに、被害者は「被害者」でなくなり、そのときに被害者は立ち直ることができるのである。

人と人とが事件によって交錯することによって加害者と被害者になり、刑事裁判の場で双方が対立する関係になる。加害者と被害者を対立の関係に置く限り、彼らはいつまでも憎しみ合う「加害者」と「被害者」のままである。加害と被害は紙の裏表の関係である。被害者と加害者ともに事件によって苦悩する「一体の人間」として抱えるのである。そして、被害者のケアを支援し加害者の更生を援助することによって、加害者が「加害者」でなくなることは、同時に、被害者は「被害者」でなくなることを意味する。そのときに初めて加害者の贖罪がようやく成就し、被害者の贖罪の訴えも取り下げられるのである。

司法へのナラティヴ・アプローチの観点から、和田(二〇〇九：第八章)は次のように指摘している。「〔ナラティヴ・アプローチは〕司法過程それ自体を、それぞれの当事者の物語が提示され、ある程度の調整がなされる機会を提供するような場として捉え直す方向である。誠意や謝罪は判決としては難しくても、当事者が向き合う機会の中で一定程度果たされることが可能である」。そして「対立する物語が、相互にふれあい自主的な調整がいささかでも図られるのを促進する、そのような場として位置づけることである」。そうすることによって、「これら情緒的な欲求を背景とする被害の物語が、当然に司法によって救済されるべきであり、それこそが法と正義の実現である」と。

要点は、刑事裁判に加害者と被害者の物語を導入することによって、双方の「生身の人間」を浮き上がらせることである。加害者と被害者を刑事裁判の規範で対立させるのではなく、加害者と被害者の物語を刑事裁判が共有することで「対立の物語」から「赦しの物語」が生まれる可能性がある。

おわりに——司法臨床の課題

刑事裁判への司法臨床のアプローチについてしばしば指摘されるのは、裁判は判決の場であって少年審判のように更生や教育を期する場ではないということである。そうだとしても、刑事裁判に臨床の知見を導入すること、さらに刑事裁判の司法過程を臨床的に応用し展開するという司法臨床のアプローチは、本稿で述べたように、被害者への贖罪と加害者の更生を成し遂げるための端緒として位置づけることは重要である。

その意味において司法臨床は、刑事裁判が裁くだけの場ではなく、裁かれる加害者、そして何よりも被害者に寄与するために重要なのである。今後、刑事司法が犯罪者の再犯防止と治療に視野を拡げた治療的司法として展開され、司法臨床が刑事司法の場で実質的に機能することを期待するものである。

最後に、刑事司法における司法臨床の展開のための課題について、法と臨床による少年と家族への援助が制度的に位置づけられたわが国の家庭裁判所の現状をもとに述べておきたい。

家庭裁判所は、少年非行や家族紛争の問題解決に特化した「子どもと家族のための裁判所」である。その目的のために、少年事件と家事事件の一連の手続に人間諸科学の専門家である家裁調査官を家庭裁判所の主要なスタッフとした。非行や虐待など子どもと家族の問題解決のためには、法的機能と臨床的機能の両者——すなわち司法臨床の機能を必要とするからである。

その意味において、家庭裁判所の構造と機能は、少年非行や家族紛争に限らず、ドラッグやＤＶ、精神障害などに関するわが国の問題解決型裁判所すなわち治療的司法として展開する可能性を示唆する裁判所である。

ところが、二〇〇〇年の改正少年法は、刑事処分適用の拡大・強化、非行事実認定の適正化、被害者への配慮、の三点を柱とし、施行後の見直しを経て〇七年には刑罰対象年齢を低年齢に拡大させた。さらに一二年の大津いじめ事件などで加害児に対する被害者感情の悪化を招き、少年非行に対する厳罰傾向をさらに強めている。

一方、家事事件においては一三年に家事事件手続法が施行され、当事者の手続保障の拡大、曖昧な規定の明確化、手続の透明化がなされた。たとえば、従来家事事件の申立書は非開示で調停委員等が相手方に間接的に伝えていたが、家事事件手続法によって紛争当事者双方が主張とその証拠を開示することになった。当事者の話し合いを基調とする家事調停において、対立当事者の感情的な書面や弾劾的な書面が紛争をいたずらに煽るようになってしまった。

このような家庭裁判所の刑事司法化、民事訴訟化の動向を見るにつけ、家庭裁判所といえども「裁判所」であるという自明性が浮き上がってくる。すると、伝統的な当事者主義的司法観による刑事司法の堅固な土台に、治療的司法をどのように再構築するのかという原理的問題がある中で司法臨床を実践するという課題を乗り越えなくてはならない。

（1）　光市母子殺害事件：一九九九年、山口県光市で当時一八歳の少年が主婦と幼女を殺害。一審、二審で無期懲役、最高裁で「死刑を選択するほかない」と二審を破棄し高裁に差し戻した。

参考文献

青島多津子（二〇一二）「加害者と贖罪」廣井亮一編著『加害者臨床』日本評論社
指宿信（二〇一二）「治療的司法」廣井亮一編著『加害者臨床』日本評論社
小田博志（二〇〇九）「エスノグラフィーとナラティヴ」野口裕二編著『ナラティヴ・アプローチ』勁草書房
兼頭吉市（一九七七）「刑の量定と鑑定――情状鑑定の法理」上野正吉ほか編著『刑事鑑定の理論と実務』成文堂
高岡健（二〇一〇）『精神鑑定とは何か――責任能力論を超えて』明石書店
高田知二（二〇一二）『市民のための精神鑑定入門――裁判員裁判のために』批評社

辻孝司（二〇一二）「弁護士からみた加害者――刑事裁判における加害者像の位置づけとその変化」廣井亮一編著『加害者臨床』日本評論社

野口裕二（二〇〇九）「ナラティヴ・アプローチの展望」野口裕二編著『ナラティヴ・アプローチ』勁草書房

廣井亮一（二〇一二ａ）『司法臨床入門　第二版――家裁調査官のアプローチ』日本評論社

廣井亮一（二〇一二ｂ）『カウンセラーのための法と臨床――離婚・虐待・非行の問題解決に向けて』金子書房

廣井亮一（二〇一二ｃ）『加害者臨床』日本評論社

廣井亮一（二〇一三）「司法臨床――情状心理鑑定をめぐって」藤田政博編著『法と心理学』法律文化社

廣井亮一（二〇一四ａ）「司法臨床としての情状心理鑑定――犯罪動機の解明・更生の方法等情状弁護の深化に向けて」『日弁連研修叢書　現代法律実務の諸問題〈平成二五年度研修版〉』九二八―九四一頁

廣井亮一（二〇一四ｂ）「ストーカー加害者への司法臨床」『犯罪と非行』公益法人日立みらい財団編、第一七八号、六八―八三頁

ミラー、ウィリアム・R、ロルニック、ステファン（二〇〇七）『動機づけ面接法』松島義博・後藤恵訳、星和書店

和田仁孝（二〇〇九）「紛争をめぐるナラティヴと権力性――司法へのナラティヴ・アプローチ」野口裕二編著『ナラティヴ・アプローチ』勁草書房

13　関係性の暴力と加害者対応
——男性加害者との対話、そして責任の召喚・行動変容に向かう暴力臨床

中村　正

一　関係性の暴力——犯罪被害者への対応を考えることにとっての意味

暴力の現在と本稿の対象

夫婦・親子、友人・知人、指導・被指導の関係性に宿る虐待・暴力が問題となっている。背景は違うが、過激な原理主義者による暴力、憎悪・敵対のヘイトクライム、子ども、女性、障がいのある弱者にむかう暴力は、異なる者同士の関係性の組成に関わる構造的な(ある傾向をもった)暴力として現代社会の課題となっている。暴力の発生する頻度、場所も関心があるが、それだけでなく、社会のもつ排除と敵対、過同調からなる危険の「質」がみえてくる。

もちろん加害者はいろいろなので、一括して論じることはできない。筆者が現実感をもって論じることができるのは友人や先輩・後輩関係、親子や夫婦の家族関係にある者同士、職場の同僚・上司との関係、師弟関係にある者同士で起こる暴力である。本稿はそうした加害者との対話や臨床の経験をもとにしている。殺人、傷害、暴行、薬物使用等の刑事事件となった人もいて、対話した加害男性の幅は広い。

しかしすべての暴力が刑事事件となるのではない。むしろ刑事事件とならない暴力が数多く存在しており、それら

にどのように対処していくべきなのかについて有効な方策はない。ドメスティック・バイオレンス（DV）により保護命令や接近禁止命令を受けた男性、暴力が理由で離婚調停中の男性、子ども虐待を理由に親子が分離された父親[1]、ハラスメントにより所属する組織で何らかの懲戒処分をうけた男性、体罰が原因で教壇から離れて職場復帰のためのガイダンス的カウンセリングを受けることになった男性教師らへの筆者の暴力臨床から得られたことについて扱うこととする（中村二〇〇六a、二〇〇九）。

また、刑務所における性犯罪再犯防止のプログラム（法務省二〇〇六、二〇一二）にもスーパーバイザーとして関係しており、家族内での子どもへの性虐待、DVに含まれる性暴力、男性同性愛者間の暴力、知った者同士での性犯罪者もこのプログラムで関与することがあり、ジェンダー暴力は性への暴力という様相もあるので、ここで扱う加害者の対象にしておきたい。

しかし、他方で、女性の加害者も存在する。DVや性暴力の男性被害はそれ自体が訴えにくいという非対称性をもつので可視化されにくい。また女性の攻撃性は独特であり、受動攻撃性ともいわれる場合がある。母性による男の子へのコントロールも支配となることがその典型である。しかし、これらはここでは紙幅の都合と論理の構成を異にするので対象外としておきたい。

関係性の暴力からみた被害者救済と加害者対応の意味

まず、「犯罪被害者と刑事司法」のこの巻においてどうして加害者更生を扱うのかについて記しておきたい。知っている者同士で対人暴力が起こる相互作用は非対称な関係性にある（資源、権力、体力、資質等）。ジェンダー関係（男女、夫婦、恋人、男男・女女）、世代間関係（親子、師弟）がそうである。相互作用の様態（養育、介護、ケア行為、愛情交歓や性行為、友情、指導や教育）にも根ざしている。被害者自らもその関係性を構成していたという自責の念、訴えにくいという事実が重くのしかかる。親密な関係性だとマインド・コントロールに近い状態もありうる。さらに、身体への暴力だけではなく日常的な人格侮辱という心理的・言語的暴力、コントロール行動をとおして自発的服従を強いる行為、相手の非をあげつらう巧妙なモラルハラスメント等も含まれる暴力がある。

くわえて関係が完全には切断できない場合もある。暴力・虐待が原因で離婚した後の養育費の支払いや面会交流である。「無理心中」やストーキング不安も続く。体罰やハラスメントの場合は被害者と加害者が同じ場所にいることになるがゆえに仕事や学業の継続に支障がでてくる。刑事事件となった暴力事案では加害者の出所後の動静も気になる。こうして、何らかの関係が継続する場合、刑事司法の枠内だけではない更生への持続的な取り組みの確立が被害者の安全・安心の確保と回復にとっても、社会の安全にとっても必要となる。

刑罰を受け、場合によっては死刑となっても、被害者の回復に奏功するわけではない。逆に、罰さえない事案が多い領域の加害であるがゆえに、あるいは罰だけでは脱暴力を達成できない加害であるがゆえに、暴力を振るう者の行動変容について、罰と別に、罰に替えて、罰に加えて、つまり、補完的に、追加的に、補償的に、何よりも再犯しないような自己へと変容するための責任の取り方について、刑事事件にならない場合はもちろんのこと、それに加えた対応策が要請される。民事上の金銭的賠償だけでもなく、加害者の意識と行動が変容していくことにどう働きかけうるのかが課題となる。

また、加害者とはもうかかわりたくないという被害者の安全・安心の確保とは別に、加害者がどのように贖罪し続けるのか、再犯しない自己へと意識と行動を変容させることはいかにして可能なのか、そのために司法制度はどうあるべきなのか、公的制度は善行を指南できないので、そこに向かう暴力臨床の理念と技法はどう展開できるのか等、被害者対応とはまったく非対称な課題をかかえた加害者対応が求められる。加害者対応は刑事司法の枠を越えて必要だと考えるが、金銭的な補償や接近禁止処分以外に脱暴力を指示していくガイダンス的な機会の創出が求められる。

司法の新しい課題でもあり、臨床の課題でもある。贖罪、内省、対話、修復、更生、治療等の諸相において加害者対応が構成されれば、現在の加害者対応無策状態から脱出できると考える。厳罰化とその批判という二元論ではなく、また、刑罰的なものをカウンセリングに持ち込むことでも、予防という名の管理拡大でもない新しい脱暴力への誘導の仕組みをつくるべき段階であろう。

男性への暴力臨床――ジェンダー問題としての側面

暴力加害の多くは男性によってひきおこされる（主要な行為の性別は図**1**、図**2**参照）。「無差別殺人は、弱い者をねらっているので無差別ではない。男性犯罪者の場合、「男の問題」としては捉えられてこなかった男性自身が、自分の立場と重ねるように考えるという姿勢・男の怒りや悔しさが暴力で発散されうるという問題を、男自身が考えるべき」というまっとうな指摘がある。しかし、「男の犯罪を、社会問題を問う視点だけではなく「男ゆえの病」として考えること」という結論には留保がいる（北原二〇〇八）。つまり、「男ゆえの病」が生物学的な男性をすべて均質に扱うことにならないようにすべきことである。ここではそれを男性性（男らしさ）と置いてみる。攻撃性を肯定し、少なくとも否定しない特性が男性性にはあり、暴力と親和的であること、男性性に共通する思考、認知、感情の表出にも暴力を誘発する傾向があること、加害者個人のパーソナリティに帰責するだけの犯罪心理分析だけではない論理も要ること等から、ここでは男性性ジェンダー論を媒介として「男ゆえの病」が社会的につくられていることや、それを踏まえて脱暴力の個別臨床実践が必要なことを考えてみる。もちろん女性への暴力だけでなく男性同士の暴力（性暴力含む）や戦争への動員とその負荷（兵士としてのトラウマ）、地位や覇権に由来する競争という面があり、男性同士の関係の非対称性や男性という類型（カテゴリー）のもつ抑圧性もまた男性性ジェンダーの別に論じるべきテーマである(2)。

もちろん、刑事司法はジェンダーに無関心なので、男性性のもつ病理を刑罰において糾すことはできない。少なく

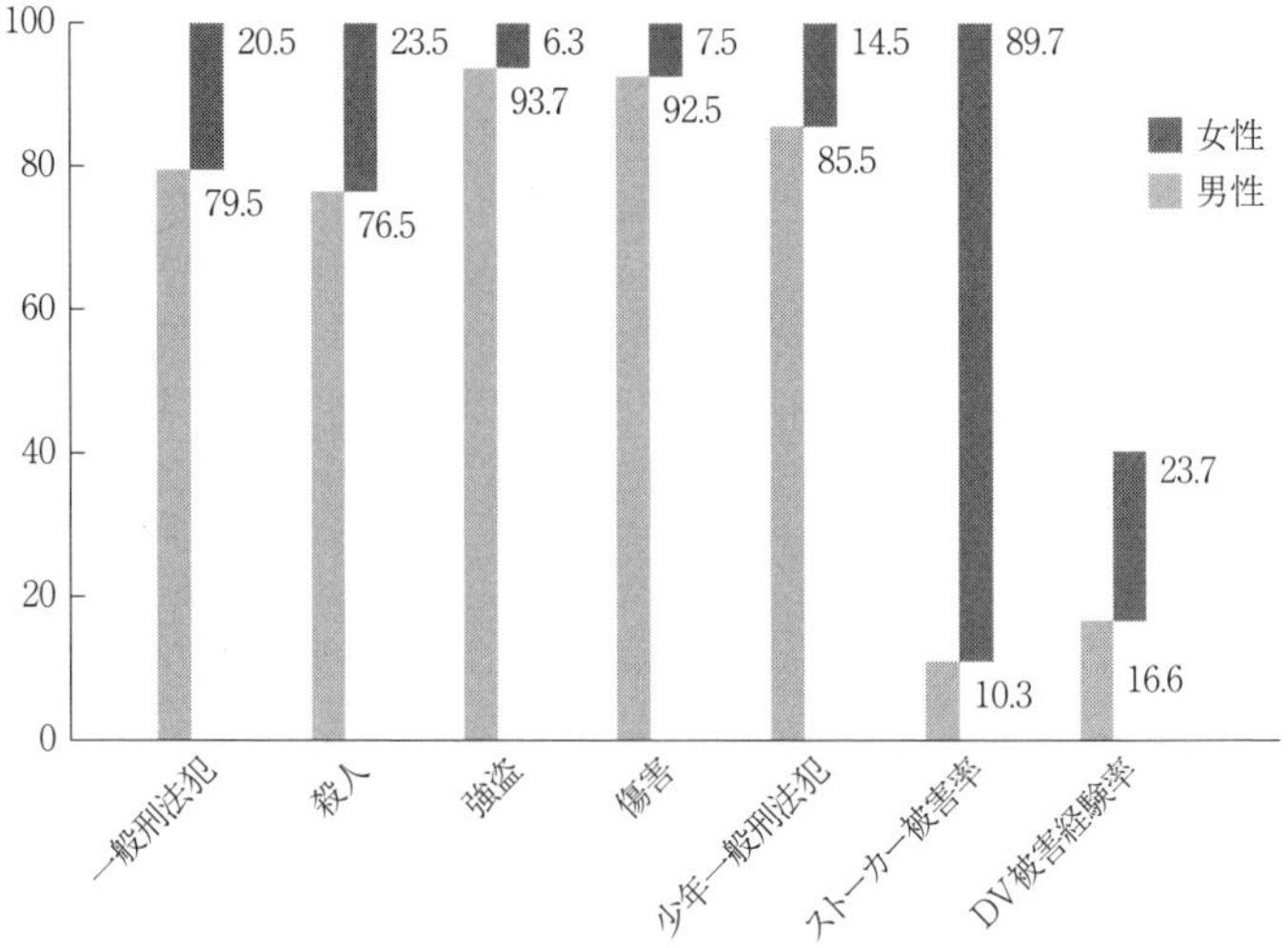

注：一般刑法犯，殺人，強盗，傷害は平成 26 年度犯罪白書，少年刑法犯，ストーカーは平成 27 年度警察統計による．DV は平成 26 年度内閣府調査で，暴力を受けたことが「何度もある，1-2 度ある」と応えた男女の比率．筆者作図．

図 1　加害者・被害者の性別比率（%）

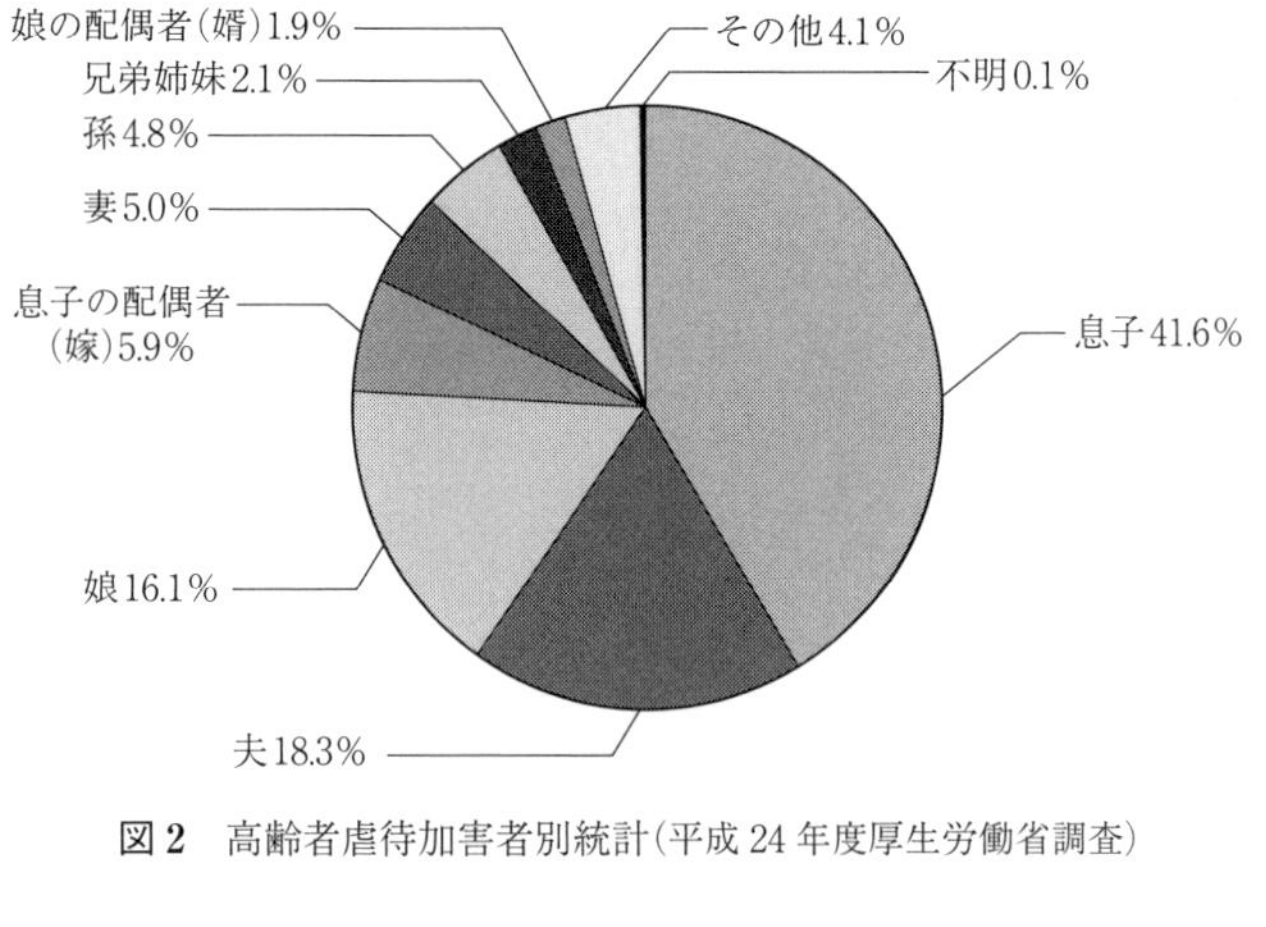

図 2　高齢者虐待加害者別統計（平成 24 年度厚生労働省調査）

とも男性性の犯罪であることが多い性犯罪者の処遇はジェンダーへの関心をもつべきだが、性犯罪の再犯防止教育においてもジェンダーは前景化していない。虐待、ＤＶ、ハラスメントで処罰を受けても親密な関係性や家庭内暴力の類型別の矯正教育やジェンダー視点からの教育プログラムはない。せめて、社会内処遇の一環として、保護命令、接近禁止命令、そして保護観察に付随して、あるいは暴力が主訴で離婚となる民事の調停制度と並行して、更生のために活かす男性性ジェンダー臨床実践の見地からの対話を可能にしたいと思って試みている。

男性性ジェンダー臨床の対象となる典型的な暴力加害としては、①夫・息子介護者による高齢者虐待（男性介護者比率に比べて虐待加害が介護男性に多いこと〔図2〕）、②DV加害、③子ども虐待への致命的暴力となる父親の暴力（とくに躾として体罰を用いる等、日常的な子育て行動に伴わない暴力であること）、④ストーキングによる加害（一方的に恋愛対象とする男性、よりを戻すことに失敗した元夫や元恋人、離婚した妻が養育している子どもを誘拐する元夫等）、⑤多様な性犯罪（肛門性交や口腔への性器挿入等男性が被害者になることも含む）、⑥ハイリスクな男性の仕事（兵士等）や活動（反社会的組織）と関連した暴力やその心の傷、⑦社会的地位と関連した多様な形態のハラスメント等である。加害としてあらわれる行動に荷担する男性性を問題化し、それらへの介入と変容について検討していく。

二　加害者との対話——暴力臨床が成り立つ地点を求めて

加害者との対話と言い訳

刑事司法を越えた、処罰だけではない持続的な更生（内実は脱暴力）の取り組みが必要なことは、こうした関係性の暴力という特徴に由来する。暴力を振るう男性や虐待する親への面談指示、ハラスメント加害者の職場復帰にかかる指導等、何らかの意味で「やり直し」のための場の設定が可能である。いわゆる加害者臨床、暴力臨床等である。刑罰や処分だけではない治療的司法・回復的正義であり、修復的正義ともいわれる（中村二〇一六a、b）。

教育的なカウンセリング（ガイダンス的な対話）の受講命令制度ができ、刑務所のなかでも性犯罪再犯防止プログラムと同じように親密な関係性における暴力・虐待に対応するプログラムが実施されることを想定して、少数の専門家たちが加害者臨床・暴力臨床に取り組んでいる。[3] 何らかの強制力があり、何とかしたいという気持ちもあり、対話の場にしぶしぶ参加する加害者たちが一定数存在しているからである。もちろん一筋縄ではいかないが、筆者の実践経験から、脱暴力への対話を拓いていく手がかりはある。そのひとつは彼らの「言い訳」である。

「これは指導の一環である」、「親しいからこそのコミュニケーションである」、「相手のためを思えばこそである」、「自分は被害者だ」、「学生との自由な恋愛の一環だった」というハラスメント加害者の都合のよい認知が表明される。いったんはそれらを聞きながらその意味に分け入っていき、脱暴力のほうへと拓いていく(中村二〇一〇、二〇一二)。

DV、虐待等の対人暴力加害者とのグループワークや面談でも同じような「言い訳」がされる(中村二〇〇六b、二〇〇七、二〇一六a、b)。次の六つのナラティブを整理したことがある。①「今月の生活苦しいのよね」はどう聞こえたか、②「暴力はコミュニケーションである」が意味すること、③「俺は正義である」と考えている、④「アルコールが入っていて、頭が真っ白になったから」と理由づける、⑤「ささいなことだったんです」と言い始める、⑥「相手が俺を殴らせる」――独自の被害者像をもっている、である。

同じようにして性犯罪者の再犯防止のためのグループワークでも、性にまつわる都合のよいものの見方が表明される。社会で流通している男性のセクシャリティについての観念は性犯罪の言い訳に活用される。「ナンパして出会った女性なので合意があったと思った」、「アルコールの席でも積極的にアプローチしてよい関係だった」、「風俗の経営をしていることもあり接客指導の一環で性行為を教えていた」、「酔っていたところを介抱していただけだ」等という。

言い訳を読み替えていく――暗黙理論、中和化、ナラティブへ

これらの解釈は、アメリカの社会学者、マッツアとサイクスの中和化の技術論(Matza and Sykes 1961)、ニュージーランドの臨床心理学者、トニー・ワードら(Gannon, Ward et al. 2007, Ward and Maruna 2007)の暗黙理論、オーストラリ

アのアラン・ジェンキンス(Jenkins 1990)のナラティブセラピーと責任の召喚の実践を参考にしている。中和化とは暴力の言い訳であり、暗黙理論とは暴力を肯定するセルフトーク(内言)である(たとえば、セックスは相手も合意のうえだし、みつかることはないだろう、相手も悪いのだから仕方ない等の悪魔のつぶやきである)。ナラティブセラピーはそうした言い訳、暗黙理論、内言をひきだす、加害への対決型・直面化型のカウンセリングとは異なるアプローチである。

それらを言語化するグループワークやカウンセリングは変化にむけた対話の手がかりになる。自己流の内なる規範に照らして言い訳を考案している面を強調していく。内言として「勝手な道徳的な判断」をくぐらせているともいえる。少なくとも逡巡し、非合理な説明しかできず、矛盾があるので、事実として否定できない、自らが関与した結果としての暴力・虐待、いじめ・ハラスメントによる相手の「傷つき」をもとにして、認識や意味づけを変更していく対話を続けることになる。筆者は個々の暴力エピソードのシークエンス分析を当人と協働で行い、暴力を振るった経過を振り返ることにしている。裁判や処分の経過では聴き取ることができない意味づけをしつつ、そうではない選択ができたはずだと指摘をし、暴力を選択した自らの行動とその時の意味づけを言葉にしていく。

三　加害のなかの被害性をどのようにくみ取るべきなのか

犯罪的ニーズと非犯罪的ニーズ

犯罪心理学では犯罪へと結びつくリスクを犯罪的ニーズといい、「ビッグ・エイト」といわれる。反社会的行動の履歴(前科の状況、犯罪開始年齢)、反社会的パーソナリティ(衝動的)、反社会的認知、反社会的な仲間の有無、生育環境、学校や仕事のやり方、余暇の過ごし方、薬物乱用である(Andrews and Bonta 2010)。

さらに性犯罪のリスクは異なる犯罪的ニーズに由来する。性犯罪のリスクは、①親密性の問題(交際相手の不存在、交際相手と親密性を保てないこと、子どもへの同一化、女性への敵意、社会的孤立等)、②社会環境からの影響(悪影響を及ぼす交友関係等)、③性的加害を容認する態度(強姦や幼児性愛を容認するような性的認知の歪み等)、④性的な自己統制(自慰行為等の性行為への没頭、ストレスコーピングに性的行動を用いること、性的関心の歪み等)、⑤一般的な自己統制(衝動性、問題解決スキルの貧弱さ、攻撃性等)を想定している。

そして、直接、犯罪に結びつかないものを非犯罪的ニーズという。不安の程度、パーソナリティ特性(自己評価の低さ)、基本的な人間的ニーズの状態(住居、経済状態、安全性等)、健康状態、家族事情(Andrews and Bonta 2010)とされている。これは刑事司法でいう加害者の一般情状である。また、加害者のなかの被害性として扱われてきたことにも相当する。それは非行問題における生育環境が発達に否定的な影響を与えるという指摘と類似のものである。家庭内暴力について暴力の再生産や虐待の連鎖とも重なる。加害者との対話を拓いていくためにはこうした非犯罪的ニーズに注目する。

加害者のなかの被害性の扱い方

この非犯罪的ニーズが充足されていない加害者が多い。加害者の被害性や生きにくさ、不器用さという面が浮かび上がる。

そうだとすれば、非犯罪的ニーズは言い訳の内容を提供する。被害性は暴力肯定の言葉として加害者によって置換されていく。暴力臨床はこの転倒した意識を対象にして脱暴力の方へと男性たちを拓いていく取り組みとなる。なんといっても言葉がでないと加害の現実そのものが生成しない。暴力を振るっていた自己は見えてこない。贖罪、省察・内省、謝罪にまで到達する以前に、その前提となる暴力の理解についての言葉がいる。言い訳を手がかりにして進める対話が現実を創り、理解を深めていく。しかしこの扱いは慎重であるべきだ。理由は、①被害性の指摘が加害の責任を滅却するように作用してしまう危険性があること、②暴力加害者のもつ他罰性があり、それを補強してしまうおそれがあること、③被害性があっても暴力を振るっていない男性たちがいることをきちんと認識すべきだからである。

男らしさの習慣と暴力

男性加害者たちと対話をしていると、その暴力や逸脱行動は偶然ではないと思えるような人生の経路(人生の脚本)がみえる。たとえばその都度の選択肢の問題、問題解決の仕方、出来事への意味づけや解釈の仕方、そのための経済的資源や知的資源の多寡、その時の人間関係の健康度、生活費や仕事の状況等である。もちろんそれらには分岐点もあり、そうではない選択肢を前にしてそれができなかった彼の課題がみえてくる。その人の思考や認知の仕方が現実化している面もあるので、その思考を見つめ直すことに根ざして脱暴力への見通しをもつ。

援助者の暴力・虐待の加害を聴く力、公的な供述とは異なる語りをひきだす力は、リスクに焦点をあて、犯罪的ニーズへの対応が中心とならざるを得ない公式の刑事司法、児童虐待やＤＶ対応の聴取とはまったく異なるものである。その際、男性性の視点から非犯罪的ニーズを意味づけし直していく必要がある。先述したように非犯罪的ニーズは、自尊心の低下、心身の不健康さ、失業等の就労実態、被虐やいじめられ体験、家族の不幸等から成る。これは一般論なので、男性性と重ねてみる。なぜなら、犯罪的ニーズと非犯罪的ニーズが二元的にあるのではなく、一つの連続体を成していると考えるからである。対人関係に影響を与える男性性ジェンダーの特性が両方のニーズを媒介する。非犯罪的ニーズになりうるものは、①他者との関係性を切断するセルフネグレクト傾向(広い意味での自己放任や援助を拒否する行動特性があること)、②マイルドな失感情症(感情を言語にすることができず、感情の同定が困難となり、統合できない事態に陥る)、③支配的なパワー感覚、嗜虐的な快楽、コントロール欲求がアクトアウトとしての暴力を駆動しやすいこと、④暴力による他者コントロールの成功体験がライフストーリーのなかで学習されてきたこと等である。男性性の傷つきの埋め合わせのためにこうした事項が活用されている様子がみえてくる。暴力や虐待は簡単に表現できるパワー感の源泉であり、薬物使用による高揚感、ハラスメントやいじめ行為による優越感等も同じように作用する。しかしこれらは真の意味での自己効力感ではなく、偽の満足感でしかないので、いずれはそこに満足できずに行為は昂じていく。

四　暴力を招き寄せている生き方・思考と認知の仕方に根ざす

変化を阻む男性的思考

たくさんの言い訳のなかでも少々種類の異なる言明がある。たとえば「そんなに褒めないでください。なんだか安っぽい男性のように聞こえます」、「(脱暴力が課題のカウンセリングのあとは)脱力していく感じがするので困惑する」、「半年くらいグループワークに通ったので私はもう大丈夫です」、「逆境のなかを生きてきたので男らしく強くなれたのです。この社会を生きていくのに強さは要るでしょう」、「確かに家庭のなかでは暴力はよくないと反省しますが社会では通用しないのでグループワークでやっていることとバランスがとれません」、「グループワークやカウンセリングに来るかどうかは自分で決めます」、「グループワークの目標に向けた工程表のようなものをください」、「複雑な人間関係は嫌いです。妻や子どもとの関係はやっかいなのでシステム思考が働きません。コミュニケーションスタイルの違いでしょう」等である。これらは「男らしさの思考の習慣」となっており、基底にある独特のスタイルやカタチが変化を拒んでいる。

エコロジカル・ネスト

この思考や認知は鎧のように機能し、暴力的な行動と感情をつくりだす。暴力と虐待を振るう者の心と身体の習慣を把握するためにカナダの心理学者のドナルド・ダットンは、「エコロジカル・ネスト(生態学的な巣)」(Dutton 1995a, 1995b, 2002)と特徴付けた。暴力を振るう人はそれを肯定し、必要だと思い込み、正当化する理由をたくさんもって生きており、暴力や虐待を含んだ生態学的環境(人間関係の網の目)をつくる。ジェンダー秩序がもたらす意識、子どもや生徒への体罰を許容する観念、人権意識の希薄さ、過去の暴力の成功体験やそこから得られた満足感等の総体がエコロジカル・ネストに関係する。男性性ジェンダー意識はそこに棹をさす。

ではどうすればその問題を克服するように生きていけるのか。確かに長く育んできた習慣的な行動は変えにくい。その習慣は、問題解決の志向性、快楽の感じ方、認識や解釈の仕方、意味付けの体系、愛着関係や対人関係の取り方を指示するように機能する。

加害者臨床論は逸脱行動や触法行動をした人たちの行動を支えているこのエコロジカル・ネストを探り、その再構成を支援する。手がかりは加害のナラティブである。その一部がここで紹介してきた言い訳である。表現された加害のナラティブの語彙と文脈を再構成したいと考えているが、鎧のようなコミュニケーション・モードこそが変容を妨げている。グループワークやカウンセリングでは、男らしさの思考習慣を変容の対象にする。暴力的な振る舞い方、相手の非を責める言葉の出し方、威圧的な態度でコントロールする傾向をもった自己であることの理解のために、自らのエコロジカル・ネストを可視化させていく。

エコロジカル・ネストが再組成されないかぎり、謝罪も反省も奏功しない。その組み替えのない謝罪は威圧的となるだけだ。問題解決の方法を刷新しておかないと、偽問題解決となることを指摘する。被害者への謝罪の方法も同じである。反省もそうである。「問題解決の仕方が問題」だったのだから、同じようにしていては解決と謝罪も以前のようになるだけだ。

筆者は彼らの被害者とも話をすることがある。被害者に対して問題解決や謝罪受け入れのコントロールをする加害者もいる。たとえば謝罪を受け入れない相手が悪いと責める。解決の仕方を自分で決めるようになっていく。間違った正義、反省、提示の仕方、他者の無視がある。こうした態度の変容のために、被害者を想定して届かない手紙を書くこと、筆者や他のグループワーク参加者を相手として対話のロールプレイをする。狙いは、省察・内省のための心と態度を耕すことである。自らつくっているエコロジカル・ネストを自覚し、理解し、それを自ら再組成する、そうした自己の書き換えがグループワークやカウンセリングでの対話をとおして展開される。

五　矯正でも、教育でも、相談でも、更生でもない自己物語をうみだすことに伴走する支援

可視化されない男性の加害の物語

筆者の出会う男性は、暴力・虐待の男性だけではなく、ひきこもり傾向のある男性、ネグレクト傾向の男性(対人関係に冷めている)、寡黙で大人しい男性等、実に多様である。そのなかにこんな男性がいた(以下の記述は個人が特定できないようにしてある)。現実感の喪失と虚構の世界に生きた虐待する父親である。二人の子どもがいる。ゼロ歳の男の子を「誤って自宅の床に落としてしまった」と説明し、事故だと言い張ったが、乳児揺さぶり症候群だとされ、傷害の罪で起訴された。懲役一年、執行猶予四年となり、その間、児童相談所は家族再統合をめざしたカウンセリング計画をたてた。もちろん妻との関係も修復をしていく必要もある。三〇歳をこえた父。裁判の詳細を聞いてもうまく話ができずにいた。当面は母子の面会がなされている。こうした事案の場合、通例は児童相談所への怒りや批判がで

てくる。これは事故であり決して事件ではないと言い張る。警察の取調べへの不満もある。しかし経過を語る彼の様子はあまりにも他人事のようであった。感情の抑揚がなく、精気がない。感情がみえてこない。その事件があったから落ち込んでいるのでなく、いつものようである。

しかし例外があった。ネットゲームである。その様子を語る姿は活き活きとしていた。そのキャラクターを演じて、ゲームのなかで登場する他者たちとチャットする時が楽しく、自分をだせているという。

加害者臨床で聴く物語へ

彼は自己を提示しやすい場としてカウンセリングがあるという。現実の世界で彼は周囲の動きと人間関係に流されている。もちろん抵抗はせず、翻弄されているのでもなく、その流れにのっているという感じだ。これを「漂流」という。一〇歳年下の女性に迫られたつきあい、「できちゃった結婚」、無計画な二人目の妊娠・出産、重なる転職と失業、事件か事故かも争われた裁判、息子の施設入所と家族の別離等の家族の困難がこの二年程続く。繰り返す転職は正社員であることに自信がなかったからだという。正社員だとアルバイトやパートの人に指示をしなければならないので荷が重いという。

経過を聞けば聞くほど、主体的ではない。他者をケアすることへの無頓着、他者への気遣いの弱さ、近くに子どもがいるのに気づかない、ぞんざいな扱い等が生起する。リアルな世界で子育てしている父の姿ではない。彼は常に虚構のような世界で赤ちゃんを育てていた、いや接触していたようだ。少なくとも彼はこうした意味世界に生きていたことを対話では受け入れた。傷害罪の内実はこうした点にあるが、裁判ではこの点は斟酌されない。だからナラティブ化されない。

筆者との対話をとおして、裁きとは異なる物語が編まれていく。自力ではできない協働作業だった。意味世界の言語化をとおしてエコロジカル・ネストが可視化される。虚構のような日常に真摯な赤ちゃんとの関係は構築されにくい。細やかな注意をすべき赤ちゃんとの関わりがうわの空だったかも知れないと振り返るもう一人の自分ができてきた。反省とは異なるが、少なくとも内省の手がかりになる。

グループワークやカウンセリングでは、暴力・虐待系の男性には「男らしい男は弱者に暴力を振るわない」とアドバイスする。虚構もしくは虚勢としての男らしさに縛られている姿をあぶり出す。ネグレクト傾向のある男性には対話それ自体を楽しくできるように試み、親密な関係性における他者への無関心さのもつ課題を意識させていく。暴力で問題を解決しようとすること、寡黙で感情の交流に消極的な態度としての男らしさ意識に気づいていくことを心がけている。

六　暴力から離脱し続ける生成の人生へ——それでも被害者には届かないところで

やり直しのための理論

更生支援に役立つ実践や理論は何でも参考にしている(4)。トラビス・ハーシーのボンド理論(Hirschi 2002)、トニー・ワードの善き人生モデル(Ward and Maruna 2007)、男性性と暴力・犯罪の関連性を指摘し、男性性ジェンダー臨床に示唆を与えているジェームズ・メッサーシュミットの犯罪社会学(Messerschmidt 1993)、ナラティブセラピーを暴力臨床に用いたマイケル・ホワイト(White 2007, 2011)等である。ここではシャド・マルナの議論(Maruna 2010)を検討しておきたい。暴力を止めることができる過程の研究を離脱研究(desistance)として体系化しているイギリスの犯罪学者である。「現象学的犯罪論による自己プロジェクト化の説明」と位置付けたアプローチであり、再犯せずに生きている人と再犯してしまっている人の比較研究であるリバプール調査にもとづいている。

刑事司法は他律的な世界である。従順になることで生き延びることができる。しかし加害者は自律的でありたいと考えているので、面従腹背的となる。更生という言い方も他律的であり、受講命令によるグループワークやカウンセリングも同じく他律的だと考え、内面への介入だと観念される。この自律と他律の軸をうまく均衡させることが加害当事者の変容に奏功すると筆者は考える。やり直しの過程には本来の意味での自律性がないと難しい。内発的な動機にならないからである。他律性のなかの自律性をいかにして創出するのかという支援課題となる。

暴力や犯罪から離脱すること——非難の脚本から回復の脚本への書き換え

マルナは、自らの過去を積極的に修正することのできる自律性形成を重視する。現在および未来については完全にコントロールしているという感覚をもつことが彼らの男らしさの、とくに自律性と有能感という思考と行動の習慣に適合する。犯罪を止めている者であっても彼らの意識や態度には「反権威的」「非協調的」という特性がある(Maruna 2010: No. 1206＝二〇一三：八四)。それまでの自己は、逸脱へと運命づけられていく流れに身を任せ(「漂流」)、自分の行動をかえる力がないと感じていた。「犯罪をしたくはないが、犯罪をするほかに選択肢がないと感じてい〔た〕」(Maruna 2010: No. 1533＝二〇一三：一〇五)。

再犯する者のナラティブは「非難の脚本」だという。刑務所は秩序、統制、規律が日常となっているパワー関係の世界であり、矯正施設では非難が基本となっていたので、内心ではそれに反発し、表面では服従してきた。刑事司法でも、虐待対応でも、保護命令でも司法はすべて他律性を押しつけると観念する。人生の宿命として流れに任せていたというのである。人生を「手駒(pawn)という意識(動かされるもの)」によって語る加害者たち。自己効力感をもつひとたちにはない感覚である。また、「犯罪者自身が、自分は変わることが「できない」と言うとき、彼らは、自分の周りにいる多くの人々の見方を映し出している」(Maruna 2010: No. 1659＝二〇一三：一一二)という。社会のもつ排除の意識や態度を取り込んだ鏡像といえる。

再犯しないでいる過程は、「やり直す(making good)」過程として特徴づけられている。これを「回復の脚本」という。自分自身のトラブルだらけの過去を「切り落とす(knifing off)」ことなく、むしろ、本人が恥じている過去を、生産的で意味がある人生の必然的な序曲として書き直すことを可能とする。

変化のための触媒は外部からの力である。離脱は本人の内側からやってくる(Maruna 2010: No. 2006＝二〇一三：一三五)。非難の叙述から回復の叙述への変容を促す。「自分の人生を、高みにあるチカラによって何らかの目的のために「計画されている」、つまり演出されているものとして書き直すというものである」(Maruna 2010: No. 2042＝二〇一三：一三七)。離脱している元犯罪者の場合は、「自分自身の過ちが、自分をより強い人物にするという信念である」(Maruna 2010: No. 2060＝二〇一三：一三八)。つまり、刑事司法は主体剝奪的なので、その後の人生は、能動的かつ自律的なものへと過去を変換することを目指す。そのためには現在を安定したものにすることを目標にする。過去の情状(たとえば家庭環境の悪さ)をことさら問題にする必要はない。さらに反省は変化を強いることになり、他律性を高めるので後回しにする。自己の人生のコントロール感が高まらないと、他罰性につながっていく。過去をかえることはできないが現在をコントロールすることには責任があることを強調する。

肯定的な男性性を育み、自己コントロール感の醸成を行う

離脱過程では自己についての変容がある。「改心のナラティブ」とマルナはいう。筆者も感じるが、首尾よく脱暴力へと向かう男性には、認知的な作業として、コントロールしている意識の組み替えが生成する。自律的でありたいという欲望に根ざしたコントロール観を基礎にした変化になっている。再犯しないでいる自分自身のコントロールに満足感や有能感を得るようにもう一人の内なるコントロール者を創り、セルフモニタリングをする。その他者的なも

う一人の自己に統制を委ねる作業ができている男性は変化する。メタ次元での自己をもつという視点の獲得である。「自分の人生を神にさしだすことを自由意思で選択するという主体性」（主体性の放棄ではない）を発揮するという。「犯罪から離脱するためには、感情的、心理的、そしておそらく身体的にすら、自分をエネルギーで満たさなければならない」からである（Maruna 2010: No. 3015＝二〇一三：二〇九—二一一）。こうした作業をとおして、再犯しないでいる元犯罪者は、離脱できたことを自分自身の「自由意思」に帰属すると述べるようになり（Maruna 2010: No. 3031＝二〇一三：二一二）、自律的に回復していることに満足する。

この「改心する自己」は、流れに身を任せた「漂流する自己」ではなく、自らをコントロールしている自己である。ここで作用していることは、①他者へのコントロールではなく自己をコントロールすることから自律感を得ること、②援助を求めることを他律的であると観念しないこと、③他者との関係性を楽しむこと、④過去の否定的な経験を自己の物語として組み込んでナラティブできること、⑤自律的であることを重視する行動的な特徴を活かすこと、⑥対人関係において承認されることに喜びを得ること等、刑事司法だけでは達成できない内容となっている。さらにそれまで保持してきた、他罰的で、他者をコントロールし、支配的であることをよしとする古い男性性とも異なるより健康的な男性性が構成されている。

また、回復の過程に社会のもつ統合や包摂の意識が映る。犯罪者は変化しないという周囲の意識に敏感に反応し、それを自らに向けられているまなざしとして捉え、それへの反発・反撃が「非難の脚本」となっていく。そうだとすると、社会も保持している加害者自身への「非難の脚本」を書き換える必要がある。彼らは社会の鏡として社会のもつ暴力性を体現した言葉を繰り出す。加害者との対話を続けることで安全・安心の構築に資する加害者臨床と社会臨床を持続させなければならない。

(1) 大阪市、大阪府、堺市の児童相談所と連携した虐待のある家族の、親面談やグループワークを中心としたやり直し支援が「男親塾」である。DV、虐待等の暴力に効果的なプログラムが単にあるわけではない。よくプログラムが効果的かどうかという議論があるが生産的ではない。長期にわたる脱暴力にむけた対話と行動変容のための伴走的支援でなければならない。その端緒となる取り組みを二〇〇七年度から現在まで続けている。内容は、中村(二〇一六a、b)に紹介している。また、NHKの「シリーズ子どもの虐待」(二〇一三年五月六日放送)で筆者の「男親塾」が取材されており、URL①のNHKのサイトで内容が観られる。

(2) 男性同士の暴力、少年への性暴力という加害の問題と、男性や少年が受ける暴力の被害の両面から本稿で検討してきたような関係性の暴力を考えている。さらに男性性ジェンダーの視野は広がる。ホモソシアルなもののパワーと暴力性、それが含む女性嫌悪(ミソジニー)、被害の我慢や自己サイレンシングという関係性の作用、男性同性愛者同士のDV等の問題が生じる。さらに受動攻撃性やモビング(従属的な地位にある者が用いる攻撃性)もあり、広い加害・被害関係への関心が要請される。これらは『対人援助学マガジン』誌に連載している「社会臨床の視界」「臨床社会学の方法」で述べている(中村二〇一〇—二〇一六)。

(3) DVについてのグループワークを実施する団体や個人はいくつかあり、それぞれ大事な存在となっている。RRP研究会を主宰している信田さよ子さん、アウェアを主宰している山口のり子さん、デートDVも含めて人権の観点からアプローチする伊田広行さんらがいて、参考にしている。筆者も長くメンズサポートルームとしてDVのグループワークをしてきた。現在はDVだけの語り場は関与していない。DVも扱う「男親塾」があり、そこで虐待とからんで扱っている。いまは「メンズサポートルーム大阪」のチームが語り場として地道に続けている。

(4) 暴力臨床、司法臨床、加害者臨床等と多様な表現がある。概ね、各国は司法と関わる脱暴力実践に、心理臨床の見地からの認知行動療法を導入しているが、教育という面が強く、単一のアプローチだけでは当事者に届かない。ただ、ジェンダー臨床としてはマクロな認知の偏りが存在するので多様なアプローチの統合が必要だと考えている。ここでは詳述できないが、アルフレッド・アドラーの「男性的抗議」という考え方、フェミニズムに影響された男性性再教育アプローチ型のダルースモデル(暴力の輪として有名)、教育モデル批判と心理問題重視のダットンらのモデル等があり、そもそも多様なタイプの加害者に単一のアプローチは難しいので、統合的アプローチが必然的となる。筆者は、男性性ジェンダー臨床の見地が不可欠だと考える。「男親塾」や個人の対話では、反省を強いる、変容をさせられるという他律感を排し、男性性のモードにあわせて、自律性、有能感、自己統制感、肯定的な男性性構築を組み合わせている。くわえて、そうした脱暴力のための実践を組み込む司法実務や公衆衛生を複合させた制度・政策構築が欠かせない。日本はこの点で何もしていないので政治の怠慢といえる。

参考文献

北原みのり(二〇〇八)「男の暴力——秋葉原無差別殺傷事件に思うこと」『世界』八月号

中村正(二〇〇六a)「動機づけられていないクライエントへのグループセッション——DV加害男性と共に」『精神看護』第九巻第三号、医学書院

中村正(二〇〇六b)「DV加害への司法臨床——司法臨床社会学の視点から」『現代のエスプリ』第四七二号

中村正(二〇〇七)「殴る男——親密性の変成に向けて」鷲田清一ほか編『身体をめぐるレッスン第四巻　交錯する身体』岩波書店

中村正(二〇〇九)「男性のためのグループセッション——DV加害男性、虐待親、性犯罪者たちとのセッションの経験から」『集団精神療法』第二五巻第一号

中村正(二〇一〇)「逸脱行動と社会臨床——加害に対応する対人援助学」望月昭ほか編『対人援助学の可能性——「助ける科学」の創造と展開』福村出版

中村正(二〇一〇—二〇一六)「社会臨床の視界」『対人援助学マガジン』第一—第一二号、「臨床社会学の方法」同第一三—二六号(URL④参照。自由にダウンロード可能)

中村正(二〇一二)「ハラスメント加害者」廣井亮一編『加害者臨床』日本評論社

中村正(二〇一六a)「暴力臨床論の展開のために」『立命館文学』第六四六号(タイトル等から検索してダウンロード可能)

中村正(二〇一六b)「暴力臨床の実践と理論——男性・父親の暴力をなくす男親塾の取組み([特集]各地で息づく「治療的司法」の実践)」『季刊　刑事弁護』第八七号

法務省(二〇〇六)「性犯罪者処遇プログラム研究会報告書」(URL②参照)

法務省(二〇一二)「刑事施設における性犯罪者処遇プログラム受講者の再犯等に関する分析研究報告書」(URL③参照)

Andrews, D. A., and Bonta, J. (2010) *The Psychology of Criminal Conduct*, 5th ed., Matthew Bender & Company.

Dutton, D. (1995a) *The Domestic Assault of Women: Psychological and Criminal Justice Perspectives*, UBC Press.

Dutton, D.(1995b) *The Batterer: A Psychological Profile,* Harper Collins.（中村正訳『なぜ夫は、愛する妻を殴るのか――バタラーの心理学』作品社、二〇〇一年）

Dutton, D.(2002) *The Abusive Personality: Violence and Control in Intimate Relationships,* 2nd ed., Guilford Press.（中村正監訳『虐待的パーソナリティ』明石書店、二〇一一年）

Gannon, T. A., Ward, T., Beech, A. R., and Fisher, D.(2007) *Aggressive Offenders' Cognition: Theory, Research and Practice,* John Wiley & Sons Ltd.

Hirschi, T.(2002) *Causes of Delinquency,* Transaction Pub.（森田洋司・清水新二監訳『非行の原因――家庭・学校・社会へのつながりを求めて』文化書房博文社、二〇一〇年）

Jenkins, A.(1990) *Invitations to Responsibility: The Therapeutic Engagement of Men Who Are Violent and Abusive,* Dulwick Centre Publications.（信田さよ子・髙野嘉之訳『加害者臨床の可能性――DV・虐待・性暴力被害者に責任をとるために』日本評論社、二〇一四年）

Maruna, S., and Copes, H.(2005) "What Have We Learned from Five Decades of Neutralization Research?" *Crime and Justice,* 32: 221–320.

Maruna, S.(2010) *Making Good: How Ex-Convicts Reform and Rebuild Their Lives,* American Psychological Association.[Kindle Version]. Retrieved from Amazon.com, May 4, 2017,(https://www.amazon.co.jp/Making-Good-Ex-Convicts-Reform-Rebuild-ebook/dp/B003Q6CX32/ref=sr_1_1?s=english-books&ie=UTF8&qid=1503324866&sr=1-1&keywords=Making+Good).（津富宏・河野荘子監訳『犯罪からの離脱と「人生のやり直し」――元犯罪者のナラティヴから学ぶ』明石書店、二〇一三年）

Matza, D., and Sykes, G.(1961) "Juvenile Delinquency and Subterranean Values", *American Sociological Review,* 26: 712–19.

Messerschmidt, J. W.(1993) *Masculinities and Crime,* Rowman and Littlefield.

Sykes, G. M., and Matza, D.(1957) "Techniques of Neutralization", *American Sociological Review,* 22: 664–70.

Ward, T., and Maruna, S.(2007) *Rehabilitation: Beyond the Risk Paradigm,* Routledge.

White, M.(2007) *Maps of Narrative Practice,* Norton Professional Books.（小森康永・奥野光訳『ナラティヴ実践地図』金剛出版、二〇〇九年）

White, M.(2011) *Narrative Practice: Continuing the Conversations*, W. W. Norton & Co. Inc.(小森康永・奥野光訳『ナラティヴ・プラクティス――会話を続けよう』金剛出版、二〇一二年)

参考ウェブサイト

① http://www.nhk.or.jp/heart-net/tv/summary/2013-05/06.html(二〇一六年八月八日閲覧)
② http://www.moj.go.jp/content/000002036.pdf(二〇一六年八月八日閲覧)
③ http://www.moj.go.jp/content/000105286.pdf(二〇一六年八月八日閲覧)
④ http://humanservices.jp/magazine/(二〇一六年八月八日閲覧)

14 「加害者家族」という問題

鈴木伸元

はじめに

犯罪には、被害者と加害者がいる。それぞれに、家族がいる。そして、被害者側の家族は、事件によって深く傷つくという意味で、犯罪被害者である。では、加害者側の家族も、同じような考え方で犯罪加害者となるのだろうか？もちろん事件によって異なるが、多くの加害者の家族は、加害者ではないと言ってよいだろう。まず、法律的には加害者ではない。刑事責任を負わない。むしろ、事件に巻き込まれ、時に大きな苦しみに直面することになる。それが、「加害者家族」という問題である。

ＮＨＫクローズアップ現代で、「犯罪〝加害者〟家族たちの告白」を放送したのは、二〇一〇年四月だ。同年一一月には、幻冬舎から『加害者家族』（鈴木二〇一〇）が刊行された。前年には映画「誰も守ってくれない」で、殺人事件の被疑者となった少年の妹とその保護を担うことになった警察官の物語が描かれた他、二〇〇六年には東野圭吾のベストセラーを基にした映画「手紙」が公開され、兄が殺人事件を犯したゆえに社会から孤立していく弟の姿が大きな反響を呼んでいた。国立国会図書館のサイトで「加害者家族」というキーワードで検索をすると、三〇件近い著書・論文がヒットするが、大半が二〇一〇年以降のものである。「加害者家族」という問題は、犯罪被害者の支援体制が少しずつ整備されていく中で、二一世紀に入り、注目されるようになってきたと考えられる。

加害者の家族を支援するＮＰＯが本格的に取り組みを始めたのは、仙台にあるワールドオープンハート（以下、ＷＯＨ）がおそらく日本で初めてである。ＷＯＨは、二〇〇八年に社会的な差別による自殺を防ぐためのＮＰＯ法人として活動を開始し、加害者家族への支援は、その一環として始まった。加害者家族とはどのような存在なのか、ＷＯＨは次のように定義している。

事件・事故を起こした加害者として、責任を問われている側の親族であり、加害行為は、犯罪のみならず不法行為も含む。自ら犯罪や不法行為を行った行為者ではないが、行為者と親族または親密な関係にあったという事実から、行為者同様に非難や差別に晒されている人々。

ＷＯＨでは、設立当初は加害者家族への支援を、「犯罪加害者家族（prisoner's family）」への支援としていたが、いじめやハラスメントなど民事事件として扱われる事例や逮捕される前の捜査段階の事例もあったため、「加害者家族（offender's family）」への支援と表現するように変化したという。

矯正協会が発行している『刑政』は、二〇一〇年一一月号で「加害者家族」の問題を取り上げている。常磐大学理事長・諸澤英道による「地域で支える犯罪加害者とその家族」と仙台青葉学院短期大学・高橋聡美による「犯罪加害者家族のサポート」が掲載された。この中で高橋は、加害者家族の問題は、まだ十分に認知されていないと指摘している（高橋二〇一〇）。

犯罪加害者の家族……に対する保護の必要性については社会的認識はいまだ乏しく、加害者家族の抱える様々な問題は放置されている現状がある。加害者家族の多くは、犯罪者本人ではないにも関わらず社会において孤立することを余儀なくされている。

また、二〇一一年二月には、東京ボランティア・市民活動センターの主催によるフォーラム「犯罪加害者家族にも希望の光を」が開催された。ＷＯＨの代表・阿部恭子の他、ロックシンガーの和気優、そして筆者が参加し、今後どのような仕組みが必要なのか、議論を行った。

このように時系列で概観すると、二〇一〇年から二〇一一年にかけてが、「加害者家族」の問題に社会的な注目が集まり始めた出発点であると考えられる。

一　加害者家族の困りごと

加害者家族は、どのような問題に直面しているのか。

ＷＯＨが、高橋聡美らと共に初めて加害者家族の実態調査を行ったのは、二〇一〇年二月である。郵送で二五九通のアンケートを発送し、回答は四九通、回収率は一八％であった（高橋二〇一〇）。

加害者家族が抱える困りごととして挙げられた上位五項目は次の通りである。

新聞等で報道されたことにショックを受けた	五〇・〇％
被害者や遺族らへの対応に悩んだ	四八・六％
事件について、安心して話せる人がいなかった	四六・二％

事件後、家族関係が悪くなってしまった　三七・八％
刑事手続きについて分からず不安であった　三七・一％

これ以外で、数は少ないものの注目しておきたいのは、「人目が気になり外出できなくなった　二四・三％」「マスコミからの取材に迷惑した　一一・八％」「嫌がらせや脅迫などを受けた　一一・四％」「転居しなければならなくなった　一一・四％」、そして「職場を解雇された　五・七％」である。また、調査の対象となった加害者家族の五〇％が、うつと考えられるという。「日本におけるうつ病発症率が五―二〇％であることを考えると、加害者家族の抑うつは一般より強い傾向にあると考えられた」と高橋はまとめている。

筆者が取材した加害者家族たちも、誰にも相談できずに孤立し、人が多い場所（病院やスーパーなど）に出向くことに恐怖を感じ、実際にいやがらせや脅迫を受けたと口にしている。事件をきっかけに、加害者家族がその存立を危ぶまれる状況へと追い込まれているのである。

これを、被害者家族が直面する問題と比較してみる。

被害者家族のうち、近所の人や通行人の目が気になり外出できなくなったのは三二％、マスコミの取材に苦しめられた＝五七％、家族関係が悪くなった＝三三％、転居した＝二四％、転職した＝一五％などとなっており、加害者家族の問題と共通していることが分かる。犯罪被害者支援にあたってきた諸澤は、「加害者の家族が抱える問題の内、半分以上は被害者遺族が遭遇する問題と共通している」としている（諸澤二〇一〇）。

加害者家族が直面する危機について、ＷＯＨは、その後も継続して調査を行っている。「二〇一四年度加害者家族実態調査報告」によれば、「心理的危機」として「外出が困難になる　九五％」「自殺を考える　九〇％」などが挙げられ、「社会的危機」として「人権侵害（誹謗中傷・いじめ・ハラスメントなど）を受ける　五一％」「結婚が破談になる五一％」「転居を余儀なくされる　四〇％」「進学や就職を諦める　三九％」「家族関係が悪くなる　三八％」、そして、「経済的危機」として「自己破産をした　一三％」「失業や転職を余儀なくされる　一一％」などとなっている。

加害者やその家族に接してきた精神科医の青島多津子は、こう問いかけている（青島二〇一二）。

加害者家族は加害者なのか。日本社会では加害者家族は、加害者と同一視されて糾弾される。だが、彼らは加害者とは別の人間である。加害者家族も、保護と助けを必要としている、もの言わぬ被害者なのではないか。

筆者が取材を通して感じたこととして強調したいのは、加害者家族の多くは、自分たちが困りごとや生きづらさを感じていることを、「そもそも口にしてはいけない」と思っていることだ。取材を受けることそのものをためらう人たちばかりだった。強弱はあるにしろ自責の念や社会に対する後ろめたさがあるからである。

ＷＯＨのような存在・調査がなければ、加害者は自分たちが直面している問題を口にし、表に表すことはない。その意味からも、加害者家族についての実態調査は極めて貴重である。

二　インターネットの問題

加害者家族が誹謗中傷などの攻撃を受ける舞台の一つが、インターネットである。

匿名で書き込めるサイトを中心に、加害者家族の名前や住所、学校や職場などの個人情報がさらされ、場合によっては、個人攻撃が行われている。

筆者は、夫が殺人事件を犯して逮捕された女性にインタビュー取材を行った（鈴木二〇一〇）。

事件がマスコミに大々的に報じられる中、「人殺し!」とだけ叫んで切れる無言電話がかかってきた他、自宅には「人殺しの家」と落書きされたと語った。その中でも恐ろしかったのが、インターネットだった。警察から、「個人情報が書き込まれる恐れがあるから注意して見るように」と言われた。長男の個人情報が漏れることを怖れた女性は、毎晩何時間もパソコン画面と向き合い、色々なサイトをチェックして回った。その結果、夫婦仲について、女性本人について、あるいは長男について、様々な話が書き込まれていることが分かった。その半分は真実ではなかったが、半分は本当の話だった。幸いなことに、個人情報の書き込みはなかったが、女性は恐怖を感じたという。

実際に、個人情報が流出しているケースもある。例えば、二〇〇二年福岡市内であった子猫虐待事件。二十代の男が子猫を虐待し、その一部始終をインターネットで公開したことで知られている事件だ。

加害者側への批判は本人だけではなく、教育関係者だった父親にも向かった。名前、自宅住所、電話番号、勤務先がインターネット上に晒されたのだ。父親の勤務先に数分おきに電話がかかってきたり、周囲で中傷するビラがまかれたり、大混乱に陥った。インターネット上には、電話したことを自慢する書き込みが連なっていった。

こうした事例は、神戸市連続児童殺傷事件を筆頭に、英国人女性殺害事件など、マスコミで大きく報道される事件を中心に起きているようである。ただ実際にどれだけの事例があるのか、調査は難しく、全貌は明らかになっていない。

インターネットへの書き込みは、筆者が確認した限りでは、匿名で行われているものばかりだった。本人たちを知っている人物でなければ知り得ないような情報も含まれているが、関係のない第三者によるものも少なくないと推測される。誰かがある書き込みをすると、それよりも刺激的な書き込みをしようと、次々に内容が過激化していく。匿名の人間たちが作り出すインターネット上の空間で、エスカレートしていくのである。

なお、大きく報道されない事件では、こうした事例は少ないと思われる。その理由としては、事件を不特定多数が共有できず、有名ではないという理由で「盛り上がる」材料にもならないのだろう、と想像される。

法務省人権擁護局によれば、インターネットを通した人権侵犯事件は年々増加を続けている。二〇〇五年には二七二件だったが、二〇〇七年には四一八件、二〇一〇年六五八件、二〇一二年六七一件、さらに二〇一三年九五七件、二〇一四年一四二九件となっている。他人を誹謗中傷したり、プライバシーを侵害したりといった事案で、児童ポルノの流出も問題化している。

インターネット上の攻撃は、時間が経過しても消えない／あるいは更新されていく、という問題もはらんでいる。いじめ事件裁判の加害者グループとされる女性たち(当時中学生)の個人情報が、大学生になってもインターネットに掲載されているという事例もあるという(名越・藤井・松原二〇一五)。藤井によれば、大学生になった現在の顔写真、住所、学校名が出ているという。加害者本人についての事例だが、加害者家族についても、同じようなことが行われている可能性は否定できない。

なお、加害者家族を取り囲む〝匿名の空間〟は、インターネットが発達する以前から存在していたことを明記しておきたい。一九八九年に起きた連続幼女誘拐殺傷事件では、その猟奇性から加害者家族への攻撃が親戚にまで及んだ。父親は川に身を投げ自殺、姉妹は勤め先を辞め結婚を諦めることになった。叔父やいとこたちも、職を辞めるなどの影響を受けた。

当時、父親たちが暮らす実家には、家族を非難する電話がつぎつぎとかかってきて、「お前も死ね」「娘を殺してやる」と書かれた葉書や手紙が殺到していた。その多くは、匿名のものだった(鈴木二〇一〇)。インターネットという手段が登場する以前から、加害者家族に対する匿名の攻撃は行われていたのである。

こうした匿名の攻撃は、誰が何のために行っているのか、どうすれば加害者家族をその刃から守れるのか。調査・解明が待たれる。

三　加害者家族という問題の意味

加害者家族に注目することは、日本の刑事司法や社会のあり方を考える上で、どのような意味をもつのだろうか。この点について、先行研究(望月一九八九)などをもとに考察すると、重要なポイントが浮かび上がってくる。

①「犯罪の原因としての加害者家族」

加害者の父親や母親に犯罪歴や非行歴があるなど、事件の背景に家族という存在があることがある。さらに、家族が様々なプレッシャーをかけることで、加害者本人が加害行為に走ってしまうこともある。特に少年非行において、この論点は注目される。

②「更生の場としての加害者家族」

受刑者が刑期を終えて社会復帰をする場合、一つの受け皿となるのが家族である。加害者家族は、物理的に身元引き受けの場となり、精神的にも心のよりどころとして加害者の再犯防止にとって重要な役割を担うことになる。

③「被害者としての加害者家族」

あえて「被害者」という言葉を使うとすると、これまで本稿で見てきたのは、この被害者としての加害者家族である。少年非行だけでなく成人が起こした事件でも、親や家族、親族が、あたかも犯罪者であるかのように非難され、責任を問われ、社会的に断罪されることになる(もちろん、家族に責任がないとは言えないケースもある)。

特に第三の点については、事件によって家族が問われる責任はまちまちであり、議論が分かれる。「本当に家族に責任はないのか？　だって親には責任があるだろう？」という、客観的回答が出にくい問いが、発せられるからだ。その問いによって、加害者家族の問題が封印されてしまう、という一面も否めない。

筆者の経験では、多くの関係者が「なぜ加害者家族の問題を考えなければならないか」という問いに直面した時、目の前にいる加害者家族が「困っている」という事実とともに、加害者家族を支えなければ更生の場が機能しなくなる／再犯防止がままならなくなる恐れについて言及する。加害者家族を支援するというだけでは、社会的な理解が得られないという危惧を抱いているからだろう。

しかし、後に詳述するように、「犯罪の原因としての加害者家族」という視点からの冷静な分析は、欠かすことができない。この三つが絡み合っているゆえに加害者家族の問題に目を向けることは意味があると筆者は考えている。

新たな視点も提示されている。少年事件の被害者への取材を行ってきた藤井や多くの刑事事件を担当してきた弁護士の松原は、「被害者にとっての加害者家族」（傍点、筆者）という視点について議論している（名越・藤井・松原二〇一五）。

松原　犯罪被害者側が、加害者側に対して責任のとり方や振る舞いを求めることは当然だと思います。しかし、そのためには、加害者側への社会的な支援が不可欠であることも強調しておきたいと思います。

藤井　そこは同意します。孤立無援になってしまっては、被害者が求める贖罪も実現から遠のきます。

加害者家族の問題を考えることは、被害者が求める「贖罪」という視点からも、重要であるというのだ。藤井は一つの事例として、いじめ自殺事件を挙げている。学校の教師が中心となり、加害者の親と被害者遺族との「対話の回路」を作っていた最中、「加害者とされる三人の中の一人の父親が自殺」してしまったという。加害者家族の自殺によって「対話の回路」は断たれてしまったのである。

ここに加害者家族の問題を考えるための第四の視点が浮かび上がる。

④「贖罪の当事者としての加害者家族」

加害者本人だけでなく、加害者家族も被害者が望む贖罪の当事者である。加害者家族の問題は、本人の更生や社会復帰にかかわらず、被害者側にとっても重要な視点である。

もちろん、藤井は、あくまでも「被害者やその家族のため」という観点から発言をしている。被害者が納得するような「贖罪」は容易には得られないだろう。むしろ難しいというのが実際ではないだろうか。しかも、被害者やその家族は、自分たちへの「贖罪」のために加害者家族が支援されるという事態を受け入れにくいであろう。

それでも、あえて藤井らの議論をもとに、加害者家族を考える第四の視点も提示し、今後の研究・議論を待ちたい。

四　「謝罪」をめぐる問題

加害者家族の多くは、身内の逮捕を受けて、混乱しながら、自問自答を繰り返している。「自分たちのせいで事件が起きてしまったのではないか」「自分たちがあの時こうしていれば事件を防げたのではないか」と。

事件によってはマスコミの取材を受けることになる加害者家族は、ただでさえ自責の念を抱いていることに加え、きちんと対応し謝罪しなければ、さらなる非難を受けるのではないかと考え、「家族としてもお詫びしなければならない」「何でこんなことになってしまったのか……」などとコメントをする。

謝罪と社会との関係については後述するが、ここでは、加害者支援の視点から考えておきたい。「被疑者が事件について否認しているにもかかわらず、家族が先に犯行を認めるかのような謝罪をしてしまっている」事態が起きていると阿部は指摘している(阿部二〇一五b)。逮捕段階では、家族は本人の「言い分について十分な情報がない時期」であり、むしろ報道によって事件のことを知ることもある。取材者から聞かれるままに答えてしまうと、事件を否認している本人に「心理的なダメージを与えかねない」というのだ。

加害者家族は、警察の取調べでも、「道義的責任」を越えて「刑事責任」まで問われかねない恐れもある。阿部は、一つの例として、夫が詐欺罪で捕まった女性が、取調べの二日目から、「事件に関与しているのではないか」と確認されるようになったというケースを挙げている。もちろん、警察には必要な手順だったのだろうが、女性にとっては、全く身に覚えがない内容で、不安に陥ったという。

警察からにしてもマスコミからにしても、「家族として責任はないのか」と問われれば、事実関係は別として、それを完全に否定できる加害者家族は多くはないであろう。だが、こうした事例から浮かびあがるのは、その「自責の念」と法律上問われる「刑事責任」あるいは、社会に対して謝罪するという「道義的責任」は、別のものであるという視点ではないだろうか。その境界が曖昧になるとき、「被害者としての加害者家族」の問題が立ち現れてくる。

当事者への謝罪は、さらに難しい。加害者家族が、被害者へどう向き合えばよいのか、思い悩むのは当然であるし、実際にそのことが自責の念とも相まって大きくのしかかるのは、すでに述べた実態調査からも明らかである。

少しでも早く被害者やその家族に謝罪しなければと居たたまれなくなり、被害者の居所を探しだし、直接訪ねてしまうケースもあり、激昂した遺族からポットの熱湯をかけられたり、玄関で土下座をした状態で、遺族から数十分間殴る蹴るの暴行を加えられたりするなど「トラブルも起きている」という(阿部二〇一五b)。

一つの事件が別の悲劇を生みかねないのである。「謝罪」とは何なのか。重要な問いが投げかけられている。

もちろん、少年事件などを中心に、求められても法廷に姿を現さず、被害者側に対して開き直る加害者家族もいる。そうした場合、加害者家族は、「自責の念」に苛まれているというよりも、「なぜ自分たちが責められるのか」と居直っている。加害者家族を、ひとくくりに「加害者家族」とすることはできない。

筆者が取材を通して出会った加害者家族は、強い自責の念を感じている人たちが多かった。取材を受けることも、逡巡しながら最終的に同意していたというのも事実である。加害者家族が「謝罪」の態度を示さないことは、被害者側からすると「謝罪がないのか」という不満の原因となる。だが、「加害者の家族として、あなたはどうやって責任をとるのか」という問いに完璧な答えがあるだろうか。

加害者家族に対して、直截的に「謝罪しろ」という言葉で問い詰めることは、問題の本質的な追求を困難にしてしまう「危うさ」が潜んでいる。

五　更生・再犯をめぐる問題

加害者家族の存在は、更生や再犯防止のためにも重要である。受刑者が社会に復帰する際、受け皿の一つとなるのが、家族だからだ。

筆者が取材した関係者は、一様にこの更生・再犯という視点から「加害者家族」の問題を考えることの重要性を強調していた。それは、目の前にいる加害者家族の問題を解決するということにとどまらず、社会全体にとっての利益になるからだ。

では、更生・再生のためには、加害者家族について何を考える必要があるだろうか。

一言で言えば、事件に至るまでの「なぜ起きたのか」の家族内での分析、そして、事件後に起きた「事件が家族を追い詰めてしまった」という事態の認識ではないか、と筆者は考える。ここではまず前者の視点から考えていきたい。

すでに見てきたように、加害者家族は、身内の逮捕などによって混乱し、それまで当たり前にあった日常生活が突然断たれる。犯罪の内容によっては、家族であってもそれを受け入れることはできず、本人に向かって手紙などを通して、「警察や弁護士の言うことを聞くように」「世間に恥ずかしいような言葉や行動は慎むように」といった言葉をかけることが多い。

一方で、本人は、もっと自分の言うことを聞いて欲しい、世の中の受け止めよりも自分のほうを向いて欲しい、と思っている。加害者の更生を考えると、そうした加害者本人の心の奥底の声を引き出し、事件に至ることになった真の原因を掘り下げることが重要である。だが、心身ともに追い詰められた加害者家族には、そのような余裕はない。更生や再犯防止の受け皿としての機能は果たせなくなる。

阿部は、傷害罪で逮捕された男が、「子どもよりも世間体」を気にする母親に対して腹を立て、関係を修復できない事例を紹介している(阿部二〇一五c)。その上で、加害者家族は事件によって深く傷ついているため、「本来、被告人のありのままの姿を受け止めるべき存在が「監督者」というプレッシャーを与えられることによって、世間と同じように被告人に反省を求めてしまう」としている。これを解決するためには、加害者家族へのサポート、ケアが何よりも求められる。

こうした「監督者」と「被監督者」という家族関係は、結果的に双方にマイナスとなると考えられる。被監督者は、家族に監督されているという意識が働き、本音を口にすることもできず、逆に、家族から孤立していると感じてしまう。一方で、監督者は、終始監督しなければならないというプレッシャーを感じ、何かあれば、再び自分たちの責任として感じざるを得ないのだ。「加害者家族」という閉じた関係性の中だけで、更生・再犯防止を考えていく限り、このジレンマに陥るケースは少なくないであろう。

さらに、加害者家族の行動が「加害者本人の責任を曖昧にし、加害行為を助長する」こともありうる。阿部は、初犯の逮捕者の家族は、「執行猶予判決を得るために経済的な苦労をしてまで協力したが」、結局は、「再犯は止まらず、心から後悔しているという話を度々聞いている」としている（阿部二〇一五b）。

本人の刑罰をできる限り軽くして事件を処理したいと、示談や被害弁償を求めてしまうのは、家族としては仕方がないところではあろう。だが、実際の因果関係ははっきりと言えないものの、結果として、「責任を曖昧に」しているというのである。

事件が起きた「原因」を突き詰め、そこにかかわる人間関係を解きほぐすのは、容易ではない作業となる。その探求をどう行えばよいか、全てのケースに通じるノウハウを提示することは困難であろう。仮に提示できていれば、再犯・更生について、社会がここまで悩まされることはないはずだ。

いずれにせよ、加害者家族の問題の根本的な解決は、彼らの中だけでは成し得ない。

六　塀の内と外

矯正施設の中にいる加害者本人は、実は、自らの行為が招いた家族の苦悩をよく知らないことが少なくない。刑務所の内にいて社会から隔絶されている加害者と、刑務所の外に暮らしている加害者家族とでは、社会からの風当たりの強さが全く異なっている。同じ加害者側にいても、受け止めに差があるのだ。

複数の性犯罪事件を起こした受刑者から手紙を受け取った。母親から差し入れられた『加害者家族』を読み、いかに塀の外にいる家族が事件によって苦しめられたかを知ったという。マスコミで大きく報道された事件であり、母親は、インターネットでの誹謗中傷や脅迫電話や手紙に苦しんでいた。受刑者は、『加害者家族』を読んだことをきっかけにその事実を知り、手紙で筆者に次のように記してきた。

母との面会を終えたとき、立ち会っていた刑務官の方が母に対して「遠い所からわざわざありがとうございました」と慇懃に頭を下げてくれ、そのとき私に「外にいる家族のほうが中にいる者よりずっと辛いんだから、きちんとお礼を言って、手紙を書いて気持ちを伝えなさいね」と言ってくれたことがありました。突然のことで、思わず私はその場で落涙してしまいました(鈴木二〇一四)。

なぜ自分は事件を起こしたのか、なぜ今刑務所にいるのか。本人は、刑務所の中で静かに自省の時間を過ごしている。だが、その問いの中にいるのは常に「自分」であり、「家族」がどんな状況に置かれているのかにまで思いを馳せられない。加害者本人は逮捕直後から隔絶され、家族の状況を知る術がないことも背景にあるだろう。ところが、塀の外にいる加害者家族は、加害者本人が「家族の苦しみを十分に分かっていないのではないか」と感じている。むしろ、刑務所の中のほうが「守られている」とすら感じ、本人との間に確執が生じることもある。筆者が取材したある主婦は、受刑者である夫に面会するとその「能天気な態度」に啞然とし、手紙を読むと「憤り」を覚えるとまで語っていた。

加害者本人に、加害者家族の問題を教えることは、更生・再犯防止という観点からも重要ではないだろうか。日本では今世紀に入り、被害者家族(遺族)が矯正施設に赴き、自らの経験を語ったり、受刑者に被害者やその家族の手記を読ませたりするなどして、更生に結び付けようとする取り組みが行われてきた。被害者の視点を取り入れた教育が正式に導入されたのは、二〇〇六年の受刑者処遇法の施行からである。筆者が取材した、関西地方に住むある少年事件の被害者遺族は、加害者と直接向き合うことへの疑問やためらいを感じていた。それでも、「二度と同じような事件が起きないなら」と語り、その取り組みに意義を見出し、参加していた。

そして近年では、「加害者家族理解」の講座を設ける施設が増加している。ＷＯＨは、東北地方の矯正施設を中心に、「加害者家族理解」の講師を行っている(阿部二〇一五)。加害者にとっても最も身近な存在である家族が、自分の犯した罪によって苦しめられていることを、真正面から受け止めるための取り組みである。

家族の苦しみを知ることで、自らの罪を認識し、更生へと向かわせる。新たな取り組みが始まりつつある。今後必要になってくるのは、その検証である。

七 警察官に対するアンケート調査

二〇一〇年一二月、加害者家族の問題について、警察官へのアンケート調査が行われている(杉本二〇一一)。警察大学校警部任用新課程第三〇期に入校中の学生(警察官)のうちの刑事専攻の一八四人を対象としたもので、実証データが多岐にわたるが、中でも極めて重要なのは「加害者家族の犯罪被害の経験」であると考えられる。

アンケート調査では、「加害者家族が犯罪の被害にあった」という事例が四〇件にのぼっている(複数回答)。杉本は、「捜査のプロフェッショナルである回答者が客観的な立場から見て加害者家族に対する犯罪と認めたものであり、回答者の一割以上がこれらの事例を経験していることの意味は小さくない」としている(杉本二〇一一)。

その内訳は、以下の通りである。

脅迫11/名誉毀損・侮辱9/器物損壊等7/暴行・傷害7/財産犯2

凶悪犯(殺人・強盗・強姦・放火)2/住居侵入1/その他1

加害者家族が直面することとしては、社会的な「制裁」を背景とした嫌がらせが想起されやすい。実際に、この調査でも、脅迫や名誉毀損が半数を占めている。だが、ここで注視しておきたいのは、「暴力的な犯罪」が一定数を占めていることである。当時、警察大学校警察政策研究センター主任教授を務めていた杉本は、「このことは実務上の留意点の一つと考えられる」と指摘している。

さらに、こうした犯罪を誰が行っているのかについても、調査が行われている。

相手方の親族7／その他(一般人)6／相手方(事件の被害者)本人5
相手方の知人等5／近隣住民5／不明5／加害者家族のその他の知人3

相手方(被害者)やその関係者が、半数近くを占めている。「加害者家族は相手方の関係者や自身の知人という顔の見える相手から犯罪の被害を受けていることが示された」のだ。加害者家族の問題に対処する場合には、重要なポイントとして留意する必要がある。

名誉毀損や脅迫について、どのような手段で行われたのかについては、「口頭9／落書き等6／文書の送付6／文書の頒布5／インターネット掲示板等への書き込み3」であったとしている。

インターネットにおける匿名の書き込みによる誹謗中傷ももちろんあるが、数としては、口頭や落書きなど「旧来の方法による名誉毀損や脅迫が多い」と杉本は述べている。このことはインターネットへの書き込みを無視してもよいことを意味しない。むしろ、インターネットによる書き込みとともに、「旧来の方法」によって行われる加害者家族への攻撃を無視してはいけない。両方の手段によって、実際に、心理的・物理的な圧迫を受けているケースがあるからである。

このアンケート調査は、公的機関しかも警察というこの事案に深くかかわる組織で行われた点においても非常に大きな意味を有している。杉本は、論考を次のように締めくくっている。

加害者家族の問題を考えるに当たっては社会全体の意識を分析することが重要であることから、今後は一般の国民に対するアンケート調査を行い、その結果をこれまでの結果と比較することなどが加害者家族の研究の深化のために必要ではないかと思われる。

八　欧米の状況

加害者の家族をめぐる欧米の状況は、日本とは異なっている。

ヨーロッパで開かれたテレビの国際会議に筆者が参加した際、加害者家族を扱ったあるイギリスのテレビ番組が話題になった。息子がイスラム系過激派組織に入ったイギリス人母親を取材したドキュメンタリー番組だ。息子を探す母親の姿を追い、最後には、その息子がアフリカで銃撃事件に加わり、銃殺されたことを知らされるという番組「My Son the Jihadi」(英CH4制作)だ。

番組では、母親と次男が顔を出し名前を名乗って数カ月に及ぶであろう密着取材を受け、苦しい胸の内を吐露していた。彼女の自宅には、「with sympathy」と書かれたメッセージカードが何枚も送られてきているというシーンも描かれていた(連続幼女誘拐殺傷事件とは全く逆のパターンである)。さらに、番組のラストは息子の死後、主人公である母親が、講演会でテロリストの母親としての心情を吐露し、聴衆から拍手で迎えられるというシーンで締めくくられていた。

日本では、テレビなどの公の場に加害者家族が姓名を名乗り、ありのままの素顔を晒すことはほとんどない。衝撃を受けた筆者が、各国のテレビ局プロデューサーに質問したところ、これも驚くような反応が返ってきた。

フランスのプロデューサーは、「加害者家族を描いた番組は、数は少ないがある。彼らが発言しなければならない責任ある立場の場合がそれにあたる。発言したからといって非難されることはない」と答え、ベルギーのプロデューサーは、「母親の感情の揺れを描いたこの番組は、とても力強い」と評価し、積極的な意味を見出していた。ただ、演出の問題として、母親のストーリーを美化しすぎると、イスラム系過激派組織に走るヨーロッパの若者を助長するのではないかと危惧していた。

また、イギリスとアイルランドのプロデューサーは、「加害者家族がメディアに登場することはそれほどないものの、SNSやフェイスブックが広がることで、彼・彼女らが発言するのは当然のことになりつつある」と語っていた。海外のプロデューサーたちの反応は、いずれも、なぜ加害者家族がメディアに登場し発言してはいけないのか、ましてやそのことで社会から批判されるという事態は理解しがたいという反応だった。

アメリカでも、加害者家族をめぐる状況は、日本とは異なる。

例えば、二〇一六年六月フロリダ州のナイトクラブで起きた、死傷者一〇〇人を超えたアメリカ史上最悪の銃乱射事件。オマル・マティーン容疑者の父親が自宅の居間で国内外の記者二〇人ほどの取材を受けて、実名で「息子のしたことを謝罪したい。彼がしたことは私の教えに反する。息子を失って惜しいとは思わない」などと発言したという。中には、父親の顔写真を掲載しているメディアもあった。

日本と欧米における、この違いは「家」や「家族」に対する意識の違いからくるのではないか、と筆者は考えている。

海外では、ある一人の犯罪は、その人「個人の問題」として、本人が法律的にも社会的にも責任を問われる。一方で日本では、その人個人だけではなく、その個人を取り巻く「家族の問題」としてとらえられているのだ。

家族全体に責任があるという意識は、犯罪を抑制する方向にも働く。「これをやったら家族に迷惑がかかる」と考えるからだ。だが、ひとたび事件になれば、一気に反転して「家族にも責任がある」という非難に結びつくことになる。

日本と海外のどちらが良いという問題ではない。ただ加害者の責任が家族にまで及び、本来は無くてよいはずの問題が新たに発生するとすれば、それは避けなくてはならない。

九　韓国での取り組み

加害者家族の問題について、海外では、イギリスやオーストラリアで先進的な取り組みが行われており、特に、加害者家族の内「子ども」への支援が進んでいる。拙著『加害者家族』でも取り上げた欧米の取り組みは、その後、いくつかの論文でより詳しく紹介されている(深谷二〇一三など)。

両親が犯した罪によって、何の罪もない子どもが社会的に弾劾されるという事態は、比較的共感を呼びやすく、成人に対する支援よりも進んでいるというのが筆者の印象である。ここでは、近年急速に加害者家族を支援する体制の整備が進んでいる、お隣の国・韓国での取り組みを紹介したい。

韓国では、二〇一五年三月、社会法人「児童福祉実践会セウム」が加害者家族、特に子どもたちへの支援を始めた。その体制は、日本にも参考になる部分が多い。

セウムでは、日本の法務省にあたる法務部と連携し、全国の刑務所から「支援が必要な受刑者の子ども」を推薦してもらい、一軒ずつ家庭訪問を行い、経済的・心理的な支援を行っている。活動のきっかけは、日本におけるＷＯＨの活動や拙著などの存在を知り、「勇気をもらい、チャレンジする気持ち」になったことだと代表の李京林は語る(李ら二〇一五)。

セウムの活動で特徴的なのは、既述のように「法務部と連携している」という点だ。日本では国との連携はまだ細々と行われているにすぎない。一方、セウムは、日本のWOHより後に設立したにもかかわらず、すでに国の矯正教育の一角に食い込んでいるのである。

セウムは、代表の李京林以下、全部で六人のメンバーで運営されている。支援している加害者家族は五五家族、子どもは一〇〇人にのぼる(二〇一六年一〇月時点)。

支援の一つの柱は、経済的支援である。経済的支援は、刑務所から支援が必要であると助言を受けたり、受刑者である加害者本人からのSOSを受けたりして、行われている。

金銭面では、子どもが小学生であれば月に五万ウオン(約五〇〇〇円)、中高生であれば月七万ウオン(約七〇〇〇円)の支援が行われている。加害者本人が釈放や仮出所などで家族のもとに帰ってくる際、家族が経済的に十分な支援をできないと判断すれば、一カ月から二カ月間、生活支援するという。さらに、子どもの学費を支援するだけでなく、子どもや家族が病気になれば手術費などの医療費も負担している。子どもたちの健康診断、進路の適正検査なども行っている他、月に一から二回、それぞれの家族に面会し、必要な支援の判断をしたり、子どもの進路指導などをしたりしているという。

特筆すべきは、各地の刑務所で行われている「家族キャンプ」である。

年に二回の家族キャンプは、刑務所内の大講堂などで午前一〇時から午後四時まで行われる。昼食やおやつの時間を挟むが、食べ物や飲み物は刑務所が提供している。刑務官が見守るものの、受刑者は比較的自由に行動できるというのが特徴だ。

家族ごとにテーブルが用意され、受刑者は自分の家族とそのテーブルで面会する。多くの刑務所では、普段所内で着用を義務付けられている服の代わりに、街中で着るような普段着を着ることが許されている。「家族や子たちが距離感を感じないようにするため」だ。家族キャンプの時間帯は、家族同士で手を握ったりしながら気楽に話し、レクリエーションをしたり食事をしたりして過ごし、時には抱き合って涙を流すこともあるという(写真)。

この「家族キャンプ」は、受刑者の社会復帰を支援するため、法務部が実施しているプログラムの一部を、加害者支援団体セウムが担って行っている。法務部の推薦を受けてセウムが各地の刑務所に呼びかけたところ、九カ所の刑務所で実施することになった。「家族キャンプ」とは別に、サマーキャンプや年末の集い、お正月やお盆の行事も行い、誕生日には子どもたちのためにプレゼントを贈っている。

セウムでは、韓国唯一の民営刑務所であるソマン刑務所で、月に一回「人格教育」も行っている。受刑者に対して、家族や子どもたちが本人の事件によっていかに困難な状況に陥っているかを話す講座を開いているのだ。その講座を受けたことをきっかけに、受刑者から「家族を助けて欲しい」とセウムに相談してくる事例もあるという。

撮影：セウム.

支援を行う背景には、調査に基づいた加害者家族の状況がある。受刑者の家族である子どもの問題を一般の子どもの家庭と比較したりしたデータだ。城東拘置所(ソウル)の未決拘禁者への調査で、一一〇五件の回答をもとにしている(括弧内は一般家庭)。

家庭崩壊率（離婚率）　四九・五％
貧困率（国民基礎生活受給率）　一六・五％（二・七％）
心理的・情緒的問題　四三％
学校不適応（中退等）　七・〇％（一・一％）
非行率（検挙等）　三・一％（〇・九％）

日本における生活保護にあたる「国民基礎生活」の受給率が高いことが注目に値する。また、セウムによる四〇家族を対象にした調査によれば、養育者の職業の有無を問うたところ、「ない」（無職）は五五％であり、国民基礎生活の受給家族は同数の五五％にのぼった。経済的な困窮をどう乗り越えるか、子どもの養育にとっても、更には加害者本人の更生・再犯防止にとっても、大きな問題となっている。

心理的な要因も、加害者家族である子どもたちを窮地に陥れることにつながっている。「他人の視線」が加害者家族を追い詰めていくのだ。「お前の父親は盗みをした」「犯罪者の子どもとは遊ぶな」と言われたり、「父親を殺した殺人者の母親は、刑務所から出てきたら町から追い出すべきだ。ここに住めないようにするべきだ」と言われたりしていることも、実態調査から浮かび上がっている。

韓国での加害者家族への支援体制は、スピード感をもって進められている。韓国でセウムが活動を始めて一年足らず、あっという間に、法務部との連携を成し遂げているのだ。李は、「公的な経済的支援がまだまだ不十分である」と語る。ただ、日本でWOHが発足してから遅れること七年で加害者家族への支援に乗り出したセウムが、一年足らずの間に、韓国法務部を通して複数の刑務所と連携関係を築いたことは特筆に値する。

現在韓国の刑務所には、政府の法務部が発行した加害者家族の支援プログラムを紹介した冊子が置かれている。家族が面会に来た際に、目のつく場所にあるという。その冊子にはこう書かれている。

家族プログラム支援制度について、詳しい相談を希望される場合は、民願室のスタッフに社会復帰課家族支援担当者の面談を申し込んでください。どんな苦しみも一緒に考えれば解決策が見つかります。

結言

加害者家族の問題を口にすると、必ずと言っていいほど、「被害者の支援についてどう考えるのか」「少年事件の親の責任についてどう考えるのか」という質問を受ける。その問いは、加害者家族の問題に向き合おうとする労力を、他に割くべきだと主張しているように聞こえる。

重要なのは、被害者側の問題も加害者家族の問題も、いずれも重要であるという視点ではないだろうか。「被害者の支援についてどう考えるのか」という問いが発せられる背景には、これまで被害者やその家族への支援が遅れてきたことがあると思われる。被害者支援の充実は急務であろう。一方で、海外の事例は、一つの事件を様々な視点から見ることの重要性を提示している。

ひとたび起きてしまった事件。同じような悲劇を繰り返さないためにどうすればよいのか。それは、被害者／加害者それぞれの視点から必要な手を差し伸べること、行政が各々の視点からサポートする仕組みを整えていくことであろう。そして、社会も、加害者家族を一方的に非難するのではなく、むしろ私たちの社会の現実を映し出す「鏡」のような存在として受け止め、考えること。それができるのが、成熟した社会のありようではないかと筆者は考える。

参考文献

青島多津子（二〇一二）「加害者家族は加害者か」『こころの科学』一六四号

阿部恭子（二〇一五ａ）「日本における加害者家族の現状と支援」『社会福祉研究』第一二三号

阿部恭子（二〇一五ｂ）「捜査段階における支援」阿部恭子編著・草場裕之監修『加害者家族支援の理論と実践』現代人文社

阿部恭子（二〇一五ｃ）「起訴から公判までの支援」阿部恭子編著・草場裕之監修『加害者家族支援の理論と実践』現代人文社

杉本伸正（二〇一一）「加害者家族に関する研究」『警察政策』一三号

鈴木伸元（二〇一〇）『加害者家族』幻冬舎新書

鈴木伸元（二〇一四）『性犯罪者の頭の中』幻冬舎新書

高橋聡美（二〇一〇）「犯罪加害者家族のサポート」『刑政』一二一巻一一号

名越康文・藤井誠二・松原拓郎（二〇一五）「孤立する加害者家族に社会ができること」『世界』六月号

深谷裕（二〇一三）「日本における犯罪加害者家族支援の必要性と可能性――オーストラリアにおける加害者家族支援を手掛かりに」『北九州市立大学基盤教育センター紀要』一五号

望月嵩（一九八九）「犯罪者とその家族へのアプローチ」『犯罪社会学研究』一四号

諸澤英道（二〇一〇）「地域で支える犯罪加害者とその家族」『刑政』一二一巻一一号

李京林ら（二〇一五）『日韓　加害者の子ども及び家族の支援に関する実態と課題の政策セミナー』児童福祉実践会セウム

参考ウェブサイト

① ＮＨＫクローズアップ現代ＨＰ　http://www.nhk.or.jp/gendai/articles/2872/1.html（二〇一七年八月六日閲覧）

② 東京ボランティア・市民活動センター「犯罪加害者家族にも希望の光を」http://www.tvac.or.jp/special/vf2011/prg_03（二〇一七年八月六日閲覧）

③ フロリダ州銃撃事件の報道１　http://mainichi.jp/articles/20160614/k00/00m/030/123000c（二〇一七年八月六日閲覧）

④ フロリダ州銃撃事件の報道２　http://www.asahi.com/articles/ASJ6D7W1RJ6DUHBI00X.html（二〇一七年八月六日閲覧）

⑤ 法務省人権擁護局ＨＰ　http://www.moj.go.jp/JINKEN/jinken88.html（二〇一七年八月六日閲覧）

⑥「My Son the Jihadi」（英国ＣＨ４）http://www.channel4.com/programmes/my-son-the-jihadi/on-demand/60654-001（二〇一七年八月六日閲覧）

●執筆者紹介

石塚伸一(いしづか・しんいち)　龍谷大学　刑事法

渕野貴生(ふちの・たかお)　立命館大学　刑事法

佐伯昌彦(さえき・まさひこ)　千葉大学　法社会学

番　敦子(ばん・あつこ)　弁護士

宮地尚子(みやじ・なおこ)　一橋大学　文化精神医学，医療人類学

菊池美名子(きくち・みなこ)　国立精神・神経医療研究センター　社会学，医療人類学

田村正博(たむら・まさひろ)　京都産業大学　社会安全政策，警察行政法

後藤弘子(ごとう・ひろこ)　千葉大学　刑事法

杉田　聡(すぎた・さとし)　帯広畜産大学　男性論，哲学

平山真理(ひらやま・まり)　白鷗大学　刑事法

安田裕子(やすだ・ゆうこ)　立命館大学　臨床心理学，生涯発達心理学

坂上　香(さかがみ・かおり)　映画監督，一橋大学客員　メディア社会論

廣井亮一(ひろい・りょういち)　立命館大学　司法臨床，加害者臨床

中村　正(なかむら・ただし)　立命館大学　臨床社会学，社会臨床

鈴木伸元(すずき・のぶもと)　日本放送協会

●責任編集

指宿 信

1959年生. 成城大学教授. 刑事訴訟法.

シリーズ刑事司法を考える 第4巻
犯罪被害者と刑事司法

2017年9月22日 第1刷発行

編 者 指宿《いぶすき》 信《まこと》

発行者 岡本 厚

発行所 株式会社 岩波書店
〒101-8002 東京都千代田区一ツ橋2-5-5
電話案内 03-5210-4000
http://www.iwanami.co.jp/

印刷・理想社 カバー・半七印刷 製本・牧製本

ISBN 978-4-00-026504-1 Printed in Japan